旅游企业的财务知识

旅游企业的结算知识

旅游企业的税收知识

旅游企业的财务分析

TOURISM

（2006—2010）教育部高等学校高职高专餐旅管理与服务类专业教学指导委员会推荐教材

全国高职高专旅游类"十二五"示范教材

旅游企业
财税基础
TOURISM

本教材编写委员会

主　编　方法林　张　燕

副主编　莫晓琳

编　委　孙嘉欣　邓晓珊

南京师范大学出版社
NANJING NORMAL UNIVERSITY PRESS

图书在版编目(CIP)数据

旅游企业财税基础/方法林,张燕主编.—南京:南京师范大学出版社,2013.8

(全国高职高专旅游类"十二五"示范教材/黄震方总主编)

ISBN 978-7-5651-1487-8

Ⅰ.①旅… Ⅱ.①方… ②张… Ⅲ.①旅游企业—企业管理—税收管理—高等职业教育—教材 Ⅳ.①F810.423

中国版本图书馆 CIP 数据核字(2013)第 192679 号

书　　名	旅游企业财税基础
主　　编	方法林　张　燕
责任编辑	崔　兰
出版发行	南京师范大学出版社
地　　址	江苏省南京市宁海路 122 号(邮编:210097)
电　　话	(025)83598919(传真)　83598412(营销部)　83598297(邮购部)
网　　址	http://www.njnup.com
电子信箱	nspzbb@163.com
印　　刷	江苏淮阴新华印刷厂
开　　本	787 毫米×1092 毫米　1/16
印　　张	15.5
字　　数	311 千
版　　次	2013 年 8 月第 1 版　2013 年 8 月第 1 次印刷
印　　数	1～3 600 册
书　　号	ISBN 978-7-5651-1487-8
定　　价	36.00 元

出版人　彭志斌

南京师大版图书若有印装问题请与销售商调换
版权所有　侵权必究

全国高职高专旅游类"十二五"示范教材专家指导委员会

主　任：黄震方（南京师范大学）
副主任：黄维兵（四川烹饪高等专科学校）　　海米提·依米提（新疆大学）
委　员：（按姓氏笔画排序）

王全在（内蒙古财经学院）　　　　王美萍（北京联合大学）
石　强（深圳职业技术学院）　　　冯玉珠（河北师范大学）
朱水根（上海旅游高等专科学校）　杨　坚（西南大学）
杨　柳（中国饭店协会）　　　　　汪京强（华侨大学）
邹益民（浙江大学）　　　　　　　林伯明（桂林师范高等专科学校）
赵桂毅（淄博职业学院）　　　　　唐　文（吉林商业高等专科学校）
徐桥猛（无锡商业职业技术学院）　彭诗金（郑州轻工业学院）
魏洁文（浙江商业职业技术学院）

全国高职高专旅游类"十二五"示范教材编审委员会

主　任：黄震方（南京师范大学）　　　　徐　蕾（南京师范大学出版社）
副主任：黄维兵（四川烹饪高等专科学校）　林荣芹（南京师范大学出版社）
委　员：（按姓氏笔画排序）

丁彦宏（河北旅游职业学院）　　　方法林（南京旅游职业学院）
匡家庆（南京旅游职业学院）　　　朱海榕（南京师范大学出版社）
刘　伟（广东金融学院）　　　　　刘晓琳（山东旅游职业学院）
刘惠芹（江苏经贸职业技术学院）　吉良新（日照职业技术学院）
吴　云（上海旅游高等专科学校）　吴　江（南京师范大学）
吴丽云（中国旅游研究院）　　　　汪京强（华侨大学）
张树夫（应天职业技术学院）　　　张　晶（上海旅游高等专科学校）
张　燕（南京旅游职业学院）　　　邹统钎（北京第二外国语学院）
周春林（南京旅游职业学院）　　　胡　强（江苏经贸职业技术学院）
徐洪灿（应天职业技术学院）　　　徐桥猛（无锡商业职业技术学院）
曹艳芬（湖北职业技术学院）　　　崔　兰（南京师范大学出版社）
詹兆宗（浙江旅游职业学院）　　　谢元博（桂林旅游高等专科学校）
魏　凯（山东旅游职业学院）　　　滕玮峰（浙江商业职业技术学院）

总 序

近年来,我国高等职业教育主动适应社会经济发展的需要,以培养生产、建设、服务、管理第一线的高素质技能型专门人才为主要任务,坚持以服务为宗旨、以就业为导向,走产学研结合发展道路,通过不断深化教育教学改革,推进体制机制和办学模式创新,办学思路日益明确,教育规模不断扩大,人才培养质量显著提升,为经济社会的发展提供了强大的人才支撑和智力支持。

"十二五"时期是我国高等职业教育稳步发展和全面提升的关键时期,是办学活力明显增强,办学水平整体提升,服务能力显著提高的重要时期,是高等职业教育深化改革、创新发展的攻坚时期。这一时期,也是我国文化和旅游业大发展、大繁荣的黄金机遇期。高等职业旅游教育面临着巨大的行业人才需求,也肩负着深化教育教学改革,全面提高教育质量,培养高素质技能型旅游专门人才的历史重任。

教材是实现教育目的的主要载体,是教学的基本依据,是培养高质量优秀人才的基本保证。伴随着我国高等职业旅游教育的发展,教材建设也取得了明显的成果,教材种类大量增多,教材内容不断丰富,对促进高等职业旅游教育发展起到了积极的作用。但是,现有的高职旅游教材还存在一些不足,主要表现在:一是高职教育特色不强,仍然没有完全摆脱本科压缩型的教材模式;二是教材内容与生产实践结合不紧,实践性内容相对不足,没有充分体现行业生产实践和职业技能鉴定规范的要求;三是教材低水平重复建设现象比较严重;四是教材内容比较单调、陈旧,难以适应现代技术、行业发展和教学改革要求。

高职旅游教材的编写是一项研究课题,需要变革和创新。应根据高职培养目标准确进行教材定位,按照应用导向设计教材内容结构,将"做中学"、"用中学"、"工学结合"等现代性、实用性观念融入教材,进入课堂教学。必须面向广大学生,研究专业的职业特点及培养目标的业务规格,突破传统教材框架,探索易于高职学生接受的编写模式和内容体系,编写体现高职院校自身特色的专业教材,使教材真正成为实现旅游教学与职业紧密对接的现代教学媒体。

高职旅游示范教材的编写更是一项系统工程,需要多领域高水平协同研发。南京师范大学出版社在全国范围内精心组织编审、编写团队,其研发历经三年多时间。从深入一线课堂进行调研,听取相关领域众多师生的意见;到向全国不同教学层次学者、行业专家征求高职旅游课程建设与教材改革、行业发展新建议、新要求,在全国多所骨干、示范性高职院校旅游类重点建设专业和精品课程负责人中遴选作者;再到多次召开调研会、编委会、组稿会、统稿会、评审会……其目的在于让教材跟上时代步伐、体现高职旅游类课程改革最新成果、彰显示范性。

本套教材结合高职旅游专业的特点,围绕工作过程(任务)系统化的课程要求,在遵循科学性、职业性、实用性、创新性、示范性的编写原则的同时,在现代职业教育理念与教材有机融合、体现课程改革与高职教材特点、教材框架体系与教材内容选择、教材编写队伍与编写方式、教材立体化开发和呈现形式等方面,体现出较好的示范作用。

本系列教材基本涵盖了当前高职高专院校旅游管理、酒店管理专业基础课、专业核心课程。编写体例分两个版本:A版偏重理论知识的课程体例,提倡以案例化、能力活动化形式展现;B版偏重实践操作的课程体例,提倡以情境化、实操化形式展现。无论是A版还是B版,其基本体例都包括"目标—过程—评价"。为了让学生在学习的过程中能够了解并熟悉行业要求,我们在体例设置上把"目标"进一步细化,分为"行业要求"和"学习目标";为了把"知识和技能"融进学习任务或工作任务中,在每个教学任务下分设了"任务目标"、"案例聚焦"、"任务执行"、"任务拓展"、"任务反馈"栏目(另外,有些教材在栏目的增减或措辞上稍有差异,以适应相关课程的具体发展要求),加强了任务与任务、项目或模块与任务之间的条理性和系统性,突出了栏目内容科学设置、合理设计的特点;为了使得学习过程和教学过程更加完整,我们在"模块评价或项目评价"栏目下分设了"知识/技能评价"、"能力应变"(或"实训演练")、"模块链接"(或"项目链接")三个小栏目,与行业动态、实训内容等相联系,使得学生在过程评价或实践演练中培养素质、积累经验、提高技能。

本套教材凝聚了国内多位高职旅游院校优秀教师和行业精英的智慧和经验,体现了现代旅游职业教育的特点和教育教学改革的成果,是高职旅游专业教材改革创新的一次有益尝试,对提高旅游专业教材质量、推进专业教材建设具有积极意义。

期待这套教材的出版能在我国旅游人才的培养中发挥重要的作用,为促进高等职业旅游教育的发展作出更大的贡献。

(2006—2010)教育部高等学校高职高专餐旅管理与
服务类专业教学指导委员会 主任委员
南京师范大学旅游系主任、教授、博士生导师 

前 言

本书针对高职高专院校旅游与酒店管理专业等非财会专业学生的特点，兼顾财务知识体系完整性和系统性，以职业能力为主线、以项目—任务结构为框架、以任务为引领，通过大量的案例、以通俗易懂的语言让学生理解和体会旅游企业财务的基本知识，并且使学生能够运用这些知识去分析旅游企业经营管理过程中的种种财务问题。

本书设定了4个项目单元、15项任务，并配以相应的知识评价、实训演练、项目链接，将旅游企业经营管理中需要的结算、财务、税收知识和技能串联起来，形成"项目—任务"的结构模式。在此结构中，每一项目又形成了"项目目标—项目任务（过程）—项目评价"的完整体系，在项目的每个任务中又引入了任务目标、案例聚焦、任务执行、任务反馈等具体内容，强化了专业知识的传授、岗位技能的训练、学生职业素质的培养。

非财会专业的学生要了解企业财务的相关知识，应该首先了解财务中涉及的"钱"是如何结算的，即"钱"是如何进入旅游企业中的。因此本书项目一通过对旅游企业结算的相关案例分析，使学生掌握各种结算方式的相关知识及各种结算方式在旅游企业中的应用，包括现钞结算、支票结算、信用结算及网络结算。

接下来学生需要了解在旅游企业经营过程中，各种经济活动是如何用会计的语言表达的。因此本书项目二讲解会计基本的语言规则，使学生知道如何利用这些企业的语言为企业服务，并且深入理解和体会旅游企业各项资产管理和旅游企业成本费用控制的相关内容。

另外，财务和税的关系密不可分，非财会专业的学生既然要了解财务，那么也需要了解税收的基本知识，因为财务人员日常工作中需要经常处理各项税的业务，高级的财务管理也会涉及税收筹划等内容。本书项目三要求学生在认识税收的概念、要素及分类的基础之上，掌握旅游企业相关的流转税、所得税及财产行为税。该项目意在使学生了解税收的基础知识，培养他们对税收的理解能力。

对于学生，仅仅了解结算知识、税务知识和基本的财务知识是不够的，还需要有更高层次的目标，即能够看懂财务报表的基本项目，并且能根据报表之间的勾稽关系分析其中的趋势变化，对已有的经营成果做出评价，对未来的经营过程和经营结果做出预测，提供决策。本书项目四通过旅游企业经营管理过程中发生的资产、负债、利润以及现金流量的相关案例分析,使学生认识并学会运用旅游企业资产负债表、利润表以及现金流量表三大报表,并了解如何分析旅游企业各项财务指标。

本书的框架结构如下:

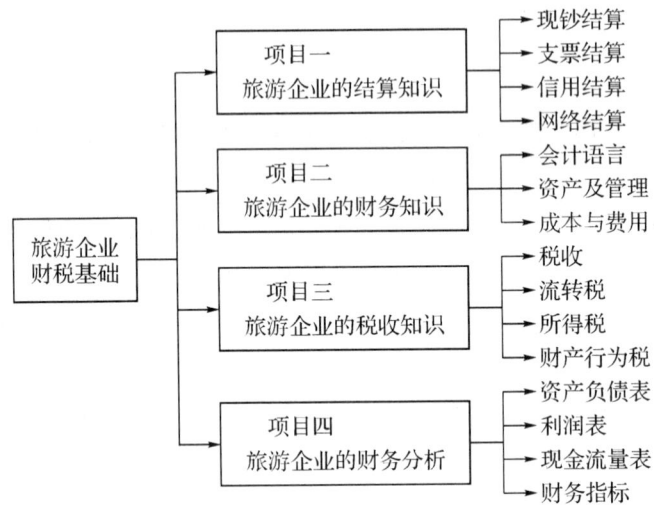

本书由方法林、张燕主编,莫晓琳任副主编。方法林负责全书的框架设计,并编写项目四,莫晓琳编写项目三,张燕编写项目一、二。各章成稿后,由主编统稿成书。孙嘉欣、邓晓珊等老师也参与了编写。

作为为非财会专业人员编写的一本会计教材,本书还需要在实践中不断地丰富与发展其内容,由于水平和时间有限,书中难免有疏漏和不妥之处,恳请各位读者不吝赐教。

2013年7月

目 录

总序 （黄震方） ■ 001
前言 （方法林） ■ 001

项目一 旅游企业的结算知识

任务一 掌握旅游企业经营过程中的现钞结算 ■ 001
任务二 掌握旅游企业经营过程中的支票结算 ■ 017
任务三 掌握旅游企业经营过程中的信用结算 ■ 028
任务四 了解旅游企业经营过程中的网络结算 ■ 040

项目二 旅游企业的财务知识

任务一 了解旅游企业的会计语言 ■ 050
任务二 掌握旅游企业的资产及管理 ■ 067
任务三 分析旅游企业的成本与费用 ■ 083

项目三 旅游企业的税收知识

任务一 了解税收概念、要素及分类 ■ 101
任务二 掌握流转税的基本知识 ■ 109
任务三 熟知所得税的基本知识 ■ 130
任务四 掌握财产行为税的基本知识 ■ 144

项目四 旅游企业的财务分析

任务一 了解旅游企业资产负债表　　162
任务二 掌握旅游企业利润表　　177
任务三 熟知旅游企业现金流量表　　192
任务四 分析旅游企业的各项财务指标　　212

项目一　旅游企业的结算知识

◆项目目标

【行业要求】

旅游从业人员应掌握旅游企业结算过程中涉及的现钞结算、支票结算、信用结算及网络结算知识，能够识别出人民币及外币的真伪，了解各类票据的特点及适用范围，掌握银行卡防伪的相关知识，了解网络结算的概念和特点，认识网络结算的安全问题。

【学习目标】

学生在掌握旅游企业的相关结算知识的基础上，提高实践能力，使知识的学习与运用更好地结合，为后续学习和工作奠定基础。

◆项目任务

作为非财会专业的学生，了解企业财务的起点，应该首先了解财务中涉及的"钱"是如何结算的，即"钱"是如何进入旅游企业中的。因此本项目通过对旅游企业结算的相关案例分析，使学生掌握各种结算方式的相关知识及各种结算方式在旅游企业中的应用，包括现钞结算、支票结算、信用结算及网络结算。

任务一　掌握旅游企业经营过程中的现钞结算

【任务目标】

现钞是旅游企业结算中最常用的方式之一，因此本任务要求学生熟练掌握旅游企业现钞结算中的基本知识，包括人民币及主要流通外币的真伪识别，在此基础上熟知旅游企业的备用金管理制度。

【案例聚焦】

某日夜11时许，客人李某入住某四星级酒店。李某在前台办理手续时，该酒店前台接待员王小姐要求李某预付1 000元人民币，作为押金。尽管李某觉得这是不合理要求，但仍按接待员的要求，付了这笔押金。手续办完后，李某入住该酒店518房。半小时后，王小姐却以李某刚才付的1 000元押金中有一张面值100元的假币为由敲开了房门。对此李某断然否决，认为既然是假币，为什么在付款时没有指出，而在付款半个小时后才提出。然而20分钟后，王小姐和两名酒店保安人员一起再次要求李某更换那张100元假币。李某十分恼怒，用同样的理由予以拒绝，双方为此争执了约半小时。无奈之下，李某提出可以先付100元,待次日早上再与酒店负责人交涉解决此事。由此,李某给了王小姐100元后关门回房睡觉。

但到了凌晨2时许,李某又被敲门声惊醒,开门一看,只见王小姐和两名公安人员站在门外,这两名公安人员自称是该管区派出所的警员,接到有人使用假币,前来询问。至此,李某忍无可忍,大声质问王小姐:"为什么在没有任何证据证明我使用假币的情况下,三番两次地打扰我正常休息,还报警让公安人员对我进行询问?这不仅造成对我声誉的损害,还严重地伤害了我的精神。"公安人员了解情况后,撤离了现场。第二天早晨,李某找到该酒店的总经理,以上述理由向酒店提出索赔。

前台接待员王小姐对此事的处理是不妥的。因为根据我国法律规定:当事人对自己提出的主张,有责任提供证据。就本案而言,王小姐认为李某交付的押金有一张假币,那么,王小姐除了应当证明这张100元确实是假币外,还必须证明这张假币是客人李某交付的。而在本案中,王小姐未能在客人李某交付押金时当场指出这是一张假币,而是在客人交付钱币之后半小时才提出,显然无法证明这张假币确属李某所付。在这种情况下,王小姐对此事的处理显然不妥。

从上述案件中我们看到的不仅是员工法律意识淡薄的危害,还应该意识到现金真伪辨别的重要性,如果前台王小姐能在第一时间发现假钞,就不会发生接下来的事了。

那么什么是现钞结算呢?如何辨别现钞的真伪呢?这将是本任务重点讨论的问题。

【任务执行】

一、现钞结算认知

现钞是指流通中的货币,包括纸币和硬币两种。

现钞结算是指收款人和付款人之间使用现实的货币,即现钞来进行的货币收付行为。

现钞结算作为最传统的结算方式,在我国企业的诸多结算方式中居于重要地位,对于旅游企业来说也不例外,所以我们首先从现钞结算开始对旅游企业结算的认识。

现钞结算具有直接和便利的优点,在现钞结算方式下,买卖双方一手交钱,一手交货,当面钱货两清,无须通过中介,因而对买卖双方来说是最为直接和便利的。同样在劳务供应、信贷存放和资金调拨方面,现钞结算也是最为直接和便利的,因而广泛地被社会大众所接受。

但是现钞结算也具有自身的缺点。一是不安全性。由于现钞使用极为广泛和便利,因而便成为不法分子觊觎的最主要目标,很容易被偷盗、贪污、挪用。在现实经济生活中,绝大多数的经济犯罪活动都和现钞有关。此外,现钞还容易因火灾、虫蛀、鼠咬等发生损失。二是费用较高。使用现钞结算各单位虽然可以减少银行的手续费用,但其清点、运送、保管的费用很高。对于国家来说,过多的现钞结算会增加整个国家印制、保管、运送现金和回收废旧现钞等工作的费用,从而导致损失增大,人力、物力和财力浪费。

在旅游企业中现钞结算尽管具有直接和便利的优点,但其不安全性也是不容忽视的问题。接下来我们将从现钞在流通中的具体表现(人民币以及外币)开始,普及防伪知识,以方便克服现钞结算的不安全性。另外,备用金也是旅游企业特别是酒店使用现钞的一种方式,所以有关备用金的制度也应该成为学生学习的重要内容。

二、识别人民币和港币真伪

(一)识别人民币真伪

人民币是我国发行的通用货币,使用最为广泛,其造假也最为普遍,造假手段层出不穷。为了防止各种造假,我国政府对人民币的防伪也做到了细致入微,使用了很多高科技手段,使得人民币的仿制几率降到最小。但是人民币的造假依然存在,那么人民币防伪知识的普及将成为本书首要工作。特别是旅游企业会接触到更多零散消费者,其员工更应该加强对人民币真伪的识别能力。

1. 假人民币的定义和种类

假人民币是指利用各种手段,仿照真人民币的形象非法印制、影印、描绘、加工制作的票币。目前我国假人民币主要包括伪造人民币和变造人民币两种。

(1)伪造人民币是指通过机制、拓印、刻印、照相、描绘等手段制作的假人民币。其中电子扫描分色制版印刷的机制假币数量最多、危害性最大。

(2)变造人民币是指将人民币通过挖补、剪接、涂改、揭层等各种方法达到以少制多的人民币。

2. 人民币的防伪特征

1999版第五套人民币发行了六种纸币(100元、50元、20元、10元、5元、1元)和三种硬币(1元、5角、1角)。

2005版第五套人民币发行了五种纸币(100元、50元、20元、10元、5元)和一种硬币(1角)。2005年版第五套人民币发行后,与现行1999年版第五套人民币等值流通。

第五套人民币采用了目前国际上先进的防伪技术,具有以下防伪特征。

(1)水印。第五套人民币50元、100元为位于正面左侧空白处,迎光透视、立体感很强的毛泽东头像固定水印;1元、5元、10元、20元为花卉固定水印。

(2)安全线。第五套人民币1999版100元、50元为磁性微文字安全线,迎光透视,分别可见"RMB100"、"RMB50"微小文字,仪器检测有磁性;20元为明暗相间的磁性安全线;10元、5元为全息磁性开窗安全线,即安全线局部埋入纸张中,局部裸露在纸面上。2005版100元、50元、20元、10元、5元为全息磁性开窗安全线。

(3)红、蓝彩色纤维。第五套人民币1999版100元、50元、20元、10元、5元面额纸币票面上,可看到纸张中有红色和蓝色纤维;2005版取消各券别纸币纸张中的红蓝纤维。

(4)手工雕刻头像。第五套人民币纸币正面主景毛泽东头像,采用手工雕刻凹版印刷工艺,形象逼真、传神,凹凸感强。

(5)光变油墨技术。第五套人民币首次采用了光变油墨技术。100元纸币正面左下方数字与票面垂直角度观察为绿色,倾斜一定角度则变为蓝色;50元纸币正面左下方数字与票面垂直角度观察为金黄色,倾斜一定角度则变为绿色。

（6）胶印缩微文字。第五套人民币纸币多处印有胶印缩微文字"RMB100"、"RMB50"等字样。

（7）隐性面额数字。第五套人民币纸币正面右上方有一个装饰图案，将票面置于与眼睛接近平行的位置，面对光源作平面旋转45度或90度角，可看到面额数字字样。

（8）阴阳互补对印图案。第五套人民币100元、50元、10元纸币正面左下角和背面右下方各有一个圆形局部图案，透光观察，正背面图案组成一个完整的古钱币图案。

（9）雕刻凹版印刷。第五套人民币中国人民银行行名、面额数字、盲文面额标记、凹印手感线等均采用雕刻凹版印刷，用手指触摸有明显凹、凸感。

（10）双色号码（凸印）。第五套人民币100元为横竖双号码（1999版），横号为黑色，竖号为蓝色；50元横号为黑色，竖号为红色；20元、10元、5元为双色横号码（左半部分为红色，右半部分为黑色）。

（11）荧光检测。用简单仪器进行荧光检测，纸张无荧光反应；人民币正面"中国人民银行"下面用简单仪器检测可以看见面额阿拉伯数字字样。

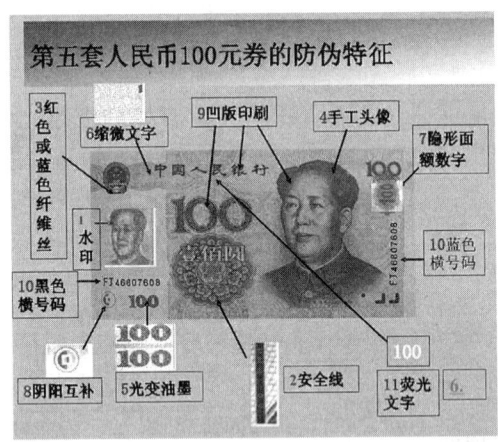

2005版增加了两条：

（1）防复印图案。2005版第五套人民币各面额纸币（包括1999版1元纸币）的水印周围，有一些特殊排列的圆圈，其作用是防止纸币被复印或打印。很多彩色复印机、扫描仪、打印机和图像处理软件（如Photoshop）均有识别此特殊图案的功能，发现带此图案的原稿就会拒绝复印或打印。

（2）凹印手感线。2005版第五套

人民币各面额纸币（包括1999版1元纸币）的右侧，自上而下有规律地排列着一列线条。用手触摸时，凹凸感明显。

3. 假人民币识别的基本方法

（1）看。看钞票的水印是否清晰，有无层次感和浮雕效果，是否在纸内形成；看有无安全线，埋线处纸面是否有凸起感，有无油墨印迹，纸层是否错动；看整张票面图案是否单一或者偏色；看多色接线图纹颜色相接处是否过渡平稳，有无搭接痕迹；看字头和号码排列距离是否适中，背面有无压痕；看凹印部位图案是否均由点、线构成。

（2）摸。触摸票面凹印部位如：盲文点、国徽、主景图案、深色花边等有无凹凸感；搓捻纸张，看其是否厚实坚韧。

（3）听。钞票纸张属特种纸张，挺括耐折，用手抖动会发出清脆的声音。而一般伪钞则纸质松软，声音发闷。

（4）测。把薄纸敷在真钞水印位置，用软芯铅笔轻拓，薄纸上会出现清晰的水印轮廓。

 相关链接

《中华人民共和国中国人民银行法》（节选）

第十五条　中华人民共和国的法定货币是人民币。以人民币支付中华人民共和国境内的一切公共的和私人的债务，任何单位和个人不得拒收。

第十七条　人民币由中国人民银行统一印刷、发行。

第十八条　禁止伪造、变造人民币。禁止出售、购买伪造、变造的人民币。禁止运输、持有、使用伪造、变造的人民币。禁止故意毁损人民币。禁止在宣传品、出版物或者其他商品上非法使用人民币图样。

第二十条　残缺、污损的人民币，按照中国人民银行的规定兑换，并由中国人民银行负责收回、销毁。

严厉打击制贩假币的犯罪活动，《中华人民共和国刑法》（节选）

第一百七十条　伪造货币的，处三年以上十年以下有期徒刑，并处五万元以上五十万元以下罚金；有下列情形之一的，处十年以上有期徒刑、无期徒刑或者死刑，并处以五万元以上五十万元以下罚金或者没收财产：

（一）伪造货币集团的首要分子；

（二）伪造货币数额特别巨大的；

（三）有其他特别严重情节的。

第一百七十一条　出售、购买伪造的货币或者明知是伪造的货币而运输，数额较大的，处三年以下有期徒刑或者拘役，并处二万元以上二十万元以下罚金；数额巨大的，处三年以上十年以下有期徒刑，并处五万元以上五十万元以下罚金；数额特别巨大的，处十年以上有期徒刑或者无期徒刑，并处五万元以上五十万元以下罚金或者没收财产。

伪造货币并出售或者运输伪造的货币的，依照本法第一百七十条的规定定罪从重处罚。

第一百七十二条 明知是伪造的货币而持有、使用，数额较大的，处三年以下有期徒刑或者拘役，并处或者单处一万元以上十万元以下罚金；数额巨大的，处三年以上十年以下有期徒刑，并处二万元以上二十万元以下罚金；数额特别巨大的，处十年以上有期徒刑，并处五万元以上五十万元以下罚金或者没收财产。

第一百七十三条 变造货币，数额较大的，处三年以下有期徒刑或者拘役，并处或者单处一万元以上十万元以下罚金；数额巨大的、处三年以上十年以下有期徒刑，并处二万元以上二十万元以下罚金。

（二）识别港币真伪

现行流通的港币纸币主要是由香港上海汇丰银行、香港渣打银行和中国银行三家银行分别发行的，其中汇丰银行的发行量占总发钞量的70%以上。

香港上海汇丰银行券的票面图案和防伪特征：目前流通的香港上海汇丰银行钞票，是该行自1993年起发行的纸币，面额有20、50、100、500元和1000元港币。票面正面左侧为铜狮头图案，中间为行名、中英文面额数字。背面主景图案是汇丰银行总部大厦及坐守大厦入口处的一对狮子雕像。右侧图案由20到1000港币，分别为：旧火车站钟楼、龙舟竞赛、沙田万佛寺、香港总督府和香港立法局大楼。2000年12月，汇丰银行又发行了新版1000元钞票。新版钞票保留了1993年版的基本设计，并增加了新的防伪措施。

1. 香港上海汇丰银行券主要有以下防伪特征

（1）水印：票面正面右侧有狮头水印图案。2000年版1000元港币在石狮图案上方增加"1000"字样白水印。

（2）安全线：票面采用了全埋深色安全线，其中，2000年版1000元港币还在票面正面右侧增加了一条全息开窗文字安全线。

（3）雕刻凹版印刷：票面正背面主景、行名、面额数字等均采用了凹版印刷，用手触摸有明显的凹凸感。

（4）凹印缩微文字：票面正背面多处印有凹印缩微文字"THE HONG KONG AND SHANG HAI BANKING CORPORATION LIMITED"字样。

（5）对印图案：票面正面右侧及背面左侧花边均有一圆形局部图案，迎光透视，可见正背面组成了一个完整的图案。

（6）隐形面额数字：在票面正面右下角的长方形图案中印有隐形面额数字。将票面置于与视线接近平行位置，面对光源，旋转钞票可见该面额钞票的面额数字。

（7）异形号码：票面正面左下和右侧分别印有横竖异形号码。该号码的特点是数字逐渐增大。

（8）无色荧光图案：在紫外光下，可以看到票面正面有明亮的荧光图案。

（9）无色荧光纤维：2000年版1000元港币在纸张中增加了红、蓝、绿三色荧光纤维，在紫外光下清晰可见。

2. 香港渣打银行券的票面特征和防伪特征

目前流通的香港渣打银行钞票,是该行自1993年1月起发行的纸币。面额有10、20、50、100、500和1000元。纸币正面均采用了神话中的瑞兽作为设计主题,10元券正面是鲤鱼图案、20元券是神龟图案、50元券是北狮图案、100元券是麒麟图案、500元券是凤凰图案、1000元券是龙的图案。背面中间是香港的区花——紫荆花,左侧是渣打银行大厦。2001年1月,渣打银行又发行了新版1000元钞票,新版钞票保留了1993年版的基本设计,并增加了新的防伪措施。

渣打银行券主要有以下防伪特征:

(1)水印:票面正面右侧有古罗马军人头像水印及字母"SCB"白水印。2001年版1000港币的白水印由"SCB"改为"1000"。

(2)安全线:票面采用了全埋深色安全线,其中,2001年版1000元港币还在票面正面右侧增加了一条全息开窗文字安全线。

(3)雕刻凹版印刷:票面正背面主景、行名、面额数字等均采用了凹版印刷,用手触摸有明显的凹凸感。

(4)凹印缩微文字:票面正面右侧边框外印有凹印缩微文字"STAND-ARD CHARTERED BANK"字样。

(5)对印图案:票面正面右侧及背面左侧均有一圆形局部图案,荧光透视,可见正背面图案组成了一个完整的圆形图案。

(6)无色荧光图案:在紫外光下,票面正面会出现明亮的荧光图案。

(7)有色荧光图案:在紫外光下,背面局部图案会出现明显的荧光反应。

(8)无色荧光纤维:2001年版1000港币在纸张中增加了红、蓝、绿三色荧光纤维,在紫外光下清晰可见。

3. 中国银行券的票面特征和防伪特征

中国银行于1994年开始发行港元纸币,面额有20、50、100、500和1000元,年版日期为1994年5月1日。1996年8月,中国银行又推出1996年版纸币,年版日期是1996年1月1日。1996年中国银行港元纸币的面额、规格、主色调、主题图案和防伪特征等与1994年、1995年版基本相同。为了提高防伪性能,1996年版中国银行券20、50、100、500和1000元券五种面额纸币的正面下部含隐形文字的花边图案有所改动。20元券的主色调为天蓝色,正面主景图为中银大厦、中国银行行标及水仙花,背面为香港中区和湾仔商业群楼的构图。50元券的主色调为紫色,正面主景为中银大厦、中国银行行标及菊花,背面为香港第一海底隧道的繁忙景象。100元券的主色调为红色,正面主景为中银大厦、中国银行行标及荷花,背面为九龙半岛南端的尖沙咀风貌。500元券的主色调为棕色,正面主景为中银大厦、中国银行行标及牡丹花,背面为香港葵涌货柜码头的构图。1000元券的主色调为金黄色,正面主景为港岛中区高楼林立的繁华景象,背面为中区金融中心图。为了加强防伪,2001年1月,中国银行又发行了新版1000元钞票。新版钞票保留了1996年版的基本设计,并增加了新的防伪措施。

中国银行券主要有以下防伪特征:

(1)水印:票面正面右侧有石狮水

印图案。2001年1000元港币在石狮图案上方增加"1000"字样白水印。

(2) 安全线：票面采用了全埋深色安全线。其中，2001年版1000元港币还在票面正面右侧增加了一条全息开窗文字安全线。

(3) 雕刻凹版印刷：票面正背面主景、行名、面额数字等均采用了凹版印刷，用手触摸有明显的凹凸感。

(4) 凹印缩微文字：票面正背面边框上方印有凹印缩微文字"BANK OF CHINA"字样。

(5) 对印图案：票面正面右侧及背面左侧花边均有"中"字图案，迎光透视，可见正背面色块组成了一个"中"字。

(6) 隐形面额数字：在票面正面右下角的边框中印有隐形面额数字。将票面置于与视线接近平行位置，面对光源，旋转钞票可见该面额钞票的面额数字。

(7) 无色荧光图案：在紫外光下，可见票面正面有明亮的荧光图案。

(8) 无色荧光纤维：2001年版1000元港币增加了红、蓝、绿三色荧光纤维，在紫外光下清晰可见。

三、识别外币真伪

随着我国市场经济的快速发展，国内外经贸交流日益频繁，与外币的接触也就不仅仅限于银行工作人员等有限的人士，更多的普通老百姓成为外币的持有人。对于旅游企业来说接触外币的机会将更多，因此有效地识别外币的真伪在旅游企业的现钞结算过程中也是至关重要的一环。但是并不是只要是外国货币就可变成外币在我国兑换、流通，这里还涉及"自由兑换货币"这一概念。

(一) 自由兑换货币（Freely Convertible Currency）

自由兑换货币是指货币的持有人能把该种货币兑换为任何其他国家货币而不受限制。一国货币能否兑换，并不取决于该国政府及货币当局的主观愿望，而是取决于该国进出口能力及进出口的自由程度。因为一国货币如能自由兑换，实际上意味着该国居民可以自由地将本国货币兑换成外国货币，购买别国的商品和劳务。也意味着别国居民能通过兑换，取得对该国商品和劳务的购买权。反之，如果一国禁止本国人随意购买别国的货物和劳务，或禁止外国人随意购买本国的货币和劳务，这种货币就不能称为可自由兑换货币。目前，世界上已有67个国家和地区接受了《国际货币基金协定》中关于货币自由兑换的规定，也就是说，这些国家和地区的货币被认为是自由兑换的货币。主要有：美元、欧元、德国马克、日元、英镑、瑞士法郎、法国法郎、意大利里拉、荷兰盾、比利时法郎、丹麦克朗、瑞典克朗、挪威克朗、奥地利先令、加拿大元、澳大利亚元、新西兰元、新加坡元等。

目前在中国大部分金融机构能提供美元、欧元、日元、港币、英镑的兑换服务。此外，中国银行的网点还能够提供瑞士法郎、新加坡元、瑞典克朗、丹麦克朗、挪威克朗、加拿大元、澳大利亚元、澳门元、菲律宾比索、泰国铢、韩国元的兑换服务。

(二) 主要外币防伪知识

以下将经针对几种国际通用货币介绍其防伪知识，包括美元、欧元、日元等常见外币。

1. 美元

现行流通的美元纸币有三类,数量最多的是联邦储备钞票,总面额占流通钞票的99%。其余的1%是合众国钞票和银元票,均已停止印刷,但在市面上偶尔可以见到。

不同种类的美元纸币只要面额相同,其正、背面的主景图案都是相同的,但票面上的财政部徽章和冠字号码的颜色不同,如联邦储备钞票上的徽章和冠字号码都是绿色,合众国钞票上的是红色,银元票上的是蓝色。本书重点介绍联邦储备钞票。

(1) 美元纸币的票面特征。美元是国际印钞界公认的设计特征变化最少的钞票之一。虽经多次改版,但不同的版别的钞票变化并不大,只是防伪功能得到不断加强。美元纸币票面尺寸不论面额和版别均为156毫米×66毫米。正面主景图案色调为黑色。背面的主景图案为建筑,主色调为绿色,但不同版别的颜色略有差异,如1934年版背面为深绿色;1950年版正背面为草绿色;1963年版以后各版均为墨绿色。

(2) 美元纸币的防伪特性。

①专用纸张:美钞的纸张主要是由棉、麻纤维抄造而成。纸张坚韧、挺括,在紫外线下无荧光反应。

②固定人像水印:1996年版美元纸张加入了与票面人物头像图案相同的水印。

③红、蓝彩色纤维:从1885年版起,美钞纸张加入了红、蓝彩色纤维丝。从1885年版到1928年版美钞的红、蓝彩色纤维是采用定向施放,即红、蓝纤维丝分布在钞票的正中间,由上至下形成两条狭长条带。1929年版以后各版中的红、蓝彩色纤维丝则随机分布在整张钞票中。

④文字安全线:从1990年版起,50美元至100美元各面额纸币中加入了一条全埋文字安全线。安全线上印有"USA"及阿拉伯或英文单词面额数字字样。1996年版50、20美元安全线上还增加了美国国旗图案。1996年版美元的安全线还是荧光安全线,在紫外光下呈现出不同的颜色,100、50、20、10、5美元安全线分别为红、黄、绿、棕和蓝色。

⑤雕刻凹版印刷:美元正背面的人像、建筑、边框及面额数字等均采用雕刻凹版印刷,用手触摸有明显的凹凸感。1996年版美元的人像加大,形象也更生动。

⑥凸版印刷:美元纸币上的库印和冠字号码是采用凸版印刷的,在钞票背面的相应部位用手触摸可以感到有凹凸感。

⑦细线印刷:1996年版美元在正面人像的背景和背面建筑的背景采用细线设计,该设计有很强的防复印效果。

⑧凹印缩微文字:从1990年版起,在美元人像边缘中增加一条由凹印缩微文字组织的环线,缩微文字为"THE UNITED STATES OF AMERICA"。1996年版100美元和20美元还分别在正面左下角面额数字中增加了"USA100"和"USA20"字样缩微文字,50美元则在正面两侧花边中增加"FIFTY"字样的缩微文字。

⑨冠字号码:美元纸币正面均印有两组横号码,颜色为翠绿色。1996年版

以前的美元冠字号码由一位冠字、8位数字和一个后缀字母组成,1996年版美元增加了一位冠字,用以代表年号。

⑩光变面额数字:1996年版100、50、20、10美元正面左下角面额数字是用光变油墨印刷的,在与票面垂直角度观察时呈绿色,将钞票倾斜一定角度则变为黑色。

⑪磁性油墨:美元正面凹印油墨带有磁性,用磁性检测仪可检出磁性。

(3) 美元的真伪鉴别。那么,该如何鉴别美元的真伪呢?与对人民币的防伪检测方法一样,采用直接对比法(眼看、手摸、耳听)和仪器检测法进行鉴别,即通常所说的"一看、二摸、三听、四测"。

一看。首先看票面的颜色。真钞正面主色调为深黑色,背面为墨绿色(1963年版以后版),冠字号码和库印为翠绿色,并都带有柔润光泽。假钞颜色相对不够纯正,色泽也较暗淡;其次,是看票面图案、线条的印刷效果。真钞票票面图案均是由点、线组成,线条清晰、光洁(由些线条有轻微的滋墨现象,属正常),图案层次即人物表情丰富,人物目光有神。假钞票线条发虚,发花,有丢点、线的情况,图案缺乏层次,人物表情呆滞,眼睛无神。再次,看光变面额数字,1996年版10美元以上真钞均采用光变面额数字,变换观察角度,可看到由绿变黑。假钞或者没有变色效果,或者变色效果不够明显,颜色较真钞也有差异。最后,透光看纸张、水印和安全线。美元纸张有正方形的网纹,纹路清晰,纸中有不规则分布的彩色纤维;1996年版起美元纸张加入了与票面人物头像相同的水印,水印层次丰富,有较强的立体感;1990年版起5美元以上面额纸币中加入了文字安全线,线条光洁、线上文字清晰。假钞纸张上或者没有网纹,或者网纹比较凌乱;水印图案缺乏层次和立体感,安全线上文字线条精细不匀,字体变形。

二摸。一是摸纸张。真钞纸张挺括、光滑度适宜,有较好的韧性。而假钞纸相对绵软,挺度较差,有的偏薄、有的偏厚,光滑度或者较高,或者较低。二是摸凹印手感。真钞正背面主景图案及边框等均采用凹凸版印刷,手摸有明显的凹凸感。假钞或者采用平板胶印,根本无凹印手感,或者即使采用凹版印刷,其版纹比真钞要浅,凹印手感与真钞相比仍有一定差距。

三听。用手抖动或者手指弹动纸张,真钞会发出清脆的声响,假钞的声响则较为沉闷。

四测。一是用放大镜观察凹印缩微文字。从1990年版起,5美元以上面额纸币加印了凹印缩微文字,在放大镜下观察,文字清晰可辨。假钞的缩微文字则较为模糊。二是用磁性检测仪检测磁性。真钞的黑色凹印油墨含有磁性材料,用磁性检测仪可检测出磁性。假钞或者没有磁性,或者磁性强度与真钞有别。三是用紫外光照射票面。真钞纸张无荧光反应,假钞有的明显的荧光反应;1996年版美元安全线会有明亮的荧光反应,假钞安全线有的无荧光反应,有的即使有荧光反应,但亮度较暗,颜色也不正。

2. 欧元

第一套欧元是2002年1月1日开始发行的,在欧元区12个成员国中(比利时、德国、希腊、西班牙、法国、爱尔兰、意大利、芬兰、葡萄牙、奥地利、荷兰、卢森堡)成为唯一的法定货币。随后,斯洛文尼亚于2007年1月1日加入欧元区,成为欧元区第13个成员国。塞浦路斯于2008年1月1日与马耳他一起加入了欧元区。斯洛伐克于2009年1月1日加入欧元区,从而使欧元区成员国增至16个。爱沙尼亚于2011年1月1日正式启用欧元,成为欧元区第17个成员国。截至目前,欧元成员国为17国。第一套欧元共有7种券别的纸币和8种券别的硬币。

欧元纸币的票面特征:欧元纸币是由奥地利中央银行的Robert Kalina设计的,主题是"欧洲的时代与风格",描述了欧洲悠久的文化历史中7个时期的建筑风格。其中,还包含了一系列的防伪特征和各成员国的代表特色。

在纸币的正面图案中,窗户和拱门象征着欧洲的开放和合作,代表欧盟最初12个成员国的12颗五星则象征着当代欧洲的活力和融洽。纸币背面图案中,描述了7个不同时代的欧洲桥梁和欧洲地图,寓意欧盟各国及欧盟与全世界的紧密合作和交流。7种不同券别的纸币采用了不同颜色为主色调,规格也随面值的增大而增大。

除此之外,欧元纸币还有以下主要特征:

①用拉丁文和希腊文标明的货币名称;②用5种不同语言文字的缩写形式注明的"欧洲中央银行"的名称;③版权保护标识符号;④欧洲中央银行行长签名;⑤欧盟旗帜。

(1) 欧元纸币的防伪特征。欧元采用了多项先进的防伪技术,主要有以下几个方面:

①水印:欧元纸币均采用了双水印,即与每一票面主景图案相同的门窗图案水印及面额数字白水印。

②安全线:欧元纸币采用了全埋黑色安全线,安全线上有欧元名称(EURO)和面额数字。

③对印图案:欧元纸币正面左上角和背面右上角的不规则图形正好互补成面额数字,对接准确,无错位。

④凹版印刷:欧元纸币正面的面额数字、门窗图案、欧洲中央银行缩写及200、500欧元的盲文标记均是采用雕刻凹版印刷的,摸起来有明显的凹凸感。

⑤珠光油墨印刷图案:5、10、20欧元背面中间用珠光油墨印刷了一个条带,不同角度下出现不同的颜色,而且可看到欧元符号和面额数字。

⑥全息标识:5、10、20欧元正面右边贴有全息薄膜条,变换角度观察可以看到明亮的欧元符号和面额数字;50、100、200、500欧元正面的右下角贴有全息薄膜块,变换角度可看到明亮的主景图案和面额数字。

⑦光变面额数字:50、100、200、500欧元背面右下角的面额数字是用光变油墨印刷的,将钞票倾斜一定角度,颜色由紫色变为橄榄绿色。

⑧无色荧光纤维:在紫外光下,可以看到欧元纸张中有明亮的红、蓝、绿三色无色荧光纤维。

⑨有色荧光纤维印刷图案:在紫外光下,欧盟旗帜和欧洲中央银行行长签名的蓝色油墨变为绿色;12颗星由黄色变为橙色;背面的地图和桥梁则全变为黄色。

⑩凹印缩微文字：欧元纸币正背面均印有缩微文字,在放大镜下观察,真币上缩微文字线条饱满且清晰。

(2) 欧元纸币的识别方法。同识别人民币一样,识别欧元纸币也同样要采用"一看、二摸、三听、四测"的方法。

一看。一是迎光透视,主要观察水印、安全线和对印图案。二是晃动观察,主要观察全息标识,5、10、20欧元背面珠光油墨印刷条状标记和50、100、200、500欧元背面右下角的光变油墨面额数字。

二摸。一是摸纸张,欧元纸币纸张薄、挺度好,摸起来不滑、密实,在水印部位可以感到有厚薄变化。二是摸凹印图案,欧元纸币正面的面额数字、门窗图案、欧洲中央银行缩写及200、500欧元的盲文标记均是采用雕刻凹版印刷的,摸起来有明显的凹凸感。

三听。用手抖动纸币,真钞会发出清脆的声响。

四测。用紫外灯和放大镜等仪器检测欧元纸币的专业防伪特征。

在紫外光下,欧元纸张无荧光反应,同时可以看到纸张中有红、蓝、绿三色荧光纤维;欧盟旗帜和欧洲中央银行行长签名的蓝色油墨变为绿色;12颗星由黄色变为橙色;背面的地图和桥梁则全变为黄色。

欧元纸币正背面均印有缩微文字,在放大镜下观察,真币上的缩微文字线条饱满且清晰。

所有的欧元纸币都印有欧洲央行行长的签名。因此,当新的一位欧洲央行行长上任后,欧元纸币上的签名也随之改变。到目前为止,欧元纸币上印有三任不同行长的签名。为预防假币,欧盟计划每隔七八年就推出新一套的纸币。第二套纸币原计划2010年推出,后被推迟至2013年5月2日。2013年的新版纸币将在未来几年内逐步取代旧版纸币。

第二套欧元命名为"欧罗巴"系列,这既是希腊神话中腓尼基公主的芳名,同时也是欧洲大地的名称起源。第二套纸币在防伪标识上做了以下升级：一是欧罗巴头像水印;二是带有欧罗巴头像的全息条;三是SPARK光彩光变油墨面额数字。

3. 日元

现行流通的日元主要是1993年版1000、5000和10000日元的纸币。此外还有一小部分1984年版纸币。本书主要介绍1993年版和2000年版的日元。

日元纸币的票面特征：10000日元主色调为棕色,票面正面主景是日本教育家福泽谕吉头像,背面主景是两只雉。5000日元主色调为深紫色,票面正面主景是日本教育家新渡户稻造头像,背面主景是富士山。2000日元主色调为蓝黑色,票面正面主景是古代牌楼,背面主景是古代书法绘画。1000日元主色调为棕色,票面正面主景是日本小说家夏目漱石头像,背面主景是两只仙鹤。

(1) 日元纸币的防伪特征。

①专用纸张：日元纸张呈淡黄色,含有日本特有植物三桠皮纤维,纸张有非常高的韧性和挺度。

②水印：日元的水印图案与正面主景图案相同,由于采用了特殊工艺,故水印的清晰度非常高。

③雕刻凹版印刷：日元正背主景、行

名、面额数字等均是采用雕刻凹版印刷的，图案线条精细、层次丰富，用手触摸有明显的凹凸感。

④凹印缩微文字：日元正背面多处印有"NIPPON GINKO"字样的缩微文字。

⑤盲文标记：日元的盲文标记由圆圈组成，用手触摸有明显的凸起，透光观察也是清晰可见。

⑥磁性油墨：日元正背面凹印部位的油墨是带有磁性的，可用磁性检测仪测出磁信号。

⑦防复印油墨：日元采用了防复印油墨印刷图案，当用彩色复印机复印时，复印出来的颜色与原券颜色明显不同。

⑧光变面额数字：2000日元正面右上角的面额数字是用光变油墨印刷的，与票面呈垂直角度观察呈蓝色，倾斜一定角度则变为紫色。

⑨隐形面额数字：2000日元正面左下角有一装饰图案，将票面置于与视线接近平行的位置，面对光源，作45度或90度的旋转，可看到面额数字"2000"字样。

⑩珠光油墨：2000日元正面左右两侧边分别采用珠光油墨各印刷了一条条带，转换钞票角度可看到有颜色变化。

⑪隐形字母：2000日元背面右上角的绿色底纹处印有隐形字母，垂直角度下无法看到，将票面倾斜一定角度即可看到"NIPPON"字样，且前3个字母呈蓝绿色，后3个字母呈黄色。1984年版1000、5000、10000日元与1993年版相比，无凹印缩微文字，冠字号码为黑色，而1993年版的为深棕色，其他防伪特征基本一致。

（2）日元的鉴别方法。同样采用一看、二摸、三听、四测的方法。

一看。一是看钞票的颜色、图案、花纹及印刷效果。日元真钞正背面主景线条精细、层次丰富、立体感强，明亮处和阴影部分过渡自然。二是看日元纸张颜色。日元纸张工艺独特，呈淡黄色。三是看水印和盲文标记。迎光透视，日元水印非常清晰，图案层次丰富，有较强的立体感。同时，也可以清晰地看到盲文标记。四是看光变面额数字和隐形图案。变换2000日元票面，观察正面右上角的面额数字是否由蓝色变为紫色，正面左下角的装饰图案中是否有隐形面额数字"2000"字样及背面右上角绿色底纹处是否有隐形字母"NIPPON"字样。

二摸。一是摸纸张：日元纸张韧、挺，摸起来不滑、密实、挺括。二是摸凹印图案和盲文标记，有明显的凹凸感。

三听。用手抖动纸币，真钞会发出清脆的声音，假币声音发闷。

四测。用紫外灯、放大镜和磁性检测仪等工具检测日元的专业防伪特征。

在紫外光下，日元纸张无荧光反应，同时可以看到2000日元正背面的印章有明亮的荧光反应。

日元正背面均印有缩微文字，用放大镜观察，真币上的缩微文字线条饱满且清晰。

用磁性检测仪检测日元正背面凹印图案是否有磁性反应。

了解了现钞结算的相关知识后，对于旅游从业人员来说，他们可进一步了解旅游企业中从业人员较多的酒店现金结算程序，如表1-1。

表 1-1　酒店现金结算程序

工作程序	工作步骤与说明
1. 复核账单及订单	1) 根据服务员报的结账台号,将账单及其订单从搁架中检索出。 2) 复核一下账单与后附订单是否一致,无误,结算账单金额并交服务员传递给客人结算。
2. 收现	1) 检查现金真假。 2) 唱收现金数,把客人付讫的现金数输入电脑,并打印在账单上。把账单客人联及找零交给服务员给客人收执。
3. 汇总账单总数并核对	1) 将账单其余联存放好,以待班次结束时汇编报表。 2) 将每一账单所收现金数填在营业点日报表的现金栏里,然后将所有现金汇总结出总数与报表核对。

四、了解备用金制度

 案例导入

某酒店 2012 年 12 月 28 日,总台有两位员工(接待员王某和收款员张某)上班,接待员王某在上班期间离岗两小时。收款员张某在下班交接备用金时声称少人民币 2 200 元,并及时向前厅部经理汇报了此事(收款和接待都归前厅管),前厅经理又向财务经理和总经理汇报,总经理将此事交分管的副总经理处理,副总经理处理的结果是收款张某赔偿 1 500 元,王某赔偿 700 元,张某已赔偿但王某拒绝赔偿,理由是自己没有责任,于是事情处于尴尬的局面。

那么造成这样的结果究竟是小王擅自离岗还是小张工作失误,还是这钱被小偷偷了呢?这笔钱究竟哪去了谁也不知道,那么直接原因就应该来找收款员,所以小张肯定是要负主要责任或是全部责任,而小王声称自己没有责任是错误的。因为他离岗期间对收款员来说就失去了监督作用,到底小张工作失误还是自己动了手脚别人不得而知,所以小王也是应当负有一定责任的。如果小王没有离岗那么他是不应当负有责任的,因为他履行了监督职责。

本案中涉及的酒店相关职责和内部牵制制度不完善是发生矛盾的根源,这也是备用金管理中的常见问题。那么备用金作为现钞结算的重要手段,其管理制度是怎么样的?有哪些指导原则呢?这将是接下来讨论的重点。

备用金是指企业、机关、事业单位或其他经济组织等拨付给非独立核算的内部单位或工作人员备作差旅费、零星采购、零星开支等用途的款项。具体到旅游企业是指各收银岗位方便客人结账时找零的现金。

预支备作差旅费、零星采购等用的备用金,一般按估计需用数额领取,支用后一次报销,多退少补。对于零星开支用的备用金,可实行定额备用金制度,即由指定的备用金负责人按照规定的数额领取,支用后按规定手续报销,补足原定额。

(一) 备用金借支管理

(1) 企业各部门填制"备用金借款单",财务部门一方面核定其零星开支,便于管理,另一方面凭此单据支付现金。

(2) 各部门零星备用金,一般不得超过规定数额,若遇特殊需要应由企业部门经理核准。

(3) 各部门零星备用金借支应将取得的正式发票定期送到财务部门备用金管理人员(出纳员)手中,冲转借支额或补充备用金。

(二) 备用金保管

(1) 备用金收支应设置"备用金"账户,并编制"收、支日报表"送交经理查看。

(2) 备用金定期根据取得的发票编制备用金支出一览表,及时反映备用金支出情况。

(3) 备用金账户应做到逐月结清。

(4) 出纳人员应妥善保管与备用金相关的各种票据。

备用金的管理不论采用何种办法,都应严格备用金的预借、使用和报销的手续制度。

(三) 备用金预借、使用及报销流程

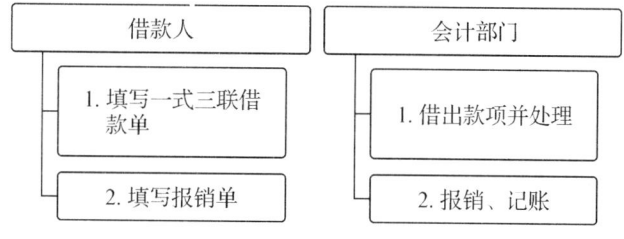

图 1-1 备用金预借、使用及报销流程

(四) 旅游企业备用金管理制度

(1) 所有收银员备用金都采取定岗、定额,个人保管、个人使用的方法。

(2) 备用金的数额应根据各个收银点的实际需要控制在适当的范围,以恰好能满足营业网点的收银工作需要为宜。

(3) 定期或不定期地抽查收银员使用备用金情况。

(4) 收银员不准私自挪用备用金。

(5) 备用金出现长、短款应及时上报。长款如数上交、短款应按规定处理。

(6) 备用金短缺要及时补足,以保证对客服务。

(7) 设置备用金登记簿,登记收银员领退备用金情况。

(8) 收银员领取备用金,应填写申领单,经财务总监或财务经理批准后方可领取。

(五) 旅游企业备用金管理指导原则

所有备用金属于旅游企业财产。

(1) 备用金的申领由部门经理申请,到总出纳处填写现金申领单,经财务总监或财务经理签字批准后方可领取。

(2) 所有备用金都采取岗点定额保管的方法,每班次进行交接签字。

(3) 所有备用金分岗点统一放在总台贵重物品保险箱中,主钥匙总台保管,母钥匙由安全部保管。

(4) 各岗点收银根据班次到警卫值班处领取保险箱母钥匙,并签字,到总台领取主钥匙后进入保险间,两把钥匙同时开启取出本岗点的备用金,清点。

（5）如备用金金额不够,而上一班次也没有交接说明时,应让另一人清点证明,并在备用金交接簿上签字确认,同时通知主管解决。

（6）收银在上班期间必须保全备用金和保险箱的钥匙。

（7）备用金不得全部或部分的转借他人,除非财务总监或财务经理签字同意。

（8）被辞退或辞职的员工,应立即交回备用金和保险箱钥匙。

（9）每班次结束后,必须将备用金锁入贵重物品保险箱,将母钥匙交回警卫值班处。

（10）收银主管和总出纳定期或不定期地抽查各岗点备用金的使用情况,并以书面检查表的形式上报,长款上缴,短款应说明原因,自行补足。

（11）任何人不得将备用金及钥匙带出旅游企业,违者将给予严重处罚。

【任务拓展】

表1-2 酒店收款员班前准备工作程序

工作程序	工作步骤与说明
1. 签到	1）营业点收款员依照排班表安排的班次,在上岗之前到前台总出纳处（收银主管）签到。
2. 清点备用金	1）营业点收银员与主管一起清点备用金,确认无误后在交接登记簿上签字确认。 2）班次之间必须办理备用金交接手续并在备用金交接登记簿上签字。
3. 检查各项准备工作	1）营业点收银员必须在打开收款机或电脑终端检查前,检查前一天夜间稽核数额是否清机、各种数字反映是否零位。 2）检查收款机的日期、时间是否正确,不对或时间不准时,应通知领班（主管）进行调整,并检查色带、纸带是否够用。 3）检查信用卡签购单是否够用,EDC结算系统有无问题。 4）查阅营业点收款员记录簿,了解上班次遗留问题,以便及时处理。
4. 领取账单及现金收据	1）根据需要领取该班次所需使用的账单及现金收据,检查账单及收据是否顺号。 2）下班时将未使用的账单及现金收据办理退回手续,并在账单领用记录簿上签字。

表1-3 酒店现金传递控制程序

工作程序	工作步骤与说明
1. 结账收现	1）收银员根据账单向客人收款结账。 2）客人要求结账时,服务员从收银处取回账单送递客人。 3）客人检查后,再由服务员送至收银处并负责传递找零。

续表

工作程序	工作步骤与说明
2. 现金缴存	1）收银员下班时应按币种、票面清点现金、填写交款袋，封妥后，投进指定的保险箱内。 2）收银员投入后填写投袋记录簿，并请监证人签字确认。 3）出纳与监点人一起打开保险箱，清点交款袋并与记录簿核对。 4）清点每一交款袋现金必须有二人同时进行。
3. 编制总出纳报告	1）根据现金送存银行回单编制总出纳报告。

【任务反馈】

旅游企业为什么要设定备用金制度，需要花钱的时候去财务领不就行了？

释疑：这涉及会计法的规定，企业现金收入应于当日送存银行，企业的零星开支可以从企业库存现金中支付，但不得从本企业的现金收入中直接支付。旅游企业不能留有太多的库存现金，应该根据需要制定备用金额度，高于额度的库存现金一般应存入银行，在实际工作中主要是看自己单位的现金使用量及出于安全考虑，如果平时现金需求量大，可以多留一些现金，但为了安全考虑，也要适当。

任务二 掌握旅游企业经营过程中的支票结算

【任务目标】

支票结算目前亦为旅游企业重要的结算方式，因此本任务要求学生在了解三大票据（本票、汇票、支票）区别的基础上，重点掌握支票填写规范及防伪要点，特别需要掌握旅游企业常用的旅行支票的使用。

【案例聚焦】

某酒店某日入住一位朱先生，预计入住3天。登记时朱先生称自己证件遗失，但记得证件号码，总台接待员违反相关规定给其办理了入住手续，预付方式是一张空白支票。第二天朱先生到酒店商场部询问是否可以签单一次性结账，得到肯定回答后，朱先生跟销售员小姐要购买20条中华香烟，称公司要送人，该小姐问了结账处703房朱先生结账方式是押一张空白支票后，向记账员电话挂账，随即为客人办理了签购手续。第三天上午，朱先生又打电话要求商场部为其准备50条中华香烟，售货小姐又按原程序为其办理了签购手续。中午12:30，703房朱先生与另外一人到酒店中餐厅消费，点菜时均要了饭店最高档的菜肴，并要服务员将一部分打包。当天，餐厅值班经理发现消费不正常后向大堂经理汇报，查房已无行李。信用组到银行查验支票，被告知该支票为空头支票，登记单上，身份证号码少一位。后经确认为恶意逃账。

该案例中由于是签单一次性结账，酒店更应该提高警惕，对客人预付方式（空白支票）进行核对，工作的疏忽使得酒店蒙受了巨大损失。但是为什么一张空白支票就可以当做预付方式呢？支票的形式是怎样的？对支票的审核都有哪些工作细节?这都是本任务接下来要讨论的问题。

【任务执行】

一、票据概述

票据结算是一种不涉及现钞,直接将金额锁定在某种票据上的结算方式。由于企业之间的结算涉及金额较大,用现钞结算会有诸多不安全和不方便因素,因此需要更为便捷和安全的结算方式,票据结算由此产生。

票据是指由出票人根据票据法签发的,由自己或委托他人无条件支付确定金额给收款人或持票人的有价证券。在我国,票据即汇票、支票及本票的统称。

票据的特性包括:1)票据是具有一定权力的凭证,包括付款请求权、追索权;2)票据的权利与义务是不存在任何原因的,只要持票人拿到票据后,就已经取得票据所赋予的全部权力;3)各国的票据法都要求对票据的形式和内容保持标准化和规范化;4)票据是可流通的证券。除了票据本身的限制外,票据是可以凭背书和交付而转让的。

票据的主要关系人:1)出票人,指签发票据并将票据交付给他人的人。出票人是票据的主债务人。持票人或收款人提示票据要求付款或承兑时,出票人应该立即付款或承兑。2)付款人,指支付给持票人或收款人票面金额的人,付款人并不一定是出票人,他只是出票人的债务人。3)收款人,指收取票款的人。收款人有权要求出票人或付款人付款或承兑。4)承兑人,票据是远期票据时,收款人或持票人向付款人要求付款人同意到期付款,该付款人就是承兑人。5)持票人,指持有票据的人。只有持票人才有权要求付款或承兑。

二、票据种类

(一)汇票

汇票是出票人签发的,委托付款人在见票时或者在指定日期无条件支付确定的金额给收款人或者持票人的票据。出票人签发汇票后,即承担保证该汇票承兑和付款的责任。出票人在汇票得不到承兑或者付款时,应当向持票人清偿有关金额和费用。

汇票必须记载下列事项:

(1)表明"汇票"的字样;

(2)无条件支付的委托;

(3)确定的金额;

(4)付款人名称;

(5)收款人名称;

(6)出票日期;

(7)出票人签章。

汇票上未记载前款规定事项之一的,汇票无效。

付款日期可以按照下列形式之一记载:

(1)见票即付;

(2)定日付款;

(3)出票后定期付款;

(4)见票后定期付款。

汇票的种类:

(1)按出票人不同,有银行汇票、商业汇票;

(2)按承兑人的不同,有商业承兑汇票、银行承兑汇票;

(3)按付款时间不同,有期汇票、远期汇票;

(4)按有无附属单据,有光票、跟单

汇票。

（二）本票

本票是出票人签发的，承诺自己在见票时无条件支付确定的金额给收款人或者持票人的票据，目前本票仅限于银行本票。本票的出票人在持票人提示见票时，必须承担付款的责任。

本票必须记载下列事项：

（1）表明"本票"的字样；
（2）无条件支付的承诺；
（3）确定的金额；
（4）收款人名称；
（5）出票日期；
（6）出票人签章。

本票上未记载前款规定事项之一的，本票无效。

本票自出票日起，付款期限最长不得超过两个月。

（三）支票

支票是出票人签发的，委托办理支票存款业务的银行或者其他金融机构在见票时无条件支付确定的金额给收款人或者持票人的票据。开立支票存款账户，申请人必须使用其本名，并提交证明其身份的合法证件。开立支票存款账户和领用支票，应当有可靠的资信，并存入一定的资金。开立支票存款账户，申请人应当预留其本名的签名式样和印鉴。

支票必须记载下列事项：

（1）表明"支票"的字样；
（2）无条件支付的委托；
（3）确定的金额；
（4）付款人名称；
（5）出票日期；
（6）出票人签章。

支票上未记载前款规定事项之一的，支票无效。

支票限于见票即付，不得另行记载付款日期。另行记载付款日期的，该记载无效。支票的持票人应当自出票日起十日内提示付款；异地使用的支票，其提示付款的期限由中国人民银行另行规定。

出票人签发的支票金额超过其付款时在付款人处实有的存款金额的，为空头支票。禁止签发空头支票。

二、支票

支票是传统支付工具中使用最广泛和便利的非现金支付工具，在同一城市范围内的商品交易、劳务供应、清偿债务等款项支付，均可以使用支票，目前支票的使用量占同城结算总笔数的70%左右。由于支票的以下特点，使得其在面对新兴支付工具的挑战时仍保持着极为重要的地位：一是支票不受交易时间、地点和对象的限制，且具有很强的流通性，可以在更广泛的交易主体之间使用。除可用于商户与消费者之间的交易外，还可用于单位与个人之间、个人与个人之间的支付。二是支票的使用成本相对较低，无须专用的机具和受理设施。三是支票支付金额无上限的限制。支票既可支付零售项目，也适用于大额买卖。只要账户上有足够的款项支付，支票支付通常没有使用金额的限制。四是支票支付具有一定的私密性。使用支票进行结算，收款人无须将自己的银行账号等告诉付款人。

从支票的定义可见，支票是以银行为付款人的即期汇票，可以看作汇票的特例。支票出票人签发的支票金额，不得超出其在付款人处的存款金额。如果存款低于支票金额,银行将拒付。这种支票称为空头支票,出票人要负法律上的责任。

支票可分为现金支票和转账支票。支票一经背书即可流通转让,具有通货作用,成为替代货币发挥流通手段和支付手段职能的信用流通工具。运用支票进行货币结算,可以减少现金的流通量。

(一)支票的种类

支票(Cheque,Check)是出票人签发,委托办理支票存款业务的银行或者其他金融机构在见票时无条件支付确定的金额给收款人或持票人的票据。其种类包括以下几种:

(1)记名支票(Cheque payable to order)是在支票的收款人一栏,写明收款人姓名,如"限付某甲"(Pay A Only)或"指定人"(Pay A Order),取款时须由收款人签章,方可支取。

(2)不记名支票(Cheque payable to bearer)又称空白支票,支票上不记载收款人姓名,只写"付来人"(Pay bearer)。取款时持票人无须在支票背后签章,即可支取。此项支票仅凭交付而转让。

(3)划线支票(Crossed Cheque)是在支票正面划两道平行线的支票。划线支票与一般支票不同,划线支票非由银行不得领取票款,故只能委托银行代收票款入账。使用划线支票的目的是为了在支票遗失或被人冒领时,还有可能通过银行代收的线索追回票款。

(4)保付支票(Certified Cheque)是指为了避免出票人开出空头支票,保证支票提示时付款,支票的收款人或持票人可要求银行对支票"保付"。保付是由付款银行在支票上加盖"保付"戳记,以表明在支票提示时一定付款。支票一经保付,付款责任即由银行承担。出票人、背书人都可免于追索。付款银行对支票保付后,即将票款从出票人的账户转入一个专户,以备付款,所以保付支票提示付款时,不会退票。

(5)银行支票(Banker's Cheque)是由银行签发,并由银行付款的支票,也是银行即期汇票。银行代顾客办理汇票汇款时,可以开具银行支票。

(6)旅行支票(Traveller's Cheque)是银行或旅行社为旅游者发行的一种固定金额的支付工具,是旅游者从出票机构用现金购买的一种支付手段。这种支票形式逐渐成为了现代旅游常用的方式,本书将在接下来的任务中会作更加详细的介绍。

(二)支票的特点、适用范围及申报程序

1. 特点

(1)使用方便,手续简便、灵活;

(2)支票的提示付款期限自出票日起10天;

(3)支票可以背书转让,但用于自取现金的支票不得背书转让。

2. 适用范围

同城票据交换地区内的单位和个人之间的一切款项结算,均可使用支票。自2007年6月25日起支票实现了全国通用,异地之间也可使用支票进行支付、结算。

3. 申办程序

(1)开立支票存款账户,申请人必须使用其本名,并提交证明其身份的合法证件;

(2)开立支票存款账户,申请人应当预留其本人的签名式样和印鉴;

(3)开立支票存款账户和领用支票,

应当有可靠的资信，并存入一定的资金。

（三）支票的填写规范

1. 支票的结构（如图 1-2）

（1）长方形的形状。

（2）黄金分割点附近靠左以一条虚线分两栏。

（3）虚线以左是存根联，留企业做账用。

（4）虚线以右是支票正联，交对方单位收款人员到银行办理收款手续。

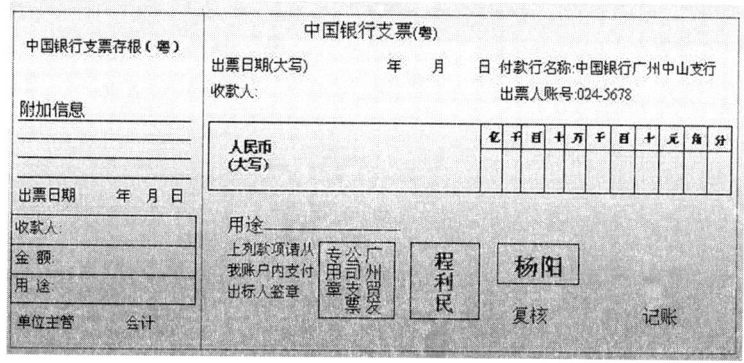

图 1-2 支票的填写样本

2. 支票的填写规范

（1）出票日期（大写）。数字必须大写，大写数字写法：零、壹、贰、叁、肆、伍、陆、柒、捌、玖、拾。

举例：2005 年 8 月 5 日，贰零零伍年捌月零伍日。

捌月前零字可写也可不写，伍日前零字必写。

2006 年 2 月 13 日，贰零零陆年零贰月壹拾叁日。

①壹月、贰月前零字必写，叁月至玖月前零字可写可不写。拾月至拾贰月必须写成壹拾月、壹拾壹月、壹拾贰月（前面多写了"零"字也认可，如零壹拾月）。

②壹日至玖日前零字必写，拾日至拾玖日必须写成壹拾日及壹拾×日（前面多写了"零"字也认可，如零壹拾伍日，下同），贰拾日至贰拾玖日必须写成贰拾日及贰拾×日，叁拾日至叁拾壹日必须写成叁拾日及叁拾壹日。

（2）收款人。

①现金支票收款人可写为本单位名称，此时现金支票背面"被背书人"栏内加盖本单位的财务专用章和法人章，之后收款人可凭现金支票直接到开户银行提取现金（由于有的银行各营业点联网，所以也可到联网营业点取款，具体要看联网覆盖范围而定）。

②现金支票收款人可写为收款人个人姓名，此时现金支票背面不盖任何章，收款人在现金支票背面填上身份证号码和发证机关名称，凭身份证和现金支票签字领款。

③转账支票收款人应填写为对方单位名称。转账支票背面本单位不盖章。收款单位取得转账支票后，在支票背面"被背书栏"内加盖收款单位财务专用章和法人章，填写好银行进账单后连同该支票交给收款单位的开户银行委托银行收款。

（3）付款行名称、出票人账号。即为本单位开户银行名称及银行账号，例如：工行高新支行九连分理处

1202027409900088888账号小写。

(4) 人民币(大写)。数字大写写法：零、壹、贰、叁、肆、伍、陆、柒、捌、玖、亿、万、仟、佰、拾。注意："万"字不带单人旁。举例如下：

① 289 546.52，贰拾捌万玖仟伍佰肆拾陆元伍角贰分。

② 7 560.31，柒仟伍佰陆拾元零叁角壹分，此时"陆拾元零叁角壹分"中"零"字可写可不写。

③ 532.00，伍佰叁拾贰元正，"正"写为"整"字也可以，不能写为"零角零分"。

④ 425.03，肆佰贰拾伍元零叁分。

⑤ 325.20，叁佰贰拾伍元贰角，角字后面可加"正"字，但不能写为"零分"，比较特殊。

(5) 人民币小写。最高金额的前一位空白格用"￥"字头打掉，数字填写要求完整清楚。

(6) 用途。

① 现金支票有一定限制，一般填写"备用金"、"差旅费"、"工资"、"劳务费"等。

② 转账支票没有具体规定，可填写如"货款"、"代理费"等等。

(7) 盖章。支票正面盖财务专用章和法人章，缺一不可，印泥为红色，印章必须清晰，印章模糊只能将本张支票作废，换一张重新填写重新盖章。反面盖章与否见前文"(2) 收款人"条。

(四) 旅行支票

1. 旅行支票定义

旅行支票是一种定额本票，其作用是专供旅客购买和支付旅途费用，它与一般银行汇票、支票的不同之处在于旅行支票没有指定的付款地点和银行，一般也不受日期限制，能在全世界通用。客户可以随时在国外的各大银行、国际酒店、餐厅及其他消费场所兑换现金或直接使用，是国际旅行常用的支付凭证之一。旅行支票是一种全球范围内被普遍接受的票据，在很多国家和地区都有着如同现金一般的流动性，不仅很多商场和酒店都支持旅行支票的付款，也可以在旅行地兑换为当地的货币使用。(如图 1-3)

图 1-3 旅行支票样票

2. 旅行支票的特点

由于旅行支票具有面额固定、使用不受时间地点限制、携带安全、挂失补偿等优点，可为使用者出国旅游、办理商务提供支付便利。其具体特点如下：

其一，旅行支票很像现金，具有良好

的流动性、永久有效且无使用时间限制，如果用不完，可以留着下次再用，或支付一定费用换回现钞。同时，旅行支票即使丢了也不用担心，只要凭护照和购买合约去指定机构办理挂失手续，即可得到新的旅行支票。

其二，旅行支票的购买和使用，手续费低廉，仅需支付(以国内为例)0.75%的手续费，在美国甚至是免费的。

其三，旅行支票的使用不像信用卡受到通讯状况制约。

其四，旅行支票具有多币种选择，避免了兑换产生的汇率损失。

总之，旅行支票发展成熟，在方便性、安全性等方面具有非常显著的优势，可作"有卡族"有益的补充。

3. 旅行支票的代售

旅行支票的代售指银行代旅行支票发行机构出售旅行支票的业务。向客户收取款项后，将旅行支票出售给客户，同时将款项付给旅行支票发行机构。

(1) 售旅行支票的品种：银行代售的是目前全球发行量最大的两种旅行支票——美国运通公司(AE)、国际支付组织(VISA)的美元和欧元旅行支票。以美元支票为例，面额有20、50、100、500、1000元可供选择。

(2) 费用：按票面金额的1%收取手续费，购买面值3万美元以上，手续费按5‰计收。

(3) 服务对象：个人客户、公司客户。

4. 购买程序

(1) 提供护照和有效签证。

(2) 缴交购买旅行支票所需的外汇款项和手续费。

(3) 须填写一份购买合约，填写其姓名、护照号码、地址，并签名。

(4) 为确保资金安全，购买时须当面在旅行支票初签位置上签名，且切勿在兑付前复签。

5. 使用旅行支票应注意事项

(1) 使用旅行支票时除非兑换、消费或转让旅行支票，否则不要在旅行支票上复签。

(2) 购买合约、护照最好与旅行支票分开保管，方便在旅行支票万一丢失后办理挂失补偿手续。

(3) 如遇填写错误、潮湿霉腐、破损残缺，可到银行填写注销证明书，注销该旅行支票。

6. 旅行支票的兑付

(1) 银行兑付旅行支票的种类：VISA、MasterCard、CITICORP、国际运通等旅行支票。

(2) 适用对象：个人客户、公司客户。

(3) 兑付程序：在银行的任一支行或网点都可要求兑付旅行支票。

(4) 兑付手续：①提供护照和购买合同。②当面在支票指定的位置复签，如已有复签，请当面在支票背面复签。

(5) 凡有下列情况之一者，不予办理兑付：①没有初签的旅行支票；②转让的旅行支票；③规定有有效期但已逾期的旅行支票；④限制在英镑区、法郎区或其他有限制兑付条款的旅行支票。

(6) 兑付费用：按旅行支票票面金额扣收7.5‰贴息。

7. 旅行支票的挂失和补偿

(1) 旅行支票一旦遗失或被窃，可立即通过旅行支票发行机构设在世界各大城市的24小时服务电话与其补偿中心取得联系，通知被窃的支票号码、金额及有关情况。

（2）按补偿中心的指引到就近的代售行办理挂失手续,填写旅行支票挂失表格。

（3）向代售行提供原购买合约与身份证件,经代售行核对无误,并向补偿中心取得授权后,即可获取新的购买合约和新的旅行支票。

（4）下列情况不能办理补偿:无法提供原购买合约;申请超过限额;遗失支票未初签或遗失前已复签。

（5）代理旅行支票补偿业务中,银行原则上不做现金补偿,不做与丢失支票不同货币的旅行支票补偿。

三、支票防伪概述

由于支票很多情况下可以当做现金使用,因此使用者在使用支票时应从三方面提高警惕:一是要审查支票的填制是否规范;二是防止收到伪造支票;三是审查其内容的真实性,避免收到空头支票。

（一）审查支票格式

（1）支票正面不能有涂改痕迹,否则支票作废。

（2）受票人如果发现支票填写不全,可以补记,但不能涂改。

（3）支票的有效期为10天,日期首尾算一天,节假日顺延。

（4）支票见票即付,不记名。丢了支票尤其是现金支票可能就是票面金额数目的钱丢了,银行不承担责任。现金支票一般要素填写齐全,假如支票未被冒领,在开户银行挂失;转账支票假如支票要素填写齐全,在开户银行挂失,假如要素填写不齐,到票据交换中心挂失。

（5）出票单位现金支票背面有印章盖模糊了,可把模糊印章打叉,重新再盖一次。

（6）收款单位转账支票背面印章盖模糊了(此时票据法规定是不能以重新盖章方法来补救的),收款单位可带转账支票及银行进账单到出票单位的开户银行去办理收款手续(不用付手续费),俗称"倒打",这样就用不着到出票单位重新开支票了。

（二）支票防伪鉴别法

1. 支票的造假方法

常用的支票造假方法有伪造和变造两种。

伪造支票是指无权限的人假冒他人或以虚构人名义所进行的票据行为,包托支票的伪造和支票上签章的伪造两种情况。

变造支票是指无权更改票据内容的人,对支票上签章以外的记载事项加以变更的行为。主要使用现代技术涂改支票上的金额或其他内容来作案行骗。所有的变造支票由真票修改而成,防伪功能齐全,欺骗性很大,金融风险极大。常用的变造手法有变造日期、金额、变造号码等。

（1）变造日期、金额。

1996—2000年间的票据,在金额部位设了两道防变造功能:

①用防涂改油墨(用油墨印了"作废"字样,正常不可见,涂改后即显现,但遇涂改液显现后还可用化学方法还原为不可见);②印有红水线("人民币大写"后面印红色的保险杠,水溶性的,遇涂改液消失,但作案分子用红笔再描上)。

2000年后改防涂改油墨为防涂改纸张,造纸时在里面加上化学原料,涂改即变色;红线条变成荧光水溶水线,自然光下为红色，紫光灯下发橘红光，改后发淡绿光。作案分子用挖补粘贴法变造。识别方法：一摸，挖补痕迹能够感觉；二用放大镜，放大镜下挖补痕迹明显；三看背面，背面没底纹，切痕明显。

（2）变造号码。

2000年前用普通油墨，变造方法用小刀刮但用放大镜能看出痕迹。

2000年后改用渗透油墨，正面朱黑色，背面显红色，两面同步。不能涂改，作案分子用挖补粘贴法变造。打号的压痕和挖痕不易用手摸出，识别方法：用放大镜看，在放大镜下正背两面挖补痕迹都明显。造假/假象：正面黑墨打号，背面垫红色复写纸。识别方法：背面用橡皮擦一下或用刀片刮，浮在表面的红色就会消失。

2. 支票真伪识别方法

支票鉴别的简单方法是变造支票看痕迹，伪造支票看特征。

审验程序：一看二摸三鉴别。一（根据真票的特征）看文字（是否粗、发花）、颜色、要素、尺寸，尤其看文字位置和底纹是否发虚发花，图案有无错误，以及水印、纤维。二（根据造纸的特点）摸纸张手感、声音、挺度。三是鉴别防伪特征，造纸、设计、印刷、打码的各个环节都加入了防伪技术，分别为：纸张防伪、油墨防伪、设计印刷防伪。

（1）纸张防伪。

①黑水印。对着光源、目视检查，由于纤维密度不同可见水印图案较黑（真票黑水印不清楚，对着光看清楚。假票票面有些脏，黑水印很明显，对着光看反而不清晰）。

②白水印。对着光源、目视检查，由于纤维密度不同可见水印图案较淡。

③彩色纤维。自然光下目视检查，可见清晰的蓝、黑、红纤维，且颜色深浅不一，用针挑可见真实纤维（假票用虚线，放大镜可看出；淡化图纹、淡化油墨的方法仿造，很具有迷惑性，但无真实纤维丝）。

④荧光纤维。自然光下不可见，紫光灯下目视检查，可见蓝、绿色纤维。且亮度深浅不一，用针挑可见真实纤维。

⑤防涂改。用涂改液改可见纸张变色（在特定环境下纸张颜色会改变。用涂改液会变成黄色，但用草酸可还原）。

⑥证券纸。自然光下和普通纸无区别，在紫光灯下无荧光反映，普通纸在紫光灯下有荧光反应。原则：凡是荧光纸张可能是假票；无荧光纸张不一定是真票（荧光可以用化学的方法消去）。

（2）油墨防伪。

①有色荧光油墨。在自然光下显红色，在紫光灯下显橘黄色荧光反映。有些假票紫光灯下发红光。原则：荧光错了是假票，对了不一定是真票。

②无色荧光墨。自然光下不可见，在紫光下显淡绿色荧光。有些假票紫光灯下发蓝光或墨绿光。原则：荧光错了是假票，对了不一定是真票。

③可溶性荧光水线墨。在自然光下显红色，在紫外光下显示橘红色荧光，遇水变化。与涂改液相溶可消失，且荧光变为淡绿色。

④渗透性油墨。号码用墨直观目视显棕黑色，背面目视显淡红色渗透效果。犯罪分子用挖补法也容易用放大镜看出痕迹。

（3）设计印刷防伪。

①底纹设计(所有票都有)。机雕花团、花边与几何变线图案结合,纽索、粗细变线,结合微缩文字、微缩带和微缩花团,具有防复印、防复制功能,使用的是专业防伪软件。用照相扫描技术仿造发虚、发花,残缺不全,断线断道。

②微缩文字。不同票种的不同部位加有微缩文字,在放大镜下微缩文字清晰可辨。

(三)审查支票内容真实性

空头支票是指支票持有人请求付款时,出票人在付款人处实有的存款不足以支付票据金额的支票。

审查支票内容的真实性关键是看出票人在付款人处实有的存款是否足以支付票据金额,即该支票是否为空头支票。空头支票,不仅损害了持票人的合法利益,影响了支票的使用和流通,而且影响结算资金汇路畅通以及经济、金融秩序。

为保护持票人的合法利益,维护经济金融秩序,促进票据业务健康发展,中国人民银行发布了《中国人民银行关于对签发空头支票行为实施行政处罚有关问题的通知》(以下简称《通知》),规定中国人民银行及其分支机构对签发空头支票的违规行为实施行政处罚。《通知》明确了以下规定:

1. 规定对空头支票违规行为实施行政处罚

《通知》明确实施空头支票行政处罚的主体为中国人民银行及其分支机构;处罚依据和标准为《票据管理实施办法》第三十一条"签发空头支票或者签发与其预留的签章不符的支票,不以骗取财物为目的的,由中国人民银行处以票面金额5%但不低于1000元的罚款"的规定;《通知》明确空头支票的罚款,由出票人在规定期限内到指定的罚款代收机构主动缴纳,逾期不缴纳的,人民银行及其分支机构可采取每日按罚款数额的3%加处罚款、要求银行停止其签发支票、申请人民法院强制执行等措施。

2. 建立了空头支票违规行为的"黑名单"制度

为了加大对空头支票监管的力度,中国人民银行及其分支机构建立签发空头支票"黑名单"制度,并将有关违规信息定期向同一票据交换区域内的银行进行通报。

3. 明确监督管理的职责

中国人民银行总行负责空头支票处罚制度的制定和监督执行;中国人民银行分支机构负责本辖区内空头支票行政处罚的组织实施;出票人开户银行负责报告签发空头支票违规行为、代为送达有关法律文书等;罚款代收机构负责罚款的收缴。

4. 强化违规责任

《通知》根据事权划分,规定了罚款代收机构、出票人开户银行和空头支票的出票人三方的违规责任。罚款代收机构对空头支票罚款收入占压、挪用的,中国人民银行及其分支机构按照《金融违法行为处罚办法》的有关规定给予处罚,情节严重的,追究其高级管理人员及直接责任人的行政责任;出票人开户银行不报、漏报或迟报出票人签发空头支票行为的,由人民银行责令改正,逾期不改、情节严重的,追究其高级管理人员及直接责任人的行政责任;对于屡次签发空头支票的出票人,银行有权停止为其办理支票或全部支付结算业务。

尽管央行做出了对空头支票违规行

为的处罚通知，但是依然难以保证没有空头支票的产生。其原因是多方面的，企业经济效益差、信用观念淡薄是引发空头支票的直接原因，银行对账户管理把关不严也是空头支票形成的重要原因。因此旅游企业在收到支票时，除了把握以上支票防伪的关键点以外，还要关注该支票是否为空头支票，电话至承兑行查询该支票的票面金额是否超出了该存款人的账户余额。

【任务拓展】

中国银行旅行支票产品

产品名称：旅行支票。

产品说明：旅行支票是由非银行金融机构（统称旅行支票发行机构）为方便国际旅行者在旅行期间安全携带和支付旅行费用而发行的一种固定面额票据，可在全球广泛使用，是因公因私出境人员安全携带和支付日常费用及学杂费的极佳选择。

产品特点：

安全——比现金安全。旅行支票不慎丢失或被盗，可办理挂失、理赔和紧急补偿；遇有意外，还可申请旅行支票发行机构提供的医疗等紧急援助服务。

使用方便——世界通行。可在世界各大银行、兑换网点兑换现金；可在国际酒店、餐厅、学校及其他消费场所直接付账，而无须支付任何费用。

无使用期限——永久有效。旅行支票没有期限，永久有效。一次购买后未使用完毕，还可留待下次出境使用。

多种币别——可供选择。旅行者可根据前往的不同国家和地区，选择不同的币别。

经济划算——汇率比现金优惠。兑现旅行支票的汇率，通常比兑换现金的汇率优惠。

可选的旅行支票品牌：美国运通国际股份有限公司发行的AMERICAN EXPRESS旅行支票。主要币种：美元、日元、加拿大元、澳大利亚元、英镑、欧元、瑞士法郎。

适用对象：有出境需求的单位、个人。

办理流程：

个人客户可以凭本人有效身份证件、前往国家或地区的有效签证的护照或港澳地区的通行证及相关证明材料，用个人外汇账户/外币现钞、人民币账户/人民币现钞在中国银行指定网点购买一定额度的外币旅行支票。

收费标准：

在中国银行，购买旅行支票的费用通常为购买金额的 $1‰\sim0.5\%$，用外币现钞购买需支付汇钞差价费。受理网点众多，2 000 余家国内分支机构及大多数海外分行均可办理旅行支票代兑业务；中国银行在国内的外币代兑机构也可提供旅行支票兑换人民币的服务。受理品牌众多，中国银行可接受 17 家旅行支票发行机构发行的 149 种版面的旅行支票，其中美国运通、通济隆、VISA、MASTERCARD 等品牌旅行支票，均可在中国银行办理代兑业务。受理方式灵活，通常持票人本人持有效身份证件及完好无损且初复签相符的票据，中国银行即可在指定网点为办理者办理一定金额以下的旅行支票买汇业务；如超出规定限额，中国银行将为办理者办理光票托收。受理费用低廉，兑现手续费为兑现金额的 0.75%（以原币扣收）。托收手续费为托收金额的0.1%,最低50元/笔,最高250元/笔,另收邮费;退票费10元/笔。

温馨提示:

①携带前往目的地币别的旅行支票。

②旅行支票的购买协议与旅行支票要分开保管。

③在购买旅行支票时应在银行柜员当面立即进行初签。

④出国在外,切记务必携带购买协议,以便紧急情况时办理挂失理赔。

⑤旅行支票挂失及补偿。如果使用者的旅行支票不慎丢失或被窃,请尽快致电旅行支票发行机构或前往当地银行申报挂失,以便获得相应补偿。

美国运通公司旅行支票挂失、补偿服务电话:

10800 440 0106　中国电信服务区域(免费服务)

10800 744 0106　中国网通服务区域(免费服务)

⑥兑现等值5 000美元(含)~10 000美元(不含)的外币旅行支票,托收金额超过等值10 000美元以上(含)的外币旅行支票,持票人除提供本人有效身份证件外,还需提供购买合约、消费凭据或购物发票;如兑现金额超过等值1万美元(含),请持票人办理托收;银行不接受任何已转让的旅行支票。

【任务反馈】

支票的提示付款期是10天,如果旅游企业收到超过10天的支票只能算作废吗?

释疑:支票的提示付款期限为自出票日起10日。超过提示付款期限提示付款的,持票人开户银行不予受理,付款人不予付款。持票人可以委托开户银行收款(借记支票),或直接向付款人提示付款(贷记支票)。用于支取现金的支票,仅限于收款人向付款人提示付款。

任务三　掌握旅游企业经营过程中的信用结算

【任务目标】

信用结算是旅游企业结算中又一重要部分,信用结算中涉及最多的就是银行卡,因此本任务要求学生掌握银行卡结算的基本知识,包括了解银行卡的产生和发展、认识各种银行卡(特别是银联卡)以及银行卡风险的防范。

【案例聚焦】

某日,一位客人持运通卡在饭店餐厅消费。几日后客人通过信用卡公司给饭店发来传真,仅承付当日在饭店餐厅消费的一笔账单,而对另一笔当日消费的餐费账单拒付,理由是另一笔信用卡号与客人的运通卡一致,而持卡人的签名与有关证件均不相符。调阅该日的中餐厅账单后发现,账单时间基本一致,而账单上的结账方式一个为运通卡,一个为长城卡,经收款员回忆,当日二位客人同时来结账,为持运通卡的客人结完账后,未及时将客人的卡从压卡机中取出,又拉了一次卡单给持长城卡的客人签字,长城卡并没有从压卡机上压印过造成运通卡重复记账。

收款员在处理信用卡结账时,不仅要核对客人签购单上的姓名与所持信用卡上的签名,还要核对信用卡上压印的姓名与客人的签名是否一致,卡号和压卡单上卡号是否相符。另外,使用的压卡号和信用卡也应一致。如果按以上程序处理,基本可以避免该案例中发生的问题并且也可以杜绝客人签错卡单的现象。

【任务执行】

信用结算是区分于现钞结算的一种结算方式,随着当今社会的发展,现金结算的弊端日益显现,不涉及现金的信用结算日渐兴起。在信用结算中涉及最多的就是银行卡,因此本任务将重点讲解银行卡结算。

一、银行卡概述

银行卡是按照一定的技术标准制成,载有发卡单位和持卡人信息,由银行或银行卡公司向信用良好的个人和机构签发的一种信用凭证,卡片持有人可在指定的特约商户购物或获得服务。

(一)银行卡的产生和发展

1. 银行卡的起源及产生

银行卡的发展是市场经济发展的产物,也是货币信用发展的一种表现。追踪银行卡发展的轨迹,可归纳为三个阶段:

第一阶段(20世纪初—20世纪40年代末),商业信用阶段。

银行卡最早起源于美国。1915年美国的一些商店、饮食业为了扩大销售、招揽生意、方便顾客,创用了一种"信用筹码",其雏形类似一种金属徽章,后来演变为用塑料制成的卡片,作为客户购物消费的凭证,持卡人可以先赊销货物或消费,事后付款,这可以说是信用卡的萌芽。

1920年,美国各大电气、石油公司推出了签账卡,供顾客用电和加油使用,其实质相当于先消费、后付款的信用卡。

1946年,美国的狄纳斯俱乐部和运输公司发行了用于旅游、娱乐的信用卡。

1949年,美国大来公司推出了在餐馆使用的签账卡。

1950年,美国狄纳斯俱乐部在全美组织信用卡联合经营,凡是参加联营饭店、餐馆所发行的信用卡均可以通用,大大扩展了信用卡的使用范围。

第二阶段(20世纪50年代—20世纪80年代),银行信用阶段。

1952年,美国加利福尼亚富兰克林国民银行首先发行了银行信用卡,这是银行信用卡的先河。到1959年,美国有60多家银行开始发行信用卡。银行发行信用卡是对持卡人的一种消费信贷,它将仅限于买卖双方的商业性质的信用卡发展为涉及持卡人、特约商户和银行三方关系的银行性质的信用卡。银行信用卡信用程度更高、使用范围更广、功能更多,它使商业性质的信用卡发生了质的升华。

第三阶段(20世纪90年代—现在),综合信用阶段。

在这一阶段,随着网络技术的发展和银行卡应用领域的扩大,银行卡实现了国际化,银行卡的发行主体出现了多样化,银行卡的信用融合了银行信用、商业信用、个人信用甚至国家信用的综合特征。

目前,国际上主要有:VISA国际组织(VISA International)及万事达卡国际组织(MasterCard International)两大组织。

美国运通国际股份有限公司(America Express)、大来信用证有限公司

(Diners Club)、JCB 日本国际信用卡公司(JCB)三家专业信用卡公司。

2. 我国银行卡的产生和发展

如果按发展的成熟度划分,也可分为三个阶段:

第一阶段(20世纪80年代中期—20世纪90年代初期),培育阶段。

国内早期推出的都是适合中国国情的准贷记卡,也就是先存款后消费并有小额透支,这适合中国收入消费的现状。

1985年3月,第一张"中银卡"(BOC卡)在中国银行珠海分行问世。

1986年,中国银行发行了国内第一张信用卡——人民币长城信用卡。

1987年,中国银行加入了万事达和VISA国际组织,并在全国开始发行"长城万事达卡",1989年发行了"长城VISA卡"。

1987年,工商银行发行了红棉卡,1989年发行牡丹卡;1989年底,工商银行加入了万事达国际组织,1990年加入了VISA国际组织。

1990年,农业银行加入万事达国际组织,1991年发行金穗卡。

1989年,建设银行加入万事达国际组织,1990年加入VISA国际组织;1990年5月,建设银行发行建设银行万事达卡,1991年又推出建设银行VISA卡。

第二阶段(20世纪90年代中期—20世纪90年代末),初级阶段。

这一时期,各家银行在推出准贷记卡的同时,陆续推出了借记卡。

1991年,建设银行广东分行率先发行了面向储蓄客户的具有存、取款功能的ATM卡;1994年,建设银行在全行推广发行借记卡,并正式推出了"龙卡"品牌;1994年以后,国内各家银行陆续推出了不能透支但具有存款、取款、支付结算等功能的借记卡。借记卡迎合了中国人谨慎消费的心理,一经推出便迅速发展,目前已成为我国银行卡市场的主体。1993年6月由江泽民同志亲自倡导实施的"金卡工程"是一项跨部门、跨地区、跨世纪的、以电子货币应用为重点的庞大社会系统工程。从1994年开始,人民银行会同各商业银行在12个省市进行"金卡工程"试点工作,建设城市银行卡交换中心,实现了银行卡同城跨行联网。1998年12月,北京银行卡信息交换总中心投入试运行,开展异地跨行联网。到2001年末为止,已有15家全国性商业银行和18个城市的交换中心实现了与总中心的联网。

第三阶段(21世纪开始),成长阶段。

2001年开始,国内银行一方面陆续推出了适合中高端客户需要的真正意义上的信用卡,另一方面开始进行联网联合。

2002年3月26日,经中国人民银行批准的、由80多家国内金融机构共同发起设立的股份制金融机构,注册资本16.5亿元人民币,在原有的18个城市交换中心和北京银行卡信息交换总中心的基础上,成立我国自己的银行卡组织——中国银联,中国银联是目前全球最大的区域性银行卡组织。从2002年1月10日开始,包括工商银行、农业银行、中国银行、建设银行、交通银行等80余家银行在内的发卡金融机构都已陆续发行"银联"标识卡。2004年1月1日后,"银联"标识卡成为全国范围内唯一使用的人民币银行卡,各类非"银联"标识卡只做地方专用卡,不能异地或跨行使用。

（二）银行卡的分类

1. 按是否能提供信用透支功能,可分为信用卡和借记卡

（1）信用卡。信用卡是银行或其他财务机构签发给那些资信状况良好的用户,用于在指定的商家购物和消费,或在指定银行机构存取现金的特制卡片,是一种特殊的信用凭证。国内现有的信用卡主要有贷记卡和准贷记卡两种。

①贷记卡。贷记卡是指发卡银行给予持卡人一定的信用额度,持卡人可在信用额度内先消费后还款的信用卡。

②准贷记卡。准贷记卡是指持卡人须先按发卡银行要求交存一定金额的备用金,当备用金账户余额不足支付时,可在发卡银行规定的信用额度内透支的信用卡。

信用卡按发卡行对申请人的资信状况及还款能力等因素评价的不同,又可分为金卡和普通卡。

①金卡：发卡行根据申请人的资信状况及还款能力等因素,经审查认为条件较好,给予申请人较高的信贷额度的信用卡,金卡的信贷额度一般高于普通卡。

②普通卡：发卡行根据申请人的资信状况及还款能力等因素,经审查认为符合发卡条件,但未能达到金卡发卡标准时,给予申请人普通卡。普通卡的信贷额度低于金卡。

（2）借记卡。借记卡是指先存款后消费（或取现）、没有透支功能的银行卡。按功能不同,借记卡又可分为转账卡（含储蓄卡）、专用卡和储值卡。

①转账卡。转账卡是实时扣账的借记卡,具有转账结算、存取现金和消费功能。

②专用卡。专用卡是具有专门用途、在特定区域使用的借记卡,它具有转账结算、存取现金和消费功能。专门用途是指在百货、餐饮、饭店及娱乐行业以外的用途。

③储值卡。储值卡是发卡银行根据持卡人要求将其资金转至卡内储存,交易时直接从卡内扣款的预付钱包式借记卡。

2. 按发卡对象不同,可分为单位卡（商务卡）和个人卡

（1）单位卡：是由发卡银行向企事业、机关团体、部队院校等单位发行的银行卡,其使用对象为单位指定的人士。单位卡一般在卡正面的左下方有凸印的"DWK"字样,单位卡在境内只可以消费,不可以提取现金。

（2）个人卡：是由发卡行向公民发行的银行卡。

3. 按银行卡的使用范围,可分为国际卡、国内卡和地区卡

（1）国际卡：可在全球任何一个国际信用卡组织或信用卡公司所属的收单银行或特约商户中使用的银行卡。

（2）国内卡：只能在发卡银行所在国家使用的银行卡。

（3）地区卡：只能在指定地区使用的银行卡。

4. 按持卡人的从属关系,可分为主卡和附属卡

个人卡的主卡可为其家人或朋友申领附属卡,单位卡的主卡也可为单位其他同事办理附属卡。办理附属卡的条件和可申领附属卡的张数由各发卡银行自行

规定。附属卡的有效期限与主卡相同,其所有交易款项均计入主卡账户,主卡持卡人对其附属卡产生的交易负责。主卡持卡人有权要求注销或止付其附属卡。

5. 按银行卡的清算币种不同,可分为人民币卡、外币卡和双币种卡

(1) 人民币卡是指持卡人与发卡银行以人民币作为清算货币的银行卡,一般在境内使用。

(2) 外币卡是指持卡人与发卡银行以可自由兑换的外币作为清算货币的银行卡,可国际通用,常见的外币卡有美元卡等。

(3) 双币种卡的清算货币有两种:当持卡人在国内使用时,以人民币清算;当持卡人在境外使用时,用可自由兑换的外币进行清算。

6. 按卡片信息的存储方式区分为磁条卡、IC卡和复合金融卡

(1) 磁条卡:是将银行卡的有关信息置入银行卡背面专用的磁条内的银行卡。

(2) IC卡:将银行卡的有关信息置入银行卡卡片专用的芯片(IC)内的银行卡。

(3) 复合金融卡:芯片(IC)卡既可应用于单一的银行卡品种,又可应用于组合的银行卡品种,即磁条与芯片合一的复合型银行卡品种。

7. 按不同标准品牌区分,可分为VISA卡、万事达卡、大来卡、运通卡、JCB卡、银联卡以及各国(地区)自定的标准品牌卡

8. 按国内发卡银行的发卡品牌区分

(1) 四大国有商业银行。①中国工商银行:牡丹卡;②中国农业银行:金穗卡;③中国银行:长城卡;④中国建设银行:龙卡。

(2) 中国邮政储蓄银行:绿卡。

(3) 全国性股份制商业银行。①交通银行:太平洋卡;②兴业银行:兴业卡;③招商银行:一卡通;④中国光大银行:阳光卡;⑤中国民生银行:民生卡;⑥中信银行:中信卡;⑦华夏银行:华夏卡;⑧上海浦东发展银行:东方卡;⑨广东发展银行:广发卡;⑩平安银行:平安信用卡。

(4) 城市商业银行。全国各个城市银行发行的银行卡,如福州市商业银行的榕城卡、泉州市商业银行的海峡卡等等。

此外,各发卡机构还与其他单位合作,推出各种联名卡和认同卡,该类卡片除具有银行卡的只用功能外,还可在特定商户享受诸多优惠或在特定机构用于特定用途等。

相关链接

信用卡不激活也可能产生费用　别忘了"休眠卡"

"信用卡只要不激活,就不需要缴年费"。有不少人在银行的推销下,办了多张信用卡,心想反正只要不激活,就不会给自己增加额外的负担。然而,不激活的信用卡未必都不产生费用,消费者在办卡时一定要向银行业务人员咨询清楚,以免"休眠"卡在不知不觉中带来账单。

据了解,有的银行所有信用卡只要不激活,都不产生费用;而有的银行个别卡

种即使不激活,也会被要求收取"工本费"等费用;个别银行则是普通的信用卡不激活不收费,但白金卡等除外。一般信用卡都有3到5年的有效期,过了有效期银行会换发新卡。如果换发的新卡不激活,是否收年费呢?对于这一点,各家银行的规定也不尽相同。有的银行规定,此前信用卡已开通激活,新卡只是作为"替换使用"的功能,年费将照常收取;有的银行则表示,更换新卡时,只要未开通卡片,便不会收取年费。

业内人士提醒消费者,一定要根据自己的实际需要办理信用卡,不能盲目。此外,办卡时一定要了解清楚是否不激活就不需缴年费以及如何免年费等重要规定。据了解,如果客户没有按时缴纳信用卡年费,银行则会通过透支的方式,从信用卡账户中强制扣除相关费用。客户如果没有按期还款,则不仅会产生滞纳金,而且信用记录会出现污点,影响其今后到银行办理贷款等业务。

(三)银行卡参与各方简介

1. 银行卡组织

银行卡组织(Bankcard Association)主要作用是协调发卡/收单机构、受理商户及持卡人的行为,这种协调还包含了定价、制定运营管理及规则等。

目前,国际上主要有:VISA 国际组织(VISA International)、万事达卡国际组织(MasterCard International)两大组织和美国运通国际股份有限公司(America Express)、大来信用证有限公司(Diners Club)、JCB 日本国际信用卡公司(JCB)三家专业信用卡公司。中国银联(China Unionpay)是中国的银行卡联合组织,经中国人民银行批准,2002 年 6 月成为 VISA、MASTERCARD 国际组织的会员。

2. 发卡行

它是维护与卡关联的账户,并与持卡人具有协议关系的机构。其主要职责是与持卡人签订使用账户的合同条款并向持卡人发卡。

3. 收单行

跨行交易中兑付现金或与商户签约进行跨行交易资金结算,并直接或间接地使交易达成转接的银行。

4. 商户

它是指受理银行卡业务的商户,他们同银行卡代理行签订合同,同意以银行卡作为购买商品和劳务的支付方式并且将单据送至代理行处。

5. 持卡人

它指持有银行卡进行消费购物的客户。

二、中国银联、银联标识卡和银联标准卡

(一)中国银联的基本职能

中国银联全称中国银联股份有限公司(英文名称:China Unionpay Co., Ltd.),2002 年 3 月 26 日成立,总部设在上海。公司是经中国人民银行批准的、由 80 多家国内金融机构共同发起设立的股份制金融机构,注册资本 16.5 亿元人民币。公司采用先进的信息技术与现代公司经营机制,建立和运营全国银行卡跨行信息交换网络,实现银行卡全国范围内的联网通用,推动我国银行卡产业的迅速发展,实现"一卡在手,走遍神州",乃至"走遍世界"的目标。

中国银联的经营宗旨是:采用先进适用的技术手段和科学灵活的经营管理方法,建立和运营统一、高效、安全的全

国银行卡跨行信息交换网络,保障银行卡跨行通用以及业务的联合发展,提供与银行卡跨行信息交换相关的专业化服务,改善用卡环境,推动我国银行卡产业的迅速发展。

中国银联的基本职能简介:

(1) 建立和营运全国银行卡跨行信息交换网络;

(2) 提供先进的电子化支付技术和银行卡信息交换相关的专业化服务;

(3) 开展银行技术创新;

(4) 管理和经营"银联"标识;

(5) 制定银行卡跨行交易业务规范和技术标准,协调和仲裁银行间跨行交易业务纠纷;

(6) 组织行业培训、业务研讨和开展国际交流,从事相关研究咨询服务;

(7) 经中国人民银行批准的其他相关服务业务。

(二) 认识银联卡

1. "银联"标识的含义

"银联"标识以红、蓝、绿三种不同颜色银行卡的平行排列为背景,衬托出白颜色的"银联"汉字造型,突出了银行卡联网联合的主题。三种颜色,红色象征合作、诚信;蓝色象征畅通、高效;绿色象征安全。三种不同颜色银行卡的紧密排列象征着银行卡的联合。"银联"全息防伪标识主要内容:立体天坛、双色背景、全息放大镜、银联图章等内容。见下图:

2. 银联标识卡

"银联"标识卡是经中国人民银行批准,由国内各发卡金融机构发行,采用统一业务规范和技术标准,可以跨行跨地区使用的带有"银联"标识的银行卡。

(1) "银联"标识卡的主要特征。

①银行卡卡片正面印制了统一的"银联"标识图;②卡片正面的"银联"标识图案上方加贴有统一的全息防伪标志;③卡片背面使用统一的签名条(有银联字样)。

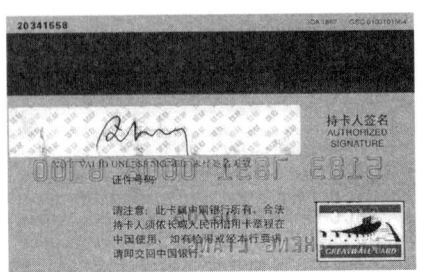

（2）"银联"标识卡的使用范围。"银联"标识卡可在国内贴有"银联"标识的 ATM 机上提取现金和查询；可在各种商场、酒店、机场等场所的贴有"银联"标识的 POS 机上进行消费使用。

一些城市的部分 ATM 机上可提供跨行转账；可以通过银联的电子支付网关，进行以银行卡为支付载体的交易和转账。

（3）"银联"标识卡的优点。

①方便用户——可受理"银联"标识卡的商户，对带有"银联"标识的银行卡，无须识别发卡机构，均能直接受理。

②方便持卡人——持卡人在贴有"银联"标识的 ATM 机或 POS 机上都能持卡使用。

3. 银联标准卡

银联标准卡是按照中国银联的业务、技术标准发行，卡面带有"银联"标识，发卡行识别码（BIN）经分配和确认的银行卡。目前，由中国银联各成员机构发行的银联标准卡 BIN 的范围是：622126～622925，都是"62"字头的，所以也称"62"字头银联标准卡。该卡符合我国统一的业务规范和技术标准，是我国具有自主知识产权的高品质、国际化民族品牌的银行卡。

银联标准卡具有以下两个易辨认的特征：一是卡正面仅有"银联"一个银行卡组织标识在右下角（新标识或旧标识）；二是卡号的前六位为"622126～622925"之一。

银联标准卡的优点如下：

①银联标准 全球通用。银联标准卡按照中国银联的业务、技术标准发行，符合 ISO 国际通用标准，持卡人可在境内任一银行卡受理点，及海外 90 多个国家和地区的 ATM 及银联特约商户实现轻松取款、刷卡消费。

②境外用卡 省钱实惠。持银联标准卡，境外走银联网络刷卡消费或 ATM 取款，外币刷卡人民币扣账，避免多次兑换损失，无需购汇还款，无需支付 1%～2% 不等的货币转换费，ATM 取款手续费相对较低，还有机会享受银联优惠活动，便捷且实惠。

③境外消费 退税省心。持银联标准卡在全球超过 25 万家商店消费，只需完成相应退税流程，即可通过自己的银联标准卡收到退回的消费税款。退税款项直接由消费地货币转换成人民币，省去货币兑换的麻烦，并免收 1%～2% 的货币转换费，退税成本更低。

④24 小时优质服务。中国银联的境内客服电话为 95516，境外多个国家也开通了免费服务热线。银联标准卡持

卡人可通过拨打各国免费服务热线,直接与中国银联客户服务中心取得联系,享受快捷、优质的 24 小时服务。

4. 银联标准卡与银联标识卡

银联标识卡不等于银联标准卡。也就是说,银行卡上尽管都带有"银联"标识,但其实它们中有很多是国外银行卡组织如 VISA、万事达等通过国内各家银行发的卡。而国外卡组织 VISA、万事达的卡与我国的"银联标准卡",在刷卡消费、汇率转换、查询收费、提现收费等各个方面,有着很大的不同。

通常,银行卡卡号的前六位是用来表示发卡银行或机构的,称为发卡行识别码(Bank Identification Number,缩写为 BIN)。银行卡之间的区别首先在于首位卡号不同。卡号"4"打头的是 VISA 的卡,"5"打头的多是万事达的卡,而"62"打头的才是真正的"银联标准卡"。随着中国银联具有国际领先水平的新一代跨行信息交换系统的全面启用和运营,"银联标准卡"已经完全实现并确保在全国范围内的通用,无论在哪里,只要是贴有"银联"标志的 ATM 机和 POS 机,都可以进行刷卡消费或查询、取现等。目前"银联标准卡"的持卡人在国际 ATM 网络上进行汇兑,中国银联只是按规定汇率进行货币转换,不收取任何货币转换费用;一些国外银行卡则恰恰通过不同货币转换对持卡人收取高比例的转换费用,同时,由于汇率每日不断波动,持卡人也必然蒙受程度不同的损失。

要分清"银联标识卡"与"银联标准卡"的区别,这样能节省不少花费。最简单的一个区别就是看清卡上有没有 VISA 或者 MasterCard 的标志,如果有就说明不是"银联标准卡",如果没有这些卡组织标志,且只有银联三色标志,那么就是"银联标准卡"。国际卡组织都要在换汇业务中收取部分的货币转换费,即服务费,而中国银联是个特例。

案例分析

林先生 2005 年 8 月 8 日在香港刷卡消费 1 万港币。

使用银联标准卡以当日人民币对港币汇率(1∶1.044 8)计算,则该用户账户上将显示被扣去 10 448 元人民币。

使用双币种卡该笔消费必须先兑换成美元,按照当日港币对美元汇率(1∶7.771 7),则用户消费 1 286.72 美元,并加收 1%(VISA 卡)的货币转换费 12.87 美元或 1.1%(万事达卡)的货币转换费 14.15 美元,再按美元兑人民币汇率 8.119 9 转换为人民币,则该用户需偿还 10 553 元或 10 563 元人民币。相对于人民币银联卡持卡人,双币种持卡人要多付 105~115 元人民币。

三、银行卡风险防范

(一)验卡流程中的风险防范要点

1. 信用卡在受卡前应检查的内容

卡片完好性检查:银行卡正反面图案印刷应清晰完整且无被涂改、破坏。如有发现卡片被打孔、剪角、损毁或卡面的凸印号码有变造痕迹,则该卡不能受理。

卡号的核对：信用卡卡面上的卡号是凸印字，不同的卡号前缀对应不同品牌的卡种。卡面上凸印卡号为平整的、均匀分布的三组或四组数字，如果在前四位的上方或下方有四位平面印刷字，则应与卡号前四位相符。如不相符或有更改痕迹，应立即拒绝受理。

卡面有效期的检查：在有效期内可以受理，过期信用卡不得受理。

检查防伪标志（含商标、激光防伪及防伪签名条）：激光防伪的图案应与所对应商标的卡种一致，卡背面签名条上的底纹与商标所对应的卡种一致。如有出现异常情况，应立即拒绝受理。

持卡人身份的识别：将身份证件或照片卡与持卡人相貌相核对、持卡人的性别与身份证件和卡面凸印的 MS 或 MR 核对，如有不符，拒绝受理。（注：国际信用卡及双币种信用卡在使用时无需出示身份证件）

卡背签名栏的检查：卡背签名栏没有明显涂改或覆盖的痕迹，也没有"样卡"、"测试卡"、"专用卡"或英文"VOID"（无效卡）字样，如发现异常情况，应立即拒绝受理。

卡背面签名的检查：卡背签名如果是中文，应与卡面凸印的持卡人汉语拼音名相符；卡背签名如是英文，应与卡面凸印的英文名相符。如明显不符，应立即拒绝受理。

说明：卡背签名与卡面凸印的持卡人姓名有时的确会出现不太一致，或英文签名等较难辨认的情况（如：签名是英文或图案，而卡面凸印的是中文的汉语拼音等），因此 POS 机操作员还应结合卡背签名与签购单签名的核对，对卡片及交易的有效性进行判断。

2. 银行卡在刷卡过程中应检查的内容

受理卡时，POS 机屏幕上显示的号码应与所受理的银行卡卡号一致。

输入金额时应注意金额的最小单位是"分"，不要输错金额。

持卡人在签购单上的亲笔签名必须与信用卡背面签名条上预留的签名一致，国内一般的信用卡需出示身份证件，收银员须抄录身份证件号码。（如表1-4）

表 1-4 酒店信用卡的验卡及压卡程序

工作程序	工作步骤与说明
1. 信用卡验卡程序	1）查看客人的信用卡是否属于本酒店所接受的种类。 2）检查信用卡的整体状况是否完整无缺，有无挖、涂、改、补痕迹。 3）检查防伪反光标识的状况（手感平滑、是否折射多种色彩）。 4）检查信用卡的有效期及适用地区。 5）查对信用卡号码是否在被取消的黑名单之列。 6）检查信用卡的号码有无改动的痕迹。
2. 信用卡压卡程序	1）检查持卡人的消费总额是否超过该信用卡的最高限额。 2）把签购单放在信用卡上面一起放在压印机里压印。 3）填写签购单的"账单号码、金额"等项目。 4）请客人在签购单上签名并与信用卡背后的签字进行核对。 5）收银员下班时，应将信用卡结算的单据整理好，结出总数。 6）保存好信用卡签购单。

（二）在可疑情况下，POS机操作员如何尽快识别无效卡和伪造卡

（1）必须注意的是，验证卡片的有效性是风险防范的第一关，POS机操作员需严格遵照卡片验证流程，关注以上受卡操作要点。如果POS机操作员在受卡时发现以下情况请勿受理：

①已被打孔、剪角或损毁的废卡，或有明显标记的"样卡"、"测试卡"等字样。

②已过有效期的信用卡。

③卡背中文签名与卡面凸印的持卡人汉语拼音名明显不符的卡。

（2）凸印卡号与平面印刷号码是否一致的检查：看卡正面凸印卡号是否为平整的、均匀分布的三组或四组数字；如果在前四位的上方或下方有四位平面印刷字，则应与卡号前四位相符；卡面是否有涂改痕迹；卡面图案是否清晰等。如卡号不一致或有更改痕迹，可判定为假卡或伪卡，应立即拒绝受理。

（3）使用POS机刷卡，并检查POS机上显示的磁条信息中的卡号是否与卡面凸印的卡号一致，如不一致，可判定为假卡或伪卡。

如有以上情况可致电发卡行，并将卡号报给授权人员，请其协助判断。如果因操作疏忽而导致以上假卡或伪卡受理通过，发卡行将对相关交易提起拒付，相关损失将由商户承担。

（三）严格核对签名是防范风险的重要环节

在受理银行卡的交易过程中，POS机刷卡交易完成、打印出签购单；POS机操作员应立即请持卡人在签购单上签名，并与卡背的签名进行核对。在核对签名过程中，应注意以下几点：

（1）鉴于银行卡的使用权不能转让于他人（不论是持卡人之配偶、亲戚或朋友），签购单必须由持卡人本人当面亲自签名予以确认；

（2）在交易过程中，POS机操作员刷卡完毕后不得将卡片立即交还给持卡人，应一直持有卡片，待核对签名完毕后才能将卡片予以交还。

如果有以下情况发生，发卡行有权对交易进行拒付，相关损失将由商户承担：

①卡背签名及字迹与签购单上签名及字迹明显不符的交易；

②交易签购单上无持卡人签名的交易。

因此，为了减少商户及POS机操作员个人可能因上述情况而招致的损失，特别提醒POS机操作员应当严格核对签名；如发现内容不符、使用文字不符或书写字体差异明显，需进一步核实持卡人身份的，应与发卡行联系或通过银联与发卡行联系。

（四）如何识别不法分子的欺诈用卡行为

不法分子利用银行卡作案时往往有一些特征，商户POS机操作员要学会观察持卡人的异常行为，提高警惕，以减少风险损失，严厉打击不法之徒。常见的异常行为有：

（1）购物或消费时非常随便，不加考虑与挑拣，不关注价钱，只希望尽快刷卡完成交易。

（2）集中购买容易脱手的贵重物品，如金银首饰、名表、玉器、工艺品、手机、贵重药品、皮件及高档电器、香烟等，且在购买高档电器等大宗物件时拒绝送货上门，坚持当场提货。

（3）在机票代售点或购买手机的店铺，重复往返多次，持卡购买多张机票或

多部手机,且急于成交。

(4)在名牌服饰店大量购买价钱昂贵的服饰,消费无节制,且均不进行试穿,急于成交。

(5)购物时持有多张银行卡,当一张卡无法刷卡获取授权后,不要求进行人工授权,而是立即换刷其他卡片。

(6)持卡人不愿用 POS 机刷卡;或刷卡未能取得授权时要求分单压卡进行支付。

(7)在签单过程中神色慌张,左顾右盼,对签卡程序不熟悉。

(8)在签字时要求看卡背面的签名或签字很慢。

(9)持有国际卡消费,但无法提供护照,也不能正确说出发卡行名称和所在地等。

(10)在收银员操作时不停催促,且故意分散收银员的注意力。

(11)卡片并非从钱包取出而是由口袋掏出,且掏出多张卡,轮流刷卡交易。

(12)单笔刷卡不成功时立即要求将金额降低,反复多次试刷,或对大额交易要求分单刷卡。

【任务拓展】

旅游企业信用卡授权制度

(1)客人所持信用卡如超限消费应向信用卡公司或银行申请授权。

(2)购货或消费金额超过发卡行与商户所签协议中规定的限额应授权。

(3)信用卡背面无持卡人预留签名或预留签名与签购单的签名不符应授权、持卡人的居民身份证与本人不相符或居民身份证的姓名、性别与信用卡上的不符应授权。

(4)信用卡有涂改或损坏现象应授权。

(5)发现持卡人一天内多次购物消费,金额均接近规定限额应授权。

(6)对持卡人其他方面有怀疑应授权。

(7)向银行授权可通过 EDC 电子结算系统,特殊情况可拨通电话或发传真,需向银行授权机构报告以下内容:

①特约商户账号及名称;信用卡之账号及会员姓名;信用卡之到期日期;

②该宗交易之销货金额;

③持卡人居民身份证号码;交易性质;

④如获授权,收信员会给予贵号一核准号码,请将该号码填写于信用卡签购单上指定空格内。

(8)未获核准的授权或银行授权机构不予授权回复,不能办理信用卡消费结账。

表 1-5 酒店信用卡结账程序

工作程序	工作步骤与说明
1. 结账前	1)收款员收客人的信用卡后,首先检查是否是本酒店可接受的信用卡。 2)确认可接受后,根据信用卡黑名单记录确认其信用卡有效。 3)检查信用卡的有效使用日期是否正确。 4)检查客人消费金额是否超限额,若超限额要按 EDC 电子结算系统授权或电话授权。 5)若授权没有批准,应请客人改换其他信用卡或其他结算方式。

续表

工作程序	工作步骤与说明
2. 结账时	1）若授权确认后方可压印信用卡账单,并在压好的信用卡账单上填写客单的金额及号码后,交服务员送客人签字。 2）收款员将计算好的客单第一联交与服务员,服务员将客人的信用卡拿到收款处,交收款员。 3）收款员收到客人签字的信用卡账单要复核签字账单和信用卡的签名是否相符。若相符,将信用卡账单的其中一联附在客账单上同信用卡一并退还客人。
3. 结账后	1）收款员把信用卡付账的二联客单和两联信用卡账单加在一起作为编制收款员报告的附件。

【任务反馈】

信用卡与借记卡的区别是什么？

释疑：最大的区别在于信用卡可以透支,借记卡不能透支。其次,借记卡存款有利息,信用卡存款无利息。借记卡使用没有期限,一张卡片保存得好可以一直用下去；信用卡3至5年就需要更换一次卡片。借记卡一般不会在卡片上标注姓名；信用卡在卡片上有姓名的拼音,有些信用卡还有彩色照片。我国现在流通的绝大部分借记卡都是人民币单币种卡,信用卡会有双币种甚至多币种卡。借记卡只有银联一个结算通道,信用卡在银联外还有 VISA、MasterCard、JCB 等等结算通道。

任务四 了解旅游企业经营过程中的网络结算

【任务目标】

网络结算是旅游企业新兴的一种结算方式,学生有必要了解其基本知识。本任务要求学生能够了解网络支付结算相比传统结算方式的优势以及结算基本流程的同时,知晓网络支付结算存在的安全隐患。

【案例聚焦】

某旅游企业前台张小姐帮客人预订机票,她在某搜索引擎上搜"上海到成都机票",跳出来很多"特价机票"的网站,她随便选择了一个点击进去。"上海到成都全价票1 610元,但这里有800元的特价票。"

张小姐看到网页上有一个400开头的客服电话,就打过去询问上海到成都的特价机票是否还有,客服小姐说："800元的没有了,只有1 100元的7折票,而且现在订票的人很多,你得抓紧订票。"张小姐将情况反映给客人之后,马上订了票,付了款。但是几个小时后迟迟不见机票购买的确认信息。张小姐又拨打了400开头的客服电话："我买了你们的机票,钱也汇过去了,怎么还没有确认短信呀？……"对方没等她说完,竟"啪"的一声挂了电话,张小姐这下慌了,在网上搜索对该网站的评论,结果发现网友都在说被这个网站骗去了多少不一的机票款。仔细核对后又发现对方提供的银行账户是一个个人账户。发现上当受骗的张小姐悔之晚矣,客人因此受到的损失将由她赔偿。

【任务执行】

一、网络支付与结算的兴起

随着人类进入21世纪,跨入信息网络时代,电子商务逐渐成为企业信息化与网络经济的核心。互联网得到了大量普及和应用,互联网号称"信息高速公路",高速度、交互性强、简单易用且运作成本低是其基本特点。在网络经济时代,企业和客户等多方对更有效率、更快捷安全、成本更低的支付结算方式有着迫切的要求,这时传统支付结算方式的诸多局限性也日益凸显,也正是这些传统支付结算方式的局限性促使网络支付结算的兴起。

(1) 运作速度与处理效率比较低。大多数传统支付结算方式涉及人员、部门等众多因素,牵扯许多中间环节,并且基于手工处理,造成支付结算效率的低下。

(2) 大多数传统支付结算方式在支付安全上问题较多,伪币、空头支票等现象造成支付结算的不确定性和商务风险增加。特别是跨区域远距离的支付结算,一些传统支付结算方式如现金、支票,有时还带来人身安全的威胁。另外纸质现金与支票还是病毒的携带者。

(3) 大多数传统支付结算方式使用起来并不方便,各类支付介质五花八门,发行者众多,使用的辅助工具、处理流程与应用规则规范也各不相同,这给用户的使用造成了不便。即使信用卡、电汇等电子支付方式,由于基于不同银行各自的金融专业网络,使用上需要专业人士才会用的专业应用软件,所以在开始普及应用时存在很大的局限性。

(4) 传统支付结算方式由于涉及多部门、人员、设备及较为复杂的业务处理流程,运作成本高。特别是像汇兑、支票等方式,不但需要设置专门柜台和人员处理,而且浪费资源。

(5) 传统支付结算方式,包括目前一些电子支付在内,为用户提供全天候、跨区域的支付结算服务并不容易,或很难做到。随着社会的进步和商品经济的发达,人们对随时随地支付结算、个性化信息服务需求日益强烈,如随时查阅支付结算信息、资金余额信息等。

(6) 传统支付结算方式特别是中国企业比较流行的纸质支票的应用并不是一种即时的结算,企业资金的回笼因此存在一定的滞后期,增加了企业资金运作的难度,给企业整体的财务控制造成不良影响。同样对国家控制金融风险也不利,给偷税、漏税、违法交易提供了方便。

二、网络支付结算概述

网络支付结算是电子支付结算的高级形式,它是通过第三方提供的与银行之间的支付接口进行的即时支付方式,这种方式的好处在于可以直接把资金从用户的银行卡中转账到网站账户中,汇款马上到账,不需要人工确认。

(一) 网络支付结算的产生与定义

随着20世纪90年代全球范围内互联网的普及和应用,以及电子商务的深入发展标志着信息网络经济时代的到来,一些电子支付结算方式逐渐采用计算机网络特别是互联网为运行平台,出现了网络支付结算方式。

网络支付结算,也称网上支付结算,英文可定义为Net Payment,就是指以金融电子化网络为基础,以各种电子货币为媒介,通过计算机网络特别是互联网以电子信息传递的形式实现流通和支付结算功能,即是通过第三方提供的与银行之间的支付接口进行的即时支付结算方式。这种方式的好处在于可以直接把资金从用户的银行卡中转账到网站账户中,汇款马上到账,不需要人工确认。客户和商家之间可采用信用卡、电子钱包、电子支票和电子现金等多种电子支付方式进行网上支付结算,采用网络电子支付结算的方式节省了交易的开销。可以看出,网络支付结算带有很强的互联网烙印,并愈发如此,是基于互联网的电子商务的核心支撑流程。网络支付结算比现在流行的信用卡、ATM 存取款、POS 支付结算等电子支付结算方式更新更先进一些,将是 21 世纪网络时代的主要电子支付结算方式。

网络支付结算现有形式:银行卡网上银行、数字现金、第三方交易等。电子商务的发展促进了网络支付结算方式的变革,网络支付结算工具的成熟与丰富将开辟更加广阔的网络交易市场和应用。

(二)网络支付结算的特征

与传统的支付结算方式相比,网络支付结算具有以下特征:

(1)通过看不见但先进准确的数字流来完成传输,比起传统方式通过现金的流转、票据的转让和银行的汇兑等物理实体的流转来完成款项支付,无疑网络支付结算具有更快的速度,加快了资金周转速度。

(2)方便、快捷、高效、经济的优势。用户只要拥有一台可以上网的计算机,便可足不出户,在很短的时间内就可以完成整个支付结算过程。支付结算费用仅相当于传统支付的几十分之一,甚至几百分之一。

(3)轻便性和低成本性。与数字货币相比,纸币和硬币则愈发显示出其奢侈性。在美国,每年搬运有形货币的费用高达 60 亿美元,英国则需要 2 亿英镑。世界银行体系之间的货币结算和搬运费用占到其全部管理费的 5%。而采用网络支付结算方式,因为电子系统的建立和维护开销都很小,无论小公司还是大企业都可从中受益。互联网的一大好处是它现在的访问费用很低,使得小公司也有机会使用网上支付结算系统。

(4)较高的安全性和一致性。网络支付结算的安全性是保护买卖双方不会被非法支付和抵赖,一致性是保护买卖双方不会被冒名顶替。网络支付结算系统和现实的交易情况基本一致,而付费协议提供了与纸质票据相对应的电子票据的交易方法,协议设计细致、安全、可靠。所以,网络支付结算远比传统的支付安全可靠,并可截断伪币产生的可能。

(5)提高企业的资金管理水平。采用了网络支付结算方式以后,不仅可以做原有的广告宣传,而且能够利用收集到的客户信息建立决策支持系统,比如作账单分析、估测市场趋势、预算新举措费用等等。同时,网络支付结算系统的高效率,可以使企业很快地进行资金处理和结算,有效地防止了拖欠的发生。对于提高资金管理和利用水平有很大的帮助。

(6)增加客户的满意度和忠诚度。这为银行与开展电子商务的商家实现良好的客户关系管理提供了支持。

当然,就目前的技术水平而言,网络支付结算还存在一定的安全性以及支付结算环境的完备、管理规范制定等问题。但伴随着电子商务的蓬勃兴起,电子货币和网络支付结算的发展呈现出加速趋势。网络支付结算和数字货币的出现使得在全球范围内统一货币成为可能,货币交换速度的提高将加快社会经济的增长速度,货币的统一将推动全球经济的一体化发展。

（三）网络支付结算的分类

基于电子货币的分类基础和常见的电子支付结算类别,以互联网为主要运作平台的网络支付结算方式也有多种分类标准,而且随着电子商务的发展和技术的进步,更多更新的网络支付工具被不断地研发出来并且投入应用,又会产生新的分类。国内外正在使用与实验中的网络支付结算方式主要按照以下三种方式分类：

1. 按开展电子商务实体类型分类

（1）B2C 型网络支付方式。这是企业与个人、政府部门与个人、个人与个人之间进行交易时采用的网络支付结算方式,如信用卡网络支付、IC 卡网络支付、电子现金支付、电子钱包支付以及最新的个人网络银行支付等。这些方式的特点是适用于金额不是很大的网络交易支付结算,应用起来较为灵活方便,实施也较为简单,风险也不大。

（2）B2B 型网络支付方式。这是企业与企业、政府部门与企业进行网络交易采用的网络支付结算方式,如电子支票网络支付、电子汇兑系统等。这些方式的特点是适用于金额较大的网络交易支付结算。

2. 按支付数据流的内容性质分类

（1）指令传递型网络支付方式。支付指令是指启动支付结算的口头或书面指令,网络支付的支付指令是指启动支付结算的电子化命令,即一串指令数据流。支付指令的用户从不真正地拥有货币,而是由用户指示银行等金融中介机构替其转拨货币,完成转账业务。指令传递型网络支付结算系统是现代电子支付基础设施和手段的改进和加强。

（2）电子现金传递型网络支付方式。这是指客户进行网络支付时在网络平台上传递的是具有等价物性质的电子货币本身,即电子现金的支付结算机制。其主要原理是,用户可从银行账户中提取一定数量的电子现金,且将电子现金保存在一张卡或者用户计算机的某部分。这时,消费者拥有真正的电子货币,就可以直接在互联网上把这些电子货币按相应的数额转拨给另一方。

3. 按网络支付结算金额的规模分类

（1）微支付。这是指款额特别小的电子商务交易。美国标准在 5 美元以下,中国相应为 5 元人民币以下,如浏览一个收费网站、在线收听一首歌、上网发送一条手机短信等。由于互联网的快速普及,这类小额支付还经常发生。因此,企业和银行业发展一个良好的微支付系统将大大有利于数目众多的小额网络服务的开展,特别是在普通大众中进行电子商务推广。

（2）消费者级网络支付结算。这是指满足个体消费者及企业、政府部门在经济交往中的一般性支付需要的网络支付结算服务系统,亦称小额零售支付系统。这种网络支付结算方式按美国标准发生在 5 美元至 1 000 美元之间,相应在我国为 5 元人民币至 1 000 元人民币之间。由于金额不大不小的一般性网络支付结算在生活中是最多的,一般占社会总支付的 80% 至 90% 左右。所以这类系统必须具有强大的处理能力,才能支持经济社会中发生的大量交易。如买一本书、买一束鲜花、下载一个收费软件及企业批发一些办公用品等。因此支持这种消费档次的网络支付结算工具也是发展的最成熟最普及的。

(3) 商业级网络支付结算。这是指满足一般商业(企业)部门之间的电子商务业务需要的网络支付结算系统,亦称中大额资金转账系统。这种网络支付结算方式按美国标准发生在1 000美元以上,相应在我国为1 000元人民币以上。中大额资金转账系统虽然发生次数远不如消费者级支付,但其支付结算的金额规模却占整个社会支付金额总和的80%以上,是一个国家网络支付结算系统的主动脉。

(四) 网络支付结算的基本流程

基于互联网平台的网络支付结算一般流程如下:

(1) 客户接入互联网,通过浏览器在网页上浏览商品,选择货物,填写网络订单,选择应用的网络支付结算工具,并且得到银行的授权使用,如银行卡、电子钱包、电子现金、电子支票或网络银行账号等。

(2) 客户机对相关订单信息,如支付信息进行加密,提交网络订单。

(3) 商家服务器对客户的订购信息进行检查、确认,并把相关的、经过加密的客户支付信息转发给支付网关,直到银行专用网络的银行后台业务服务器确认,以期从银行等电子货币发行机构验证得到支付资金的授权。

(4) 银行验证确认后,通过建立起来的经由支付网关的加密通信通道,给商家服务器回送确认及支付结算信息,为进一步的安全,给客户回送支付授权请求(也可没有)。

(5) 银行得到客户传来的进一步授权结算信息后,把资金从客户账号上转拨至开展电子商务的商家银行账号上,借助金融专用网进行结算,并分别给商家、客户发送支付结算成功信息。

(6) 商家服务器收到银行发来的结算成功信息后,给客户发送网络付款成功信息和发货通知。至此,一次典型的网络支付结算流程结束。商家和客户可以分别借助网络查询自己的资金余额信息,以进一步核对。

以上的网络支付结算一般流程只是对目前各种网络支付结算方式的应用流程的普遍归纳,并不表示各种网络支付结算方式的应用流程完全相同,但大致遵守该流程。

三、网络支付结算的安全问题

> **相关链接**
> **"被捐款"事件敲警钟 网络支付规范亟须完善**
>
> "被捐款"事件早在2011年8月就初露端倪,一位网友曾发布截图称,他两个月没有使用过支付宝,一次无意间登录发现其支付宝账号曾在自己未登录时捐给了某绿化基金会一毛钱。随后不少有相似经历的网友跟帖响应,直至9月底,此类事件已发生多起,"被捐款"的数额从一角到几元、几十元不等。
>
> 其相关负责人表示,经过与相关机构沟通决定,将全额退还此类非出自本人意愿的捐款。同时,支付宝方面梳理并发布了若干安全支付须知,其中包括合理使用数

字证书、支付盾、宝令等安全产品,呼吁用户提高安全意识。支付宝"被捐款"事件被媒体曝光后,业内人士普遍对电子支付系统中的电子签名认证安全现状表示忧虑。

工信部今天公布的《电子认证服务业"十二五"发展规划》披露,截至2010年底,我国网民数量已突破4.5亿,网络购物用户数量1.61亿,电子商务交易额4.5万亿元。身份盗用、交易诈骗、网络钓鱼等各种网上安全事件的频发,与蓬勃发展的网络应用的矛盾日益突出。据统计,我国有近1.28亿互联网用户遭遇过上述安全事件影响,初步估计损失超过150亿元,严重打击网络用户的信心,阻碍网络应用的快速发展。

网络支付结算是电子商务的一个重要环节,快捷、方便、可靠的网络支付方式的普及应用正是体现电子商务魅力的地方。因此,保证网络支付过程中的快捷、方便和可靠安全,是保证网络交易顺利完成的根本保证。保证电子商务的安全其实很大部分就是保证电子商务过程中网络支付结算的安全,这正是银行、商家,特别是客户关心的焦点。

互联网是一个完全开放的网络,任何一台计算机、任何一个网络都可以与互联网联接,通过互联网发布信息,通过互联网获取各网站的信息,通过互联网发送电子邮件,通过互联网进行各种通讯,通过互联网进行各种商务活动,即电子商务活动。

但同时,有很多别有用心的组织或个人尤其是搞破坏的黑客(Hacker)经常在互联网上四处活动,寻求机会,窃取别人的各种机密,甚至妨碍或毁坏别人的网络系统运行等。在这种情况下,如果没有严格的安全保证,商户和客户、消费者就极有可能因为担心网上的安全问题而放弃电子商务,从而阻碍了电子商务的发展。因此保证电子商务的安全是电子商务的核心问题,也是难点。

具体到电子商务中的网络支付结算,因为网上交易必然涉及客户、商家、银行及相关管理认证部门等多机构及他们之间的系统配合,涉及资金的划拨,因此客户和商户必须考虑资金是否安全。因此,保证安全是推广应用网络支付结算的根本。网络支付与结算由于涉及资金的问题,更是电子商务中主要危险发生点。

网络支付结算目前面临的安全问题主要来自以下五个方面:

(1)支付账号和密码等隐私信息在网络上传送过程中被窃取或盗用。如信用卡号码和密码被窃取盗用给购物者造成损失。

(2)支付金额被更改。如本来总支付额为250美元,结果支付命令在网上发出后,由于不知哪一方的原因从账号中划去了1 250美元,给网上交易一方造成了损失。

(3)支付方不知商家到底是谁,商家不能清晰确定如信用卡等网络支付工具是否真实、资金何时入账等。一些不法商家或个人利用网络贸易的非面对面性,利用互联网上站点的开放性和不确定性,进行欺骗。

(4)随意否认支付行为的发生及发生金额,或更改发生金额等,某方对支付行为及内容的随意抵赖、修改和否认。当日没有支付250美元,而坚持已经支付完毕;已收到10 000美元货款而矢口否认;本来交易额只有1 000美元,却坚持认为发生了2 000美元;等等。

(5)网络支付结算系统故意被攻击、网络支付结算被故意延迟等。如病毒等造成网络支付结算系统的错误或瘫痪、网络病毒造成网络支付结算过程被故意拖延等,造成客户或商家的损失或流失等。

【任务拓展】
支付宝交易规则

(1)支付宝交易,是指网上交易的买卖双方,明示接受支付宝公司作为网络交易中介,使用支付宝公司为买卖双方提供的网上交易管理系统及信用中介(代收付货款等)服务的网上交易。

(2)支付宝公司所提供的代收付货款服务,只接受您通过支付宝网上交易管理系统中各指定合作银行所提供的网上银行或支付宝公司允许的其他汇款方式转入支付宝公司账户的款项,而不接受以其他方式向支付宝公司账户转入的款项。

(3)您可以通过支付宝公司为您开立虚拟的支付宝账户(以下简称"支付宝账户")查询并管理使用您转入的款项。如您涉嫌利用您的支付宝账户从银行信用卡中套取现金(以下简称"套现")或帮助他人自其银行信用卡中套现(是否涉嫌套现或协助套现以支付宝公司的判断为准),支付宝公司有权拒绝您自支付宝账户向您指定银行账户转账的请求(以下简称"提现")并在未经您同意的前提下限制您的支付宝账户及账户内资金(包括账户余额、在途交易所涉资金等,下同)的操作权限,同时将该行为告知相关发卡行,您仅有权要求支付宝公司在完成核查后将涉嫌套现的款项退返到相关的交易信用卡中。

(4)如您涉嫌通过支付宝账户进行虚假交易(包括但不限于以此套现、协助套现、赚取信用或积分)或盗用他人银行卡、支付宝账户资金,支付宝公司有权在未取得您同意的前提下限制您对您的支付宝账户及账户内资金的操作权限,并撤销相关交易,直至支付宝公司或公安及司法机关完成对您支付宝账户的核查。支付宝公司经过核查后,有权对相关交易行为进行记录并予以公布。

(5)当交易双方选择并确认支付宝交易后,在买家还未向支付宝公司付款时,支付宝交易管理系统显示此时双方的交易状态为"等待买家付款"。在此情形下,卖家可根据交易双方的约定变更交易价格,或者主动结束该笔交易。

(6)在买家向支付宝公司付款后,支付宝交易管理系统自动即时将此付款信息以电子邮件方式通知卖家,且卖家的支付宝账户管理系统内交易管理页面显示该交易的状态为"买家已付款,等待卖家发货"。在此情形下,卖家应及时履行发货的义务。

(7)在卖家发货后,卖家应主动登录支付宝网上交易管理系统,及时更改该笔交易的状态,填写正确的发货信息以确认发货。卖家在支付宝交易管理系统中确认发货后,交易管理系统下该笔交易的显示状态应为"卖家已发货,等待买家确认"。

(8)在买家收到商品后,如对所收

悉的商品数量和质量均无异议,则应及时履行确认收货义务,即主动登录支付宝网上交易管理系统,完成确认收货流程。买家在支付宝交易管理系统中确认收货后,支付宝交易管理系统将自动把相应的货款计结到卖家的支付宝账户,并计入卖家支付宝账户的余额。在此情形下,交易管理系统下该笔交易的显示状态应为"交易成功"。

(9)自买家成功付款给支付宝公司后第25个小时起,至买家签收货物并在交易管理系统确认收货之前,买家可以在交易管理系统中向支付宝公司申请退回所汇付的款项,但支付宝公司退款的前提是:买家与卖家必须一致同意支付宝公司退款,其中,卖家应在支付宝交易管理系统中进行同意退款的操作。如买卖双方无法就退款达成一致,则买卖双方可以要求支付宝公司协调,并同意接受支付宝公司依其判断确定款项的归属。

【任务反馈】

网络支付结算存在如此多的安全问题,那么如何保证网络支付结算安全性呢?

释疑:针对在网络支付结算过程中有可能发生的安全问题,为保证网络支付结算的可靠快捷,结合电子商务系统的安全,具体到网络支付结算,总结起来保证网络支付结算的安全性的行为有:

1.保证网络上资金流数据的保密性

由于在互联网上传送的信息是很容易被别人获取的,所以必须对传送的资金数据进行加密。所谓加密是使在网上传送的数据如信用卡号及密码运算成为一堆乱七八糟的谁也看不懂的数据,只有通过特定的解密方法对这堆乱七八糟的数据进行解密才能看到数据的原文,即由消息发送者加密的消息只有消息接收者才能够解密得到,别人无法得到,而且,这些加密的方法必须是很难破解的。实际上,没有一种加密方法是无法破解的,只是时间问题,只要有足够的时间,任何加密方法都是可以破解的。但如果某一加密方法的破解需要几年时间,而花了几年时间得到一笔交易的信用卡卡号又有什么用呢?所以对加密的要求就是要难以破解。

2.保证网络上资金结算数据不被随意篡改,即保证相关网络支付结算数据的完整性。

数据在传送过程中不仅要求不被别人窃取,还要求数据在传送过程中不被篡改,能保持数据的完整。在支付数据传送过程中,可能会因为各种通讯网络的故障,造成部分数据遗失,也可能因为人为因素,如有人故意破坏,造成传送数据的改变。如果无法证实网上支付信息数据是否被篡改,是无法长久在网上进行交易活动的。一些加密方法或手段就是用来解决数据的完整性的,如数字指纹的应用等。

3.保证网络上资金结算双方身份的认定

持卡人要与网上商店进行交易,必须先确定商店是否真实存在,付了钱是否能拿到东西。商店和银行都要担心上网购物的持卡人是否持卡人本人,否则,扣了张三的款,却将货送给李四,结果持卡人上门来说没买过东西为什么扣我的钱,而商户却已经将货物送走了。这样的网上交易也是不能进行下去的。所以网上交易中,参加交易的各方,包括商户、持卡人和银行必须要采取如CA认证等措施才能够认定对方的身份。

4. 保证网络上资金支付结算行为发生及发生内容的不可抵赖

在传统现金交易中,交易双方一手交钱,一手交货,没有多大问题。如果在商店里用信用卡付款,也必须要持卡人签名,方能取走货物。

在网上交易中,持卡人与商店通过网上传送电子信息来完成交易,也需要有使交易双方对每笔交易都认可的方法。否则,持卡人购物后,商户将货送到他家里,他却说自己没有在网上下过订单,银行扣了持卡人的购物款,持卡人却不认账。反过来,持卡人已付款,可商家却坚持说没有接收到货款,或者说,没有在大家认可的日子接收到资金,而故意延迟或否认物品的配送,造成客户的损失。还有明明收到了1 000美元,却说只收到500美元,等等。

如果客户或商店或银行经常碰到对方造成这样的事,就要忙不过来了。所以,必须为网络支付结算提供一种使交易双方在支付过程中都无法抵赖的手段,使网上交易能正常开展下去。比如数字认证、数字时间戳等手段,与保证网络交易不可否认的需求差不多。

5. 保证网络支付结算系统的运行可靠、快捷,保证支付结算速度

实时的网络支付结算行为对网络支付结算系统的性能要求很高,如电子钱包软件;网络支付结算支撑网络本身的安全防护能力,如防火墙系统的配置;网络通道速度的检测;管理机制的制定确立等。

◆项目评价

【知识评价】

①现钞结算的主要优点及缺点有哪些?

②外币真伪识别和人民币真伪识别有何异同?

③旅游企业应该保持较多的备用金,还是较少的备用金更为恰当?

④支票的应用场合有哪些?

⑤支票填写规范中哪些是最易出错的?

⑥如何在第一时间了解到一张空白支票是否是空头支票?

⑦借记卡与贷记卡的主要区别是什么?

⑧银联标准卡和银联标识卡的主要区别是什么?

⑨使用银行卡需要注意哪些事项?

⑩常见的网络支付平台有哪些?

⑪网络支付结算及基本流程有哪些?

⑫网络支付安全隐患存在于何处?

【实训演练】

请学生分组分别找若干张真假外币和人民币,分组交换识别并找出问题和错误要点。根据班级学生的多少将学生分为不同的小组,每组三五人,选出组长一名。操作过程如下:

①上一节课要布置学生去找真假外币和人民币或老师准备好。

②分小组讨论和识别真假外币和人民币的特点。

③分析真假外币和人民币发展的

趋势。

④总结真假外币和人民币的主要特点并归纳出识别的简单方法。

⑤分组进行成果展示,让小组学生代表发言,学生自评、互评。

⑥最后教师评价。

【项目链接】

汇票、本票、支票的区别

汇票、本票、支票同属狭义的票据范畴,其构成要素大致相同,都具有出票、背书、承兑、付款这些流通证券的基本条件,都是可以转让的流通工具。它们之间的主要区别是:

(1)汇票和支票有三个基本当事人,即出票人、付款人、收款人;而本票只有出票人(付款人和出票人为同一个人)和收款人两个基本当事人。

(2)支票的出票人与付款人之间必须先有资金关系,才能签发支票;汇票的出票人与付款人之间不必先有资金关系;本票的出票人与付款人为同一个人,不存在所谓的资金关系。

(3)支票和本票的主债务人是出票人,而汇票的主债务人,在承兑前是出票人,在承兑后是承兑人。

(4)远期汇票需要承兑,支票一般为即期无需承兑,本票也无需承兑。

(5)汇票的出票人担保承兑付款,若另有承兑人,由承兑人担保付款;支票出票人担保支票付款;本票的出票人自负付款责任。

(6)支票、本票持有人只对出票人有追索权,而汇票持有人在票据的有效期内,对出票人、背书人、承兑人都有追索权。

(7)汇票有复本,而本票、支票则没有。

(8)支票、本票没有拒绝承兑证书,而汇票则有。

拓展路径

[1] 马健.浅议票据结算中的支付密码使用[J].现代金融,2011(5).

[2] 刘力智.企业资金管理应加强对票据结算的控制[J].财务与会计(理财版),2013(3).

[3] 樊汉新.网上支付业务存在的问题和对策[J].华南金融电脑,2008(9).

[4] 杜江.电子商务中网上支付方式分类研究[J].商业研究,2006(7).

[5] 张浩斌.国内网络支付结算业务初探[J].生产力研究,2010(6).

[6] 王煜.电子商务中网络支付风险与防范的研究[J].经济师,2011(10).

项目二　旅游企业的财务知识

◆**项目目标**

【行业要求】

旅游从业人员应掌握旅游企业相关财务知识，了解反映企业经济状况的会计语言词汇，掌握财务会计报告的组成，了解旅游企业各项成本、费用基本理论知识以及成本费用失控的因素分析，并掌握如何控制旅游企业成本费用，同时了解旅游企业各项资产在企业中的作用及其影响。

【学习目标】

学生应在掌握旅游企业的相关财务知识的基础上，提高实践能力，使知识的学习与运用更好地结合，为后续学习和工作奠定基础。

◆**项目任务**

本项目通过旅游企业经营管理过程中发生的会计相关案例分析，使学生掌握旅游企业经营过程中基本的会计语言规则，了解如何利用这些语言为企业服务，并且理解和体会旅游企业固定资产管理及旅游企业成本费用控制的认识。

任务一　了解旅游企业的会计语言

【任务目标】

本任务的目标是让学生了解企业财务的基本语言，明白企业发生的业务用会计的语言如何表达、企业的经营成果如何衡量以及会计人员应遵守的基本法律。

【案例聚焦】

旅游局下属旅游商场财务情况

20××年度，某旅游局所属旅游企业在改革开放力度加大、全市经济持续稳步发展的形势下，坚持以提高效益为中心，以搞活经济、强化管理为重点，深化企业内部改革，深入挖潜，调整经营结构，扩大经营规模，进一步完善了企业内部经营机制，努力开拓，奋力竞争。销售收入实现×××万元，比去年增加30%以上，并在取得较好经济效益的同时，取得了较好的社会效益。

（一）主要经济指标完成情况

本年度商品销售收入为×××万元，比上一年度增加×××万元。其中，商品流通企业销售实现×××万元，比上一年度增加5.5%，商办工业产品销售×××万元,比上一年度减少10%,其他企业营业收入实现×××万元,比上一年度增加43%。全年毛利率达到14.82%,比上一年度提高0.52%。费用水平本年实际为7.7%,比上一年度升高0.63%。全年实现利润×××万元,比上一年度增长4.68%。其中商业企业利润×××万元,比上一年度增长12.5%,商办工业利润×××万元,比上一年度下降28.87%。销售利润率本年度为4.83%,比上一年度下降0.05%。其中,商业企业为4.81%,上升0.3%。全部流动资金周转天数为128天,比上一年度的110天慢了18天。其中,商业企业周转天数为60天,比上一年度的53天慢了7天。

(二)主要财务情况分析

1. 销售收入情况

通过强化竞争意识,调整经营结构,增设经营网点,扩大销售范围,促进了销售收入的提高。

2. 费用水平情况

全局商业的流通费用总额比上年增加144.8万元,费用水平上升0.82%,其中:①运杂费增加13.1万元;②保管费增加4.5万元;③工资总额增加3.1万元;④福利费增加6.7万元;⑤房屋租赁费增加50.2万元;⑥低值易耗品摊销增加5.2万元。

从变化因素看,主要是由于政策因素影响:①调整了"三资"、"一金"比例,使费用绝对值增加了12.8万元;②调整了房屋租赁价格,使费用增加了50.2万元;③企业普调工资,使费用相对增加80.9万元。扣除这三种因素影响,本期费用绝对额为905.6万元,比上一年度相对减少10.2万元。费用水平为6.7%,比上年下降0.4%。

3. 资金运用情况

年末,全部资金占用额为×××万元,比上年增加28.7%。其中:商业资金占用额×××万元,占全部流动资金的55%,比上年下降6.87%。结算资金占用额为×××万元,占31.8%,比上一年度上升了8.65%。其中:应收货款和其他应收款比上年增加548.1万元。从资金占用情况分析,各项资金占用比例严重不合理,应继续加强"三角债"的清理工作。

4. 利润情况

企业利润比上一年度增加×××万元,主要因素是:

(1)增加因素:①由于销售收入比上一年度增加804.3万元,利润增加了41.8万元;②由于毛利率比上年增加0.52%,使利润增加80万元;③由于其他各项收入比同期多收43万元,使利润增加42.7万元;④由于支出额比上一年度少支出6.1万元,使利润增加6.1万元。

(2)减少因素:①由于费用水平比上一年度提高0.82%,使利润减少105.6万元;②由于税率比上一年度上浮0.04%,使利润少实现5万元;③由于财产损失比上一年度多16.8万元,使利润减少16.8万元。以上两种因素相抵,本年度利润额多实现×××万元。

【任务执行】

一、会计语言要素

会计,是个什么样的职业呢?它应该是除了总经理之外,对公司业务最了解的一个职位,这个职位对公司的重要性,是可以用数字算得出来的。而会计工作主要是把企业杂乱的会计数据归纳整理,加工编制成有用的财务信息系统。

会计就是把眼睛看不到的事物变成具体的数字,让它能看见(比如利润、机会损失等),以及把事物联系起来或换个角度来看,使其变得简单易懂的思维方法。学习会计首先要学习会计语言,而学习会计语言则要对会计语言要素有一个基本的理解。但对于什么是会计,社会各界,包括企业家们的理解是不一样的,甚至职业会计人也有不同的理解。例如,有人说会计是管理的工具,也有人说会计是一个信息系统,会计的工作就是收集信息、加工信息、储存信息,并对外披露信息。但从企业管理的角度来说,会计是企业的语言,这种语言是企业内部交流的工具。

当公司领导开会时,领导人要借助会计语言来研究企业的管理。用会计语言表述,企业用了多少资产,欠了多少债务,拥有多少权益,有多少收入,用去多少费用,获得多少利润等等。会计语言是企业通用的语言,在企业内部各部门之间是通用的,在一个国家里也是通用的,甚至是国际通用的语言。当企业和另外一家企业打交道时,要借助于会计语言;当企业和银行打交道时,也要使用会计语言;当企业和政府打交道时,同样要使用会计语言。如果把会计当成一种语言来看待,这种语言到底要描述什么呢?会计语言所描述的内容,就是用货币表现出来的经济活动。会计描述经济活动时需要借助一种载体,会计语言中所使用的载体就是大家所熟悉的会计凭证、会计账簿和会计报表,如图2-1所示。

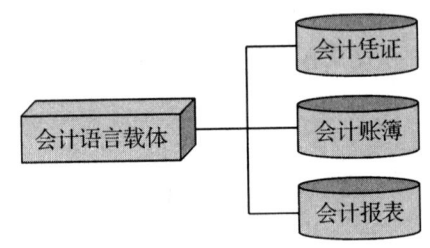

图2-1 会计语言载体

(一)反映企业财务状况的会计语言词汇

在反映企业财务状况的会计语言这组词汇里,要了解三个词:资产、负债、所有者权益。这组词的特点是:它提供的是"时点数",即在会计语言中,要借助这三个词来讲述企业在某一特定时刻的状况如何。而这个特定时刻,通常可以理解成某一时点,例如,月末的财务状况如何,12月31日的财务状况如何。它是一个在特定时点的信息,也有人说这组词所要做的工作,就是给企业的经济活动"拍快照"。

案例分析

甲、乙、丙三人是同班同学,在校读书期间通过学习与市场调研他们发现,现在的旅行社很赚钱,而且进入的门槛也很低。2012年3月20日,他们决定到工商局去注册一家旅行社有限责任公司。注册时,甲入股29万元,乙入股51万元,丙入股20万元,共同投入到公司的资金是100万元。公司运营一段时间后,他们发现资金不够,于是决定向银行贷款。8月15日,他们用公司的固定资产作抵押,向商业银行贷款100万元。

如果问3月20日公司拥有多少资产,我们会说有现金100万元。谁对它拥有权利呢?我们说股东拥有权利,因为投资人是企业的主人。这时候就是资产等于所有者权益,从数量上来讲就是100万元等于100万元,但它却包含两个方面的内容:一是告诉你此时此刻拥有什么,二是告诉你此时此刻谁对100万拥有权利,这是一个问题的两个方面。

100万不够,再借100万存入银行。此时此刻拥有资产多少?我们说200万,谁对它拥有权利呢?两部分人拥有权利,创业者拥有权利100万叫所有者权益,对于创业者来说银行借款是债务,承担的债务有100万。

分析思考:
①请您找出上面案例中涉及企业财务状况的哪些语言。
②通过学习企业语言您能用一个恒等式概括它们的规律吗?
③了解股份公司的相关概念和内容并尝试撰写创办一个公司的流程。

1. 资产

资产是指由企业过去的交易或者事项形成的,并由企业拥有或者控制的、预期会给企业带来经济利益的资源。

简单地说,资产就是企业的资源。企业资源必须同特定时点连在一起,例如年初拥有多少资产,月末拥有多少资产,年末拥有多少资产,它必须和时点连在一起。当然,在某一时刻说企业拥有多少资产,仅有这样一个词还是不够的。

为了让人们更了解企业资产的具体内容,在会计语言中给资产做了适当的分类,例如会计上通常是按流动性来分类,就是按资产变现速度的快慢来划分。这里所说的变现就是把资产变成钱,如果这个资产在1年内就能变成钱,这样的资产一般叫流动资产。如果把钱投放出去,例如搞联营、买股票,回收期超过1年,就把这种资产叫长期投资。把企业的机器设备、仪器仪表、建筑设备叫固定资产。另外,企业的专利权、商标权、土地使用权等,在会计上叫无形资产。不属于前面类别的统称为其他资产。资产做适当的分类后,就知道企业1年内资产能变现的有多少,超过1年收回的投资有多少,机器设备有多少,无形资产有多少,还有其他资产应该有多少。(如图2-2)

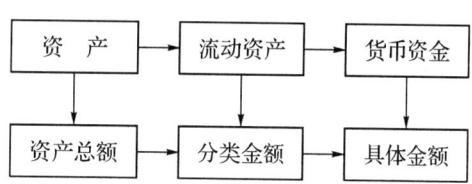

图2-2 公司拥有和控制的具体资产

2. 负债

负债是指企业由过去的交易或者事项形成的、预期会导致经济利益流出企业的现时义务。

负债,顾名思义,就是所欠的钱。在会计语言中,负债必须和特定时点连在一起。例如,在年初欠多少钱,月末还欠多少钱,年末还欠多少钱。但仅有一个负债的概念,还不能满足管理上的需要。为了满足管理上的需要,会计语言中把负债分成两大类:一类叫流动负债,一类叫长期负债(如图2-3)。

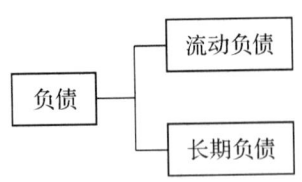

图2-3 负债的分类

什么叫流动负债呢？就是偿债期在1年以内的负债，叫流动负债。偿债期超过1年的负债，通常把它界定为长期负债。有了负债的分类，就可以了解，此时此刻欠多少钱，所欠的钱该在什么时候还。如果是流动负债，就要筹集资金在1年内还清。如果是长期负债，还有时间筹集资金，因为偿还期会超过1年。

3. 所有者权益

所有者权益又称为净资产，是指企业资产扣除负债后由所有者享有的剩余权益。

所有者权益有不同的提法，有的叫所有者权益，有的叫股东权益，也有的叫业主权益。不管如何称呼，它的含义都是指企业投资人对企业的资产应该享有多少权益。投资人对企业资产应该享有的权益，有创办企业时投入的资本，这是投资者的权益。企业经营以后赚了钱，应该归投资人所有，这也是投资者的权益。有了所有者权益这个概念，就可以告诉阅读报表的使用者，或者财务信息的使用者，在特定时点，投资人在企业的财产当中，应该占有多少份额。

这样，会计语言中就产生了第一组词，它们具有时点数的特点，同时反映了企业在特定时刻是一种什么样的状况。而这种状况在数量上存在着一定的依存关系。它们数量上的依存关系，也就是在特定时点上资产应该等于负债加所有者权益。这个公式是永远相等的，是永恒的，在会计语言上也叫会计恒等式，即：资产＝负债＋所有者权益。

 **案例分析**

表2-1 资产负债表

编制单位：A公司　　　　2012年1月1日　　　　　　　金额单位：元

资产		负债及所有者权益	
现金	4 000	短期借款	2 000
应收账款	800	所有者权益	18 000
存货	4 200		
固定资产	11 000		
资产总额	20 000	负债及所有者权益总额	20 000

从表2-1中可以看出，资产、负债及所有者权益总额，符合会计恒等式：资产＝负债＋所有者权益。

分析思考：

①请同学们将"案例导入"的内容按照表2-1的格式编制出来。

②并用会计恒等式：资产＝负债＋所有者权益，把数字写出来。

（二）反映企业经营成果的会计语言词汇

反映企业经营成果的会计语言词汇共有三个，即收入、费用、利润。从特点上来说，它们是"期间数"，是指从某一个时点开始到另一个时点结束，这段期间发生了多少收入，发生了多少费用，实现了多少利润。这三个词可以理解为：第一是期间数，第二实际上是给企业所做的录像。三个词之间的关系是，一定时期的利润应该等于一定时期的收入减一定时期的费用，即：

利润＝收入－费用

1. 收入

收入，是指企业在日常活动中形成的、会导致所有者权益增加的、与所有者投入资本无关的经济利益的总流入。

（1）收入具有以下几个方面的特征：

①收入应当是企业在日常活动中形成的；

②收入应当最终会导致所有者权益的增加；

③收入应当会导致经济利益的流入，该流入不包括所有者投入的资本。

（2）收入的确认条件。收入在确认时除了应当符合收入定义外，还应当满足严格的确认条件。收入只有在经济利益很可能流入，从而导致企业资产增加或者负债减少，且经济利益的流入额能够可靠计量时才能予以确认。因此，收入的确认至少应当符合以下条件：一是与收入相关的经济利益很可能流入企业；二是经济利益流入企业的结果会导致企业资产的增加或者负债的减少；三是经济利益的流入额能够可靠地计量。

2. 费用

费用，是指企业在日常活动中发生的、会导致所有者权益减少的、与向所有者分配利润无关的经济利益的总流出。

（1）费用具有以下几个方面的特征：①费用应当是企业在日常活动中发生的；②费用会导致所有者权益的减少；③费用是与向所有者分配利润无关的经济利益的总流出。

（2）费用的确认条件。费用的确认除了应当符合费用定义外，还应当满足严格的条件，即费用只有在经济利益很可能流出，从而导致企业资产减少或者负债增加、且经济利益的流出额能够可靠计量时才能予以确认。因此，费用的确认至少应当符合以下条件：一是与费用相关的经济利益应当很可能流出企业；二是经济利益流出企业的结果会导致资产的减少或者负债的增加；三是经济利益的流出额能够可靠计量。

3. 利润

利润，是指企业在一定会计期间的经营成果。反映的是企业的经营业绩情况，是业绩考核的重要指标。

利润包括收入减去费用后的净额、直接计入当期利润的利得和损失等。其中，收入减去费用后的净额反映的是企业日常活动的业绩，直接计入当期利润的利得和损失反映的是企业非日常活动的业绩。直接计入当期利润的利得和损失，是指应当计入当期损益、最终会引起所有者权益发生增减变动的、与所有者投入资本或者向所有者分配利润无关的利得或者损失。企业应当严格区分收入和利得、费用和损失，以更加全面地反映企业的经营业绩。

利得是指由企业非日常活动所形成

的、会导致所有者权益增加的、与所有者投入资本无关的经济利益的流入。损失是指由企业非日常活动所发生的、会导致所有者权益减少的、与向所有者分配利润无关的经济利益的流出。利得和损失可能直接计入所有者权益，也可能先计入当期损益，最终影响所有者权益。利得和损失的会计处理如图2-4所示：

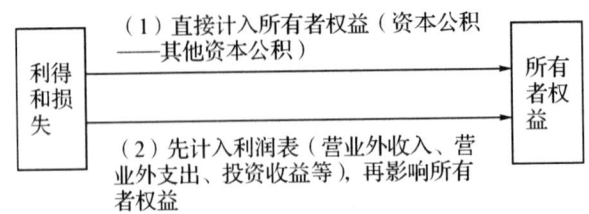

图2-4 利得和损失的会计处理

【提示】收入与利得、费用与损失的区别与联系如下表2-2所示：

表2-2 收入与利得、费用与损失的区别与联系

项目	区别	联系
收入与利得	①收入与日常活动有关，利得与非日常活动有关；②收入是经济利益总流入，利得是经济利益净流入	都会导致所有者权益增加且与所有者投入资本无关
费用与损失	①费用与日常活动有关，损失与非日常活动有关；②费用是经济利益总流出，损失是经济利益净流出	都会导致所有者权益减少且与向所有者分配利润无关

三、财务会计报告的组成

把会计当作一种语言来看待，主要是为了把会计工作看的和人们的生活更接近一些，更亲切一些，因为人们日常生活离不开它。而对企业家、企业的管理者来讲，会计工作的最终产品，就是财务会计报告。有的通过记账、算账、报账、载体凭证账簿等，把最终产品财务会计报告交到管理者的手中。根据《会计法》的规定，完整的财务会计报告应该由三部分组成，即会计报表、会计报表附注和财务情况说明书。（如图2-5）

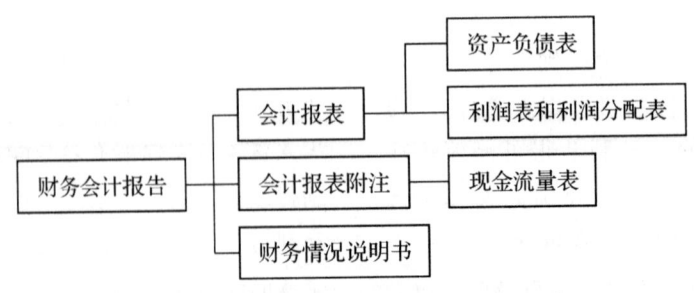

图2-5 财务会计报告的组成

（一）财务会计报告的构成

1. 会计报表

会计报表是企业财务会计报告的主要组成部分，它是根据账簿记录和有关资料，按照规定的报表格式，总括反映一个企业或企业集团的财务状况、经营成果和现金流量的报告文件。它是为了满足投资者对企业未来现金流量判断的需要和债权人对企业偿债能力评估需要而制定的，其主要包括资产负债表、利润表和现金流量表三大主表以及用来补充说明以上情况的附表，其中三大主表又称基本财务报表，是财务会计报告体系的核心。（如表2-3、表2-4、表2-5）

表2-3 资产负债表

编制单位：　　　　　　年　月　日　　　　　　　　　　单位：元

资产	行次	年初数	期末数	负债和所有者权益（或股东权益）	行次	年初数	期末数
流动资产：				流动负债：			
货币资金	1			短期借款	35		
交易性金融资产	2			交易性金融负债	36		
短期投资	3			应付票据	37		
应收票据	4			应付账款	38		
应收股利	5			预收账款	39		
应收利息	6			应付职工薪酬	40		
应收账款	7			应付福利费	41		
其他应收款	8			应交税费	42		
预付账款	9			应付利息	43		
存货	10			应付股利	44		
一年内到期的非流动资产	11			其他应付款	45		
其他流动资产	12			一年内到期的非流动负债	46		
流动资产合计	13			流动负债合计	48		
非流动资产：				非流动负债：			
可供出售金融资产	14			长期借款	49		
持有至到期投资	15			应付债券	50		
投资性房地产	16			长期应付款	51		
长期股权投资	17			专项应付款	52		
长期应收款	18			预计负债	53		
固定资产原价	19			其他长期负债	54		

续表

资产	行次	年初数	期末数	负债和所有者权益	行次	年初数	期末数
减:累计折价	20			递延所得税负债	55		
固定资产净值	21			非流动负债合计	56		
减:固定资产减值准备	22			负债合计	57		
固定资产净额	23						
生产性生物资产	24			所有者权益(或股东权益):			
工程物资	25			实收资本(或股本)	58		
在建工程	26			资本公积	59		
固定资产清理	27			减:库存股	60		
无形资产	28			盈余公积	61		
商誉	29			未分配利润	62		
长期待摊费用	30			所有者权益(或股东权益)合计	63		
无形资产及其他资产合计	31						
递延所得税资产	32						
非流动资产合计	33						
资产总计	34			负债和所有者权益(或股东权益)总计	64		

表2-4 利润表

编制单位： 年 月 日 单位:元

项目	行数	本月数	本年累计数
一、营业收入	1		
减:营业成本	2		
营业税费	3		
销售费用	4		
管理费用	5		
财务费用(收益以"-"号填列)	6		
资产减值损失	7		
加:公允价值变动净收益(净损失以"-"号填列)	8		
投资净收益(净损失以"-"号填列)	9		
其中对联营企业与合营企业的投资收益	10		

续表

项目	行数	本月数	本年累计数
二、营业利润(亏损以"－"号填列)	11		
营业外收入	12		
减:营业外支出	13		
其中:非流动资产处置净损失(净收益以"－"号填列)	14		
三、利润总额(亏损总额以"－"号填列)	15		
减:所得税费用	16		
四、净利润(净亏损以"－"号填列)	17		
五、每股收益:			
基本每股收益			
稀释每股收益			
补充资料:			
项目:			本年累计数
1. 出售、处置部门或被投资单位所得收益			
2. 自然灾害发生的损失			
3. 会计政策变更增加(或减少)利润总额			
4. 会计估计变更增加(或减少)利润总额			
5. 债务重组损失			
6. 其他			

表 2-5 现金流量表

编制单位： 年 月

项 目	本期金额	上期金额
一、经营活动产生的现金流量:		
销售商品、提供劳务收到的现金		
收到的税费返还		
收到其他与经营活动有关的现金		
经营活动现金流入小计		
购买商品、接受劳务支付的现金		
支付给职工以及为职工支付的现金		
支付的各项税费		

续表

项　目	本期金额	上期金额
支付其他与经营活动有关的现金		
经营活动现金流出小计		
经营活动产生的现金流量净额		
二、投资活动产生的现金流量：		
收回投资收到的现金		
取得投资收益收到的现金		
处置固定资产、无形资产和其他长期资产收回的现金净额		
处置子公司及其他营业单位收到的现金净额		
收到其他与投资活动有关的现金		
投资活动现金流入小计		
购建固定资产、无形资产和其他长期资产支付的现金		
投资支付的现金		
取得子公司及其他营业单位支付的现金净额		
支付其他与投资活动有关的现金		
投资活动现金流出小计		
投资活动产生的现金流量净额		
三、筹资活动产生的现金流量：		
吸收投资收到的现金		
取得借款收到的现金		
收到其他与筹资活动有关的现金		
筹资活动现金流入小计		
偿还债务支付的现金		
分配股利、利润或偿付利息支付的现金		
支付其他与筹资活动有关的现金		
筹资活动现金流出小计		
筹资活动产生的现金流量净额		
四、汇率变动对现金的影响		
五、现金及现金等价物净增加额		
加：期初现金及现金等价物余额		
六、期末现金及现金等价物余额		
净利润		

续表

项　　目	本期金额	上期金额
加:资产减值准备		
固定资产折旧、油气资产折耗、生产性生物资产折旧		
无形资产摊销		
长期待摊费用摊销		
处置固定资产、无形资产和其他长期资产的损失(收益以"－"号填列)		
固定资产报废损失(收益以"－"号填列)		
公允价值变动损失(收益以"－"号填列)		
财务费用(收益以"－"号填列)		
投资损失(收益以"－"号填列)		
递延所得税资产减少(增加以"－"号填列)		
递延所得税负债增加(减少以"－"号填列)		
存货的减少(增加以"－"号填列)		
经营性应收项目的减少(增加以"－"号填列)		
经营性应付项目的增加(减少以"－"号填列)		
其他		
经营活动产生的现金流量净额		
2. 不涉及现金收支的重大投资和筹资活动:		
债务转为资本		
一年内到期的可转换公司债券		
融资租入固定资产		
3. 现金及现金等价物净变动情况:		
现金的期末余额		
减:现金的期初余额		
加:现金等价物的期末余额		
减:现金等价物的期初余额		
现金及现金等价物净增加额		

2. 会计报表附注

会计报表附注是指主要以文字的形式对三大主表的项目和内容以及有助于正确理解财务报表的有关事项进行必要的说明和解释,是会计报表的补充说明。增加财务报表附注,是为了增加财务报表的信息量,改善披露的充分性,抑制企业粉饰报表,减少报表使用人的误解。

会计规范的制定机构抑制报表粉饰的方法，一是减少会计政策的选择性和会计估计的范围，二是扩大披露的范围。在某种意义上说，增加报表附注是规范制定机构与粉饰报表行为进行博弈的结果，目前财务报表的附表和附注，无论是文本篇幅和提供的信息量都超过了主要报表。仔细阅读报表附注有助于阅读者发现报表粉饰的情况，以便在分析时进行必要的数据调整，使分析数据建立在更加真实、可靠和可比的基础上。

按照我国《企业会计制度》的规定，在财务报表附注中至少应披露以下13项内容：①不符合会计核算前提的说明；②重要会计政策和会计估计的说明；③重要会计政策和会计估计变更的说明，以及重大会计差错更正的说明；④或有事项的说明；⑤资产负债表日后事项的说明；⑥关联方关系及其交易的说明；⑦重要资产转让及其出售的说明；⑧企业合并、分立的说明；⑨会计报表的重要项目的说明；⑩收入；⑪所得税的会计处理方法；⑫合并会计报表的说明；⑬有助于理解和分析会计报表需要说明的其他事项。

3. 财务情况说明书

财务情况说明书是在会计报表及其附注所提供资料的基础上，进一步用文字对企业财务成本等情况所作的补充，是对企业一定会计期间内生产经营资金周转和利润实现及分配情况的综合性说明。它全面扼要地提供企业和其他单位生产经营财务活动情况，分析总结经营业绩和存在的不足，是企业财务报告使用者了解和考核有关单位生产经营和业务活动开展情况的重要资料。财务情况说明书是财务会计报告的重要组成部分，必须随同会计报表一起编制、提供和阅读。

企业财务情况说明书应当对下列情况做出说明：企业生产经营的基本情况；资金筹集和运用情况；利润实现和分配情况；资金增减和周转情况；各项财产物资变动情况；资本结构变动情况；反映企业经营情况的重要财务指标及其说明；对企业财务状况、经营成果和现金流量有重大影响的其他事项等。

财务情况说明书的主要用途在于揭示与会计系统直接或间接相关的财务或非财务信息，其既扩充了财务报告所提供信息的容量，又提高了财务报告所提供信息的质量，同时也向阅读者介绍了企业的经营环境及财务政策。

（二）我国财务会计报告组成部分的相互关系

1. 基本财务报表之间的关系

（1）动态与静态的关系。资产负债表是反映企业特定时点财务状况的报表，是一张静态报表。利润表和现金流量表分别是反映企业特定时段的经营成果和现金流量的报表，是动态报表。企业为了全面反映资金运动的状况，需要对这两种状态同时进行反映。企业的资金运动是沿着"期初相对静止—期中绝对运动—期末新的相对静止"这一运动形式循环往复进行的。具体来说，期末、期初资产负债表上净资产的差异必然等于利润表的净利润（排除业主投资和对业主的分配）；期末、期初资产负债表的现金金额的差异必然等于现金流量表的净现金流量。

（2）相互补充、相互依赖的关系。从对未来现金流量的反映来看，基本财务报表是一种从不同侧面反映、相互补充、相互依赖的关系。资产负债表是反映企业特定时点经济资源的分布和权益结构的报表。从企业资产、负债的当前价值和流动性情况可以在一定程度上预测未来现金流量情况，因为现在是未来的基础。从资产负债表的前后期对比情况可以了解企业的经营成果，进而了解企业未来现金流量的增加的潜力，但这种经营成果的确定方法太过笼统：只能确定总的利润情况，不能说明构成企业盈亏的具体原因，也不能说明利润各个组成部分的情况，进而不能说明经营成果能在多大程度上预测未来现金流量。为此，必须用专门的利润表来详细反映企业亏损的情况。但利润表也有缺陷，因为投资者关心的是现金流量情况，而利润表是按权责发生制来确认利润的，这就可能造成企业一方面报告了巨额的利润，另一方面却出现企业现金流量不足，财务状况紧张的尴尬局面。为了全面反映企业经营状况对未来现金流量的影响，需要按收付实现制编制现金流量表。一方面可以反映企业现在的现金流量情况，从而对未来现金流量情况做出预测；另一方面可以通过比较利润和现金流量的差异，判断出盈利质量的高低。所以，在进行具体财务分析时，三种报表要结合使用。如在分析偿债能力时，主要根据资产负债表各种资产和负债的对比关系确定，但利润表反映的盈利能力和现金流量表反映的产生现金流量的能力显然也会影响到偿债能力。

2. 基本财务报表、财务报表附注及财务情况说明书三者之间的相互关系

（1）财务报表主表与附注的关系。财务报表主表与附注都是财务报表的组成部分，二者之间联系与区别如下。

联系：①都是提供有关企业财务状况、经营成果、现金流量等的信息，这些信息主要以定量化的形式表现，即使附注中有许多定性化的说明，也是为正确理解定量化信息服务的，对于与企业财务状况、经营成果、现金流量关系不大的信息，原则上不在报表及其附注中提供；②都要遵循公认会计原则，并经过注册会计师的审计。

区别：披露的方式不同。主表采用固定性的表格形式，附注披露形式较为灵活，主要采取文字说明的形式，也有许多表格和图示；主表提供的是货币化的定量信息，附注中既有定量信息，也有定性信息；主表中提供的是主要信息，附注中主要提供一些有助于对主表进行理解的补充和解释性信息；主表中的信息应严格满足会计确认标准的要求，附注中信息不一定遵循确认标准；主表中信息比较直观，不易被忽视，附注中信息如不做认真研究，可能易被忽视和不被理解。

（2）财务报表与财务情况说明书的关系。财务报表与财务情况说明书共同组成完整的财务报告体系，二者的联系在于都是为使用者经济决策服务，它们的区别是：

①财务报表的项目及其金额来自日常账簿资料，并须在报表中再确认；

②财务报表表内项目属于财务信息，报表项目连同金额是文字说明与数字描述相结合的整体，缺一不可，而财务情况说明书没有这种要求；

③与财务情况说明书不同,财务报表作为信息的整体,彼此之间还有勾稽关系,财务报表中的项目有小计、合计和总计,其金额必须相符,在财务情况说明书中则不存在特定的数字勾稽关系;

④财务报表的公允性与真实性应由注册会计师进行审计,而财务情况说明书一般只是请注册会计师或其他专家进行审阅。

(3)财务报表附注与财务情况说明书的关系。财务报表附注和财务情况说明书都是进行表外披露的。二者的区别在于:附注是财务报表的一部分,其主要作用是对基本报表进行补充和解释,因此附注中提供的信息和财务报表相关,而财务情况说明书则不受此条件限制。

企业的财务报告是一个完整的报告体系,主要是面对企业外部信息使用者向他们提供有助于做出各种经济决策的信息,作为报表的阅读者,应在弄清楚财务报告各组成部分相互关系的基础上,仔细研读财务报告,并尽可能通过其他渠道获取更多的信息,以弥补财务报告信息量的不足,只有这样,才可能得出较为完整准确的财务结论。

【任务拓展】

《会计法》相关规定

一、《会计法》对各相关人员提出的基本要求

《中华人民共和国会计法》(以下简称《会计法》)在1985年1月21日第六届全国人民代表大会常务委员会第九次会议上通过,自1985年5月1日起施行,其特点是按照计划经济体制确立的。1993年12月29日,我国对《会计法》做了第一次修订,其特点是在市场经济初步发展的基础上进行修订。1999年10月31日,根据社会经济的进一步发展,对《会计法》进行了第二次修订,新法从2000年7月1日开始实施。这次修订的背景是在我国会计工作秩序极差、假账和假表泛滥、会计信息失真日益严重的情况下进行修订的。修订后的新《会计法》集中体现了"规范会计行为,保证会计资料真实、完整"的立法宗旨,修订的全部内容也都是围绕如何实现这一宗旨而进行的。

1.《会计法》对单位负责人提出的基本要求

在会计工作秩序比较差的环境下,大家都认为企业造假的重要根源是单位负责人授意、指使或强令会计机构或会计人员违法,因此新的《会计法》加强了对单位负责人关于会计工作职责方面的监督和管理,对单位负责人提出了许多基本要求。

我国的单位负责人比较特殊,在单位里有董事长、总经理、厂长、党委书记等等。为了便于执法,《会计法》附则中对单位负责人作了专门解释。单位负责人,是指单位法定代表人或者法律、行政法规规定代表单位行使职权的主要负责人。法定代表人是对会计工作和会计资料真实性和完整性承担法律责任的单位负责人。

2.《会计法》对会计核算提出的基本要求

《会计法》修订后,在会计核算方面,即会计在记账、算账、报账方面,规定单位负责人对会计资料的真实性和完整性承担责任。《会计法》中明确规定,单位的财务会计报告编好后,要由单位负责人签名并盖章。修改前的《会计法》中,规定单位负责人要签名或盖章。修改前和修改后仅一字之差,修改前是"或",修改后变成了"并",即单位负责人要签名"并"盖章。在讨论《会计法》修改时,有的单位领导提出,企业单位负责人的章有时就放在财务部门,财务部门拿过来就盖,盖完了章就报送,单位负责人根本就不知道,要求单位负责人承担法律责任比较冤枉。因此,新的《会计法》规定单位负责人既要签名也要盖章。

针对单位负责人出差不能签字而报表的报送时效性又很强的情况,《会计法》规定,单位负责人可以委托别人代签。例如董事长可以委托总经理签字,总经理可以委托副总经理签字,如果这些人都不在,也可以委托单位的财务负责人签字。但是要特别注意,不管谁代签,法律责任还是由单位负责人承担,委托人要对代理人的行为负责。

3.《会计法》对会计监督提出的基本要求

修改前的《会计法》在会计监督方面对单位负责人提出的要求是,企业自己要管好自己,强调的是自我监督,例如在会计核算上企业制度由企业自己制定。修订后的《会计法》继续强调企业要自己管好自己,要建章立制。如果企业因没有必要的规章制度而出了问题,那么主要责任都应该由单位负责人来承担;如果建立了制度还是出了问题,那么在哪里出问题就应该追究哪里的责任。除此之外,《会计法》加强了会计监督制度,把企业自我监督扩大到社会监督。新的《会计法》增加了企业监督部门,现在国税局、地税局、财政局、银行、保险公司、审计局甚至会计事务所等单位都可以到企业查账。因此,新法的监督范围和监督力度比原来要大得多。

4.《会计法》对会计机构和会计人员的要求

《会计法》第三十六条规定,各单位应当根据会计业务的需要,设置会计机构,或者在有关机构中设置会计人员并指定会计主管人员;不具备设置条件的,应当委托经批准设立,从事会计代理记账业务的中介机构代理记账。国有及国有资产占控股地位或者主导地位的大、中型企业必须设置总会计师。总会计师的任职资格、任免程序、职责权限由国务院规定。如果单位没有健全的会计机构,那么责任就应该由单位负责人承担。

像开车的司机必须有驾驶执照一样,《会计法》中明确规定,企业所任用的会计人员必须有会计证,如果企业聘用的会计没有会计证,将视为一种违法行为,要依法追究单位负责人的法律责任。

《会计法》第四十条规定,因有提供虚假财务会计报告,做假账,隐匿或者故意销毁会计凭证、会计账簿、财务会计报告,贪污,挪用公款,职务侵占等与会计职务有关的违法行为被依法追究刑事责任的人员,不得取得或者重新取得会计从业资格证书。除此规定以外的违法违纪行为而被吊销会计从业资格证书的人员,自被吊销会计从业资格证书之日起5年内,不得重新取得会计从业资格证书。如果企业擅自使用以上人员从事会计工作,单位负责人将受到法律追究。

二、违反《会计法》行为及法律责任

《会计法》规定,违反《会计法》将由

财政部或县级以上人民政府的财政部门依法对企业进行处罚,但是,《会计法》所处罚的内容仅限于违法而不是犯罪。如果企业只是违反了《会计法》但不构成犯罪,只按照《会计法》来追究;如果违法了而且构成了犯罪,将依据《中华人民共和国刑法》加以追究。修订《会计法》国家很重视,国务院开了很多次会议,九届人大常委会召开三次会议才通过。在九届人大常委会第十三次会议上还专门修订了《中华人民共和国刑法》,对于违反《会计法》构成犯罪如何判刑和追究责任做出了相应的规定。

1. 违反会计制度的行为及法律责任

在《会计法》第四十二条中,分别列出了违反会计制度规定的行为。

不依法设置会计账目的行为。按照规定,企业应该设置一套合法的账目,如果企业没有合法设置账目,就违反了《会计法》规定。

私设会计账簿的行为。企业只能设置一套会计账簿,如果设置多套会计账簿,就是违法行为。有的企业设置三本账簿:给股东、经营者、税务机关各一套,这是严重的违法行为。

未按照规定填制、取得原始凭证或者填制、取得的原始凭证不符合规定的行为。未按规定填制和取得原始凭证过去仅仅是一种错误的行为,而现在把它列入到了违法范围里。

以未经审核的会计凭证为依据登记会计账簿或者登记会计账簿不符合规定的行为。会计在加工信息时,应该以审核的会计凭证登记账簿,如果企业使用未经审核的凭证登账,就是违法行为,或者登记的账簿不符合规定,也是违法行为。但是这种行为不是严重的违法行为,只是一种违反会计制度规定的行为。

向不同的会计资料使用者提供的财务会计报告编制依据不一致的行为。例如给税务局编的报表利润少一点;给工商局编的报表所有者权益好一点;给投资者编的报表让投资人满意一点;自己留的那一套真实一点。这样的行为都是违法行为。

此外,随意变更会计处理方法的行为;未按照规定使用会计记录文字或者记账本位币的行为;未按照规定保管会计资料,致使会计资料毁损、灭失的行为;未按照规定建立并实施单位内部会计监督制度或者拒绝依法实施的监督或者不如实提供有关会计资料及有关情况的行为;任用会计人员不符合本法规定的行为,这些行为都是违反《会计法》的行为。

2. 伪造、变造会计资料的法律责任

《会计法》第四十三条规定,伪造、变造会计凭证、会计账簿,编制虚假财务会计报告的行为,尚不构成犯罪的,由县级以上人民政府财政部门予以通报,可以对单位并处5 000元以上10万元以下的罚款;对其直接负责的主管人员和其他直接责任人员,可以处3 000元以上5万元以下的罚款;属于国家工作人员的,还应当由其所在单位或者有关单位依法给予撤职直至开除的行政处分;对其中的会计人员,并由县级以上人民政府财政部门吊销会计从业资格证书。

《会计法》对伪造、变造会计凭证、会计账簿,编制虚假财务会计报告的行为处罚是非常严厉的。例如触犯《会计法》

被吊销会计证后,对个人来说将依法至少剥夺 5 年从事会计工作的权利,5 年以后才能重新考会计证,然后重新从事会计工作。

3. 隐匿或故意销毁会计资料的法律责任

《会计法》第四十四条规定,隐匿或者故意销毁依法应当保存的会计凭证、会计账簿、财务会计报告,构成犯罪的,依法追究刑事责任。有前款行为,尚不构成犯罪的,由县级以上人民政府财政部门予以通报,可以对单位并处 5 000 元以上 10 万元以下的罚款;对其直接负责的主管人员和其他直接责任人员,可以处 3 000 元以上 5 万元以下的罚款;属于国家工作人员的,还应当由其所在单位或者有关单位依法给予撤职直至开除的行政处分;对其中的会计人员,并由县级以上人民政府财政部门吊销会计从业资格证书。

但值得注意的是,有些企业会这样做:单位被罚款,钱由单位出;而个人被罚款,单位也帮着出了。这也是违法行为。如果被有关部门查出,单位的负责人继续承担违法责任。

4. 授意、指使或强令会计人员违法的法律责任

《会计法》第四十五条规定,授意、指使、强令会计机构、会计人员及其他人员伪造、变造会计凭证、会计账簿,编制虚假财务会计报告或者隐匿、故意销毁依法应当保存的会计凭证、会计账簿、财务会计报告,构成犯罪的,依法追究刑事责任;尚不构成犯罪的,可以处 5 000 元以上 5 万元以下的罚款;属于国家工作人员的,还应当由其所在单位或者有关单位依法给予降级、撤职、开除的行政处分。

由于我国现在用人制度已经放开,企业有自主选择会计人员的权利,如果单位领导人授意、指使或者强令会计人员作假,而国家要求会计人员在核算的时候要执行《会计法》,要提供真实性和完整性的会计信息,如果会计人员不作假,那么很可能受到单位的打击报复,在这种情况下应该怎么办?《会计法》第四十六条当中,对单位负责人专门提出了一个基本规定,单位负责人对依法履行职责,抵制违反本法规定的行为的会计人员,予以降级、撤职、调离工作岗位、解聘或者开除等方式实施打击报复的构成犯罪的依法追究刑事责任。尚不构成犯罪的按照下列方法处理:第一,由所在单位或有关单位给予行政处罚;第二,对受打击报复的会计人员应当恢复名誉和原有的职务和级别。

【任务反馈】

企业出售未使用的仪器设备取得的是否算作收入?

释疑:收入的确认条件中第一点就是必须应当是企业在日常活动中形成的,那么出售未使用的仪器设备对于企业来说只是偶尔发生的情况,不是日常活动形成,因此不能算作收入,只能算作营业外收入。

任务二 掌握旅游企业的资产及管理

【任务目标】

旅游企业的各项资产对于企业来说

起着至关重要的作用,因此在了解了旅游企业的会计语言的基本规则之后,学生需要熟悉旅游企业的各类资产(包括固定资产、无形资产)的分类、计价、日常管理及清理报废时的会计处理。

【案例聚焦】

某酒店客房部在一年一度的编制预算中,客房经理遇到了一个难题:财务要求编制经营预算和资本性支出预算,客房经理不理解财务关于资本性支出的涵盖内容,咨询财务人员,财务人员告诉他,就是指你们部门平时购置的固定资产。客房经理回来后按照自己的理解在三月份的预算中编制购置单价在800元左右的消毒柜五台。2006年三月份根据预算的要求,客房经理编制采购计划要求购置消毒柜五台,采购计划经过财务审批,采购部落实后采购回来,客房经理编制领用单将消毒柜五台领回,可是在四月初客房部经理意外地发现自己部门的损益表中多出一项消毒柜五台的费用,客房部经理就开始纳闷了:究竟什么是固定资产?什么是费用?如何区分?客房经理又去财务咨询关于固定资产的问题……

课堂思考题:

① 客房经理预算案例给你什么启示?

② 从该案例介绍的情况看,你能否推断固定资产有哪些特征?

③ 你认为财务将费用划给客房部合理吗?你能接受这种做法吗?

④ 如果你是客房部经理,你会采取何种措施?

【任务执行】

一、旅游企业的固定资产及管理

(一)固定资产的概念

旅游企业从注册经营开设就必须与固定资产打交道,首要营业房、营业设备、交通工具等,这些都是我们常说的固定资产。旅游企业把它投入到经营过程中必然发生支出,因为这种支出不是在短期内就消失的,根据我国《旅游、饮食服务企业会计制度》的规定,凡是支出的效益与几个会计年度相关的,应作为资本性支出。固定资产的效益要长于一个会计年度,因此购置固定资产所发生的支出属于资本性支出,应予以资本化计入资产科目,然后再根据各项的受益程度将其逐步摊销转作费用。

作为固定资产一般具有哪些基本特征?固定资产一般具有以下一些特征:

(1)固定资产使用期限超过一年或长于一年的一个经营周期,且在使用过程中保持原有的物质形态不变。如汽车、房屋在使用过程中不可能变化形态,而且使用的时间一般超过一年甚至十几年。

(2)固定资产使用的寿命是有限的。虽然固定资产使用年限超过一年,但不是无限的,汽车使用到一定程度也需要报废的。

(3)固定资产是用于生产经营而不是为了出售的。如购进的固定资产不是自己使用,而是为出售,就不能作为固定资产处理,而只能是商品。

从上面阐述的内容可以得出旅游企业固定资产的概念,根据我国《旅游、饮食服务企业会计制度》规定,旅游企业固定资产的概念是:固定资产是使用年限在一年以上,单位价值在规定的标准以上,并且使用过程中保持原由的实物形态的资产,包括房屋、建筑物、机器设备、运输设备、家具设备、工具器械等。不属于生产经营主要设备的物品,单位价值在2 000元以上的,并且使用年限在两年以上的,也应当作为固定资产。未作为固定资产的工具、器具等应当作为低值易耗品来管理和核算。

从现在实际情况来看,虽然旅游企业会计制度对固定资产的标准做了具体的规定,但由于旅游企业的经营内容、经营规模等各不相同,固定资产的标准也不可能绝对一致,各旅游企业应根据制度中规定的固定资产标准结合各自的具体情况,制定适合本旅游企业实际情况的固定资产目录、分类方法、每类或每项固定资产的折旧年限、折旧方法来作为固定资产核算的标准。

(二)固定资产的分类

旅游企业的固定资产种类繁多,规格不一,为加强管理,便于组织会计核算,旅游企业有必要对固定资产进行合理的分类。根据不同的管理需要和核算要求以及不同的分类标准,可以对固定资产进行不同的分类,常见的固定资产分类方法有:

1. 按固定资产的经济用途分类

按固定资产的经济用途分类,可分为生产经营用固定资产和非生产经营用固定资产。

(1)生产经营用固定资产,是指直接服务于旅游企业生产经营过程的各种固定资产。如生产经营用的房屋、建筑物、机器、设备、器具、工具等。

(2)非生产经营用固定资产,是指不直接服务于生产、经营过程的各种固定资产。如职工宿舍、食堂、浴室、理发室等使用的房屋、设备和其他固定资产等。

按照固定资产的经济用途分类,可以归类反映和监督旅游企业经营用固定资产和非经营用固定资产之间,以及经营用各类固定资产之间的组成和变化情况,借以考核和分析旅游企业固定资产的利用情况,促使旅游企业合理地配备固定资产,充分发挥其效用。

2. 按固定资产使用情况分类

按固定资产使用情况分类,可分为使用中固定资产、未使用固定资产和不需用固定资产。

(1)使用中固定资产,是指正在使用中的生产经营用和非生产经营用固定资产。由于季节性经营或大修理等原因,暂时停止使用的固定资产仍属于旅游企业使用中的固定资产;旅游企业出租(指经营性租赁)给其他单位使用的固定资产和内部替换使用的固定资产也属于使用中的固定资产。

(2)未使用固定资产,是指已完工或已购建的尚未交付使用的新增固定资产以及因进行改建、扩建等原因暂停使用的固定资产。如旅游企业购建的尚待安装的固定资产、经营任务变更停止使用的固定资产等。

(3)不需用固定资产,是指本旅游企业多余或不适用,需要调配处理的固定资产。

按照固定资产使用情况分类,有利于反映旅游企业固定资产的使用情况及其比例关系,便于分析固定资产的利用效率,挖掘固定资产的使用潜力,促使旅游企业合理地使用固定资产,也便于合理计提固定资产折旧。

3. 综合分类

按固定资产的经济用途和使用情况等综合分类,可把旅游企业的固定资产分为七大类:

(1) 生产经营用固定资产;

(2) 非生产经营用固定资产;

(3) 租出固定资产(指在经营租赁方式下出租给外单位使用的固定资产);

(4) 不需用固定资产;

(5) 未使用固定资产;

(6) 土地(指过去已经估价单独入账的土地,因征地而支付的补偿费,应计入与土地有关的房屋、建筑物的价值内,不单独作为土地价值入账。旅游企业取得的土地使用权,不作为固定资产管理);

(7) 融资租入固定资产(指旅游企业以融资租赁方式租入的固定资产,在租赁期内,应视同自有固定资产进行管理)。

由于旅游企业的经营性质不同,经营规模各异,对固定资产的分类不可能完全一致,也没有必要强求统一,旅游企业可以根据各自的具体情况和经营管理、会计核算的需要进行必要的分类,编制本旅游企业的固定资产目录,作为固定资产核算的依据。

(三) 固定资产的计价

1. 固定资产的计价基础

固定资产的计价主要有两种方法:

(1) 按历史成本计价。历史成本亦称原始购置成本或原始价值,是指旅游企业购建某项固定资产达到预定可使用状态前所发生的一切合理、必要的支出。旅游企业新购建固定资产的计价、确定计提折旧的依据等均采用这种计价方法。其主要优点是具有客观性和可验证性,也就是说,按这种计价方法确定的价值,均是实际发生并有支付凭据的支出。正是由于这种计价方法具有客观性和可验证性的特点,它成为固定资产的基本计价标准。

(2) 按净值计价。固定资产净值也称为折余价值,是指固定资产原始价值减去已提折旧后的净额。它可以反映旅游企业实际占用在固定资产上的资金数额和固定资产的新旧程度。

2. 固定资产的价值构成

固定资产的价值构成是指固定资产价值所包括的范围。它包括旅游企业为购建某项固定资产达到预定可使用状态前所发生的一切合理、必要的支出。这些支出既有直接发生的,如固定资产的价款、运杂费、包装费和安装成本等,也有间接发生的,如应承担的借款利息、外币借款折合差额以及应分摊的其他间接费用等。

由于固定资产的来源渠道不同,其价值构成的具体内容也有所差异。

(1) 购置的不需要经过建造过程即可使用的固定资产,按实际支付的买价、包装费、运输费、安装成本、交纳的有关税金等,作为入账价值。外商投资旅游企业因采购国产设备而收到税务机关退还的增值税款,冲减固定资产的入账价值。

(2) 自行建造的固定资产,按建造该项资产达到预定可使用状态前所发生的全部支出,作为入账价值。

(3) 投资者投入的固定资产,按投资各方确认的价值,作为入账价值。

(4) 旅游企业通过融资租赁租入的

固定资产。

（5）在原有固定资产的基础上进行改建、扩建的，按原固定资产的账面价值，加上由于改建、扩建而使该项资产达到预定可使用状态前发生的支出，减去改建、扩建过程中发生的变价收入，作为入账价值。

（6）通过债务重组和非货币性交易方式取得的固定资产，入账价值的确定因核算内容较复杂这里也不作详细说明。

（7）接受捐赠的固定资产，应按以下方法确定其入账价值：

1）捐赠方提供了有关凭据的，按凭据上标明的金额加上应支付的相关税费，作为入账价值；

2）捐赠方没有提供有关凭据的，按如下顺序确定其入账价值：

①捐赠资产时有同类或类似固定资产存在市场价格的，按同类或类似固定资产的市场价格估计的金额，加上应支付的相关税费，作为入账价值。

②捐赠资产时有同类或类似固定资产不存在市场价格的，按该接受捐赠的固定资产的预计未来现金流量现值，作为入账价值。

3）如受赠的为旧的固定资产，按照上述方法确定的价值，减去按该项资产的新旧程度估计的价值损耗后的余额，作为入账价值；

（8）盘盈的固定资产，按同类或类似固定资产的市场价格，减去按该项资产的新旧程度估计的价值损耗后的余额，作为入账价值。

（9）经上级主管部门批准无偿调入的固定资产，按调出单位的账面价值加上发生的运输费、安装费等相关费用，作为入账价值。

（四）旅游企业的固定资产折旧

 案例导入

令人费解的折旧

在客房经理基本了解固定资产的定义、固定资产的计价和分类后，能够掌握自己部门的固定资产，但接下来的几个月中发现自己部门报表中在出现这样一个新的名词"固定资产折旧"时，客房经理又开始纳闷了：到底什么是固定资产折旧？固定资产折旧又怎么计算？固定资产折旧计算受哪些因素影响？哪些需要提固定资产折旧？哪些不需要提固定资产折旧？财务经理在当月的财务分析后，回答了客房经理的这些问题。请问如果你是客房部经理，你会采取何种措施？

1. 固定资产折旧的概念及其计提范围

（1）固定资产折旧的概念。从前面固定资产定义可以看出，固定资产的效益发挥的时间在一年或长于一年的一个会计年度，固定资产的服务潜力随着其使用时间而衰竭或消失。由于固定资产在使用过程中会逐渐丧失服务潜力，所以旅游企业必须在固定资产的有效期限内将固定资产的价值进行分期转移，作为折旧费用，计入各期成本费用。这不仅是为了收回投资，使其将来有能力重置固定资产，而且是为了把固定资产的成本分配于各个受益期，实现其收入与费用的正确配比。所谓折旧，就是固定资产在使用过程中，逐渐损耗（包括有形损耗和无形损耗）而转移到成本费用中的那部分价值。所谓折旧核算是一个成本费用分摊的过程，其目的在于将固定资产的购置成本按合理的方式，在它的估计有效期间内进行摊配。固定资产折旧计入成本费用的过程，实质上是固定资产价值逐步转移的过程。在这一过程中，旅游企业占用在固定资产形态上的资金由于固定资产价值的转移而减少，随着营业收入的实现，计入成本费用的折旧费，就从营业收入中得到了相应的补偿，并转化为货币资金，因此，固定资产折旧，即是对固定资产由于磨损和损耗而转移到产品成本或构成旅游企业费用的那一部分价值的补偿。

（2）计提固定资产折旧的范围。旅游企业固定资产类别很多，确定固定资产折旧的范围，有两种方法：一是要从空间范围上确定哪些固定资产应当提取折旧，哪些固定资产不应当提取折旧；二是要从时间范围上确定应提折旧的固定资产什么时间开始提取折旧，什么时间停止提取折旧。

旅游企业在用的固定资产（包括经营用固定资产、非经营用固定资产、租出固定资产等）一般均应计提折旧，具体范围包括：

①房屋和建筑物；
②在用的机器设备、仪器仪表、运输工具、工具器具；
③季节性停用、大修理停用的固定资产；
④融资租入和以经营租赁方式租出的固定资产。

已达到预定可使用状态的固定资产，在年度内办理竣工决算手续的，按照实际成本调整原来的暂估价值，并调整已计提的折旧额，作为调整当期的成本、费用处理。如果在年度内尚未办理竣工决算的，应当按照估计价值暂估入账，并计提折旧；待办理了竣工决算手续后，再按照实际成本调整原来的暂估价值，调整原已计提的折旧额，同时调整年初留存收益各项目。

旅游企业因更新改造等原因而调整固定资产价值的，应当根据调整后的价值，预计尚可使用年限和净残值，按旅游企业所选用的折旧方法计提折旧。

对于接受捐赠旧的固定资产，旅游企业应当按照确定的固定资产入账价值、预计尚可使用年限、预计净残值，以及旅游企业所选用的折旧方法计提折旧。

融资租入的固定资产，应当采用与自有应计折旧资产相一致的折旧政策。能够合理确定租赁期届满时将会取得租赁资产所有权的，应当在租赁资产尚可使用年限内计提折旧；无法合理确定租赁期届满时能够取得租赁资产所有权的，应当在租赁期与租赁资产尚可使用年限两者中较短的期间内计提折旧。

不计提折旧的固定资产包括：
①房屋、建筑物以外的未使用、不需用的固定资产；
②以经营租赁方式租入的固定资产；
③已提足折旧继续使用的固定资产；
④按规定单独估价作为固定资产入账的土地。

旅游企业在具体计提折旧时，一般应按月提取折旧，当月增加的固定资产，当月不计提折旧，从下月起计提折旧；当月减少的固定资产，当月照提折旧，从下月起不提折旧。固定资产提完折旧后，不论能否继续使用，均不再提取折旧；提前报废的固定资产，也不再补提折旧。所谓提足折旧，是指已经提足该项固定资产应提的折旧总额。应提的折旧总额为固定资产原价减去预计残值加上预计清理费用。

2. 影响固定资产折旧的因素

一般来说，影响固定资产折旧的因素主要有以下三个方面：一是折旧基数，二是固定资产净残值，三是固定资产的使用年限。

（1）折旧基数。计算固定资产折旧的基数一般为取得固定资产的原始成本，即固定资产的账面原价。对于已入账的固定资产，除发生下列情况外，不得任意变动：

①根据国家规定对固定资产进行重新估价；

②增加补充设备或改良设备；

③将固定资产的一部分拆除；

④根据实际价值调整原来的暂估价值；

⑤发现原记固定资产价值有错误。

（2）固定资产的净残值。固定资产的净残值是指预计的固定资产报废时可以收回的残余价值扣除预计清理费用后的数额，根据国家财务会计制度规定，固定资产净残值率应当按照不低于3%，不高于5%计算，但如果企业固定资产预计的净残值率高于或低于规定的比例，也可以由企业根据实际情况确定，但必须报批备案。

（3）折旧年限。固定资产折旧年限的长短直接影响到各期应提取的折旧额，《旅游、饮食服务旅游企业财务制度》对固定资产折旧年限作了具体规定，如下表2-6所示：

表2-6 旅游企业固定资产分类折旧年限

房屋及建筑物分类	
1. 房屋	
1) 营业用房	20年
2) 非营业用房	35年
3) 简易房	5年
注：非营业用房指不与营业用房连成一体的办公室、职工宿舍、招待所、职工食堂、浴室、理发室、托儿所、幼儿园等。	
2. 建筑物	10年
包括：水塔、蓄水池、水井、油罐、停车场、园林设施、围墙、室外游泳池、网球场、高尔夫球场等。	
机器设备分类	
1. 供电系统设备	15年
包括：变压器、高低压开关柜、发电机、充电机等。	
2. 供热系统设备	11年
包括：热水锅炉、热气锅炉、烤炉、管道等。	

续表

3. 中央空调系统设备	10 年
包括：制冷机（组）、冷却塔等。	
4. 通信设备	8 年
包括：程序控制电话、电传机、内部呼叫器及传呼机、手提电话等。	
5. 洗涤设备	5 年
包括：洗衣机、干（湿）洗机、平烫机等。	
6. 维修设备	10 年
包括：车床、电焊机、牛头刨床、万能测试台等。	
7. 厨房机具设备	5 年
包括：冰箱、冷柜、洗碗机、饺子机、和面机等。	
8. 电子计算机系统设备	6 年
包括：计算机、终端收款机（带电脑）等。	
9. 电梯	10 年
10. 相片冲印设备	8 年
11. 复印、打字设备	3 年
12. 其他机器设备	10 年
交通运输工具分类	
1. 客车	
1）大型客车（33 座以上）	8 年　30 万公里
2）中型客车（32 座以下）	8 年　30 万公里
3）小轿车	5 年　20 万公里
2. 行李车	7 年　30 万公里
3. 货车	12 年　50 万公里
4. 摩托车	5 年　5 万公里
家具设备分类	
1. 营业用家具	5 年
包括：床、沙发、写字台、会议桌、餐桌、橱柜、柜台、货架、美容设备、卫生设备等。	
2. 办公用设备	10 年
地毯分类	
1）纯毛地毯	5 年
2）混织地毯	3 年
3）化纤地毯	3 年

续表

电器及影视设备分类	
1. 闭路电视播放设备	10 年
2. 音响设备	5 年
3. 电视机	5 年
4. 电冰箱	5 年
5. 空调器	
柜式	5 年
窗式	3 年
6. 电影放映机	10 年
7. 照相机	10 年
8. 其他电器设备	5 年
文体娱乐设备分类	
1. 高级乐器	10 年
包括：钢琴、手风琴、风琴、电子琴、高级管弦乐器等。	
2. 游乐场设备	5 年
3. 健身房设备	5 年
4. 工艺摆设	10 年
包括：高级屏风、高级工艺品。	
5. 消防设备	10 年

根据有关规定："旅游企业应当根据固定资产的性质和消耗方式,合理地确定固定资产的预计使用年限和预计净残值,并根据经济发展、环境及其他因素,选择符合本企业的固定资产折旧方法,按照管理权限,经股东大会或董事会,或经理会议或类似机构批准,作为计提折旧的依据。"旅游企业对固定资产折旧的处理参照以上执行,同时按照法律、行政法规的规定报送有关各方备案,并备置于旅游企业所在地,以供投资者等有关各方查阅。旅游企业已经确定并对外报送,或备置于旅游企业所在地的有关固定资产预计使用年限和预计净残值、折旧方法等,一经确定不得随意变更,如需变更,仍然应按上述程序,经批准后报送有关各方备案,并在会计报表附注中予以说明。

3. 计算固定资产折旧的方法

旅游企业可以选择年限平均法、工作量法、年数总和法、双倍余额递减法等方法计提固定资产折旧。折旧方法一经确定,不得随意变更。如需变更,应按照上述程序,经批准后报送有关各方备案,并在会计报表附注中予以说明。下面介绍几种具体的计提方法：

（1）年限平均法。使用年限法又称直线法,是将固定资产的折旧额均衡地分摊到固定资产预计使用寿命内的一种方法。采用这种方法计算的每期折旧额均是等额的。其计算公式如下：

年折旧率＝(1－预计净残值率)/预计使用年限×100％

月折旧率＝年折旧率÷12

月折旧额＝固定资产原价×月折旧率

上述折旧率是按个别固定资产单独计算的，称为个别折旧率，即某项固定资产在一定期间的折旧额与该项固定资产原价的比率。此外，还有分类折旧率和综合折旧率。

分类折旧率是指固定资产分类折旧额与该类固定资产原价的比率，采用这种方法，应先把性质、结构和使用年限接近的固定资产归为一类，再按类计算平均折旧率，用该类折旧率对该类固定资产计提折旧。如将房屋建筑物划分为一类，将机械设备划分为一类等。分类折旧率的计算公式如下：

某类固定资产分类折旧率＝某类固定资产分类折旧额之和/该类固定资产原价之和×100%

采用分类折旧率计算固定资产折旧，其优点是计算方法简单，但准确性不如个别折旧率。

综合折旧率是指某一期间旅游企业全部固定资产折旧额与全部固定资产原价的比率。计算公式如下：

固定资产综合折旧率＝各项固定资产折旧额之和/各项固定资产原价之和×100%

与采用个别折旧率和分类折旧率计算固定资产折旧相比，采用综合折旧率计算固定资产折旧，其计算结果的准确性较差。

案例分析

某旅游企业一套洗涤设备原值50 000元，规定净残值率为3%，可使用年限为8年。请用使用年限法计算年折旧额。

年折旧额＝50 000×(1－3%)÷8＝6 062.5(元)

（2）工作量法。工作量法是根据实际工作量计提折旧额的一种方法，其计算公式为：

每一工作量折旧额＝固定资产原价×(1－残值率)/预计总工作量

某项固定资产月折旧额＝该项固定资产当月工作量×每一工作量折旧额

（3）双倍余额递减法。双倍余额递减法和年数总和法，是常用的加速折旧方法。其特点是固定资产使用前期提取折旧多，使用后期提取折旧逐年减少，以使固定资产成本在有效使用年限中加快得到补偿。

双倍余额递减法是在不考虑固定资产残值的情况下，根据每期期初固定资产账面净值和双倍的直线法折旧率计算固定资产折旧的一种方法。计算公式为：

年折旧率＝2/预计的折旧年限×100%

月折旧率＝年折旧率÷12

月折旧额＝固定资产账面净值×月折旧率

旅游企业在选用双倍余额递减法计提折旧时，固定资产的残值不能从其价值中抵减。因此，每年计提的固定资产折旧额是用两倍与直线法的折旧率去乘固定资产的账面净值。由于只要该项固定资产仍使用，则其账面净值就不可能被冲销完毕,因此,在固定资产使用的后期,如果发现使用双倍余额递减法计算的折旧额小于采用直线法计算的折旧额时,就应该改用直线法计提折旧。为了操作方便,实行双倍余额递减法计提折旧的固定资产,应当在固定资产折旧年限到期以前两年内,将固定资产账面净值扣除预计净残值后的余额平均摊销。

案例分析

某旅游企业机器设备一台原值40 000元,预计使用年限为5年,净残值率为3%。请用双倍余额递减法计算其年折旧率及各年折旧额。

年折旧率=2÷5×100%=40%
第一年折旧额=40 000×40%=16 000(元)
期末账面净值=40 000-16 000=24 000(元)
第二年折旧额=24 000×40%=9 600(元)
期末账面净值=24 000-9 600=14 400(元)
第三年折旧额=14 400×40%=5 760(元)
期末账面净值=14 400-5 760=8 640(元)
第四年折旧额=(8 640-40 000×3%)÷2=3 720(元)
第五年折旧额=3 720(元)

(4)年数总和法。又称为合计年限法,这种方法将固定资产原值减去预计净残值后的净额乘以一个逐年递减的分数计算每年的折旧额,这个分数的分子代表固定资产尚可使用的年数,分母代表使用年数的逐年数字总和。其计算公式如下:

年折旧率=(预计使用年限-已使用年限)/[(预计使用年限×(预计使用年限+1)/2)]×100%

年折旧额=(固定资产原值-预计净残值)×年折旧率

月折旧率=年折旧率÷12

月折旧额=(固定资产原价-预计净残值)×月折旧率

案例分析

某企业营业用机器一台,原价格40 000元,预计净残值1 000元,预计使用年限为5年。请用使用年限法计算各年计提折旧额。

年限总和=1+2+3+4+5=15
各年计提折旧总额=40 000-1 000=39 000(元)
第一年计提折旧额=39 000×5/15=13 000(元)
第二年计提折旧额=39 000×4/15=10 400(元)
第三年计提折旧额=39 000×3/15=7 800(元)
第四年计提折旧额=39 000×2/15=5 200(元)
第五年计提折旧额=39 000×1/15=2 600(元)

（五）旅游企业固定资产的取得、出售、报废的管理

1. 固定资产的取得

旅游企业固定资产的取得有多种多样，诸如投资者投入、购入、融资租入、自建改扩建、接受捐赠和盘盈等。为了反映和监督各项固定资产的增减变动，认真管好、用好固定资产，必须建立和健全固定资产的明细核算。

设置和科学管理固定资产，是健全固定资产明细核算的重要一环。旅游企业必须为每一项固定资产设置卡片，详细载明有关固定资产资料，加强管理和监督。

固定资产卡片通常是一式三份：一份由固定资产管理部门统一保管，在卡片箱内按固定资产的使用部门、单位和类别有次序地存放，以全面掌握各使用部门、单位和各类固定资产的增减结存数量；一份交固定资产使用部门或单位按类别有序存放，以便经常核对账物；一份交财会部门按固定资产的类别和使用部门或单位有序存放，作为财务部门的固定资产明细账。旅游企业新增一项固定资产，应根据有关交接凭单开设一张卡片，并在有关栏内进行详细记录；旅游企业经批准调出或报废固定资产，应根据有关凭证将卡片注销，另行归档保管。一定要做到有物必有卡，有卡必有物，保证固定资产"档案"的真实和完整。

旅游企业的财会部门为了汇总反映各项固定资产的增减变动和结存情况，并对固定资产卡片起控制作用，还可按大类设置"固定资产登记簿"，按固定资产的明细类别开设账页；并按保管与使用的部门单位分设专栏，根据固定资产增减变动的有关凭证序时登记其金额。

财会部门应与固定资产的管理者及使用部门、单位密切配合，协同搞好固定资产明细核算，并定期进行账、物核对，保证账账相符、账实相符。

2. 固定资产的出售、报废、毁损及盘亏

旅游企业购置的固定资产是为本旅游企业经营使用的，但对那些不适用或不需用的固定资产，旅游企业可以出售转让；旅游企业固定资产由于使用而不断磨损直到最终报废（如表2-7）；旅游企业由于遭受自然灾害等非常损失会发生毁损；旅游企业在对固定资产进行盘点时可能出现盘亏。这些都将导致使固定资产减少。

《旅游、饮食服务企业财务制度》规定，旅游企业出售或清理报废固定资产变价收入、残料价值减清理费用后的净额与固定资产净值的差额，计入营业外收入或者营业外支出。盘亏及毁损的固定资产按照原价扣除累计折旧、过失人及保险公司赔款后的差额计入营业外支出。

依照《旅游、饮食服务企业会计制度》中规定，旅游企业会计核算应设置"固定资产清理"科目，核算旅游企业因出售、报废、毁损等原因减少的固定资产。"固定资产清理"科目是一个对比账户，它核算旅游企业因出售、报废和毁损等原因转入清理的固定资产净值以及在清理过程中所发生的清理费用和清理收入，其借方反映转入清理的固定资产的原价和发生的清理费用，贷方反映清理固定资产的变价收入和应由保险公司或过失人承担的损失等。

表2-7 固定资产报废清理单

年　月　日

名　称	编号	规格型号	单位	数量	预计使用年限	已使用年限	原值	已提折旧	备注
固定资产使用及报废原因：									
意见									

二、旅游企业的无形资产及管理

案例导入

麦当劳是世界上最大的餐饮集团，开设有麦当劳的国家和地区超过了联合国的席位。截至2012年，在中国麦当劳有分店2 000家，品牌价值为951.88亿美元，位居世界第四（前三都是科技公司，如苹果、IBM、谷歌）。随着麦当劳的大黄金拱门的深入人心，从牙牙学语的幼儿到白发老人对麦当劳都耳熟能详，越来越多的人也开始思考麦当劳能够走近这么多人的原因。麦当劳的配方、管理模式，尤其是它如何以其最引以为豪的特许经营方式成功地实现了异域市场拓展、国际化经营，受到了人们的广泛关注。麦当劳是一个成功的企业管理的案例，尤其是其品牌价值的管理，值得我们学习。

①根据我们对麦当劳的了解，麦当劳的品牌价值为什么会这么高？它主要包括哪些内容？

②麦当劳企业的无形资产包括哪些？

③企业里的无形资产价值是怎么计算出来的？

④如果你是客房部经理，你会采取何种措施？

（一）无形资产的概念及特点

无形资产是指没有实物形态，但却可以使拥有者获得长期收益的资产。或者说无形资产是指企业长期使用而没有实物形态的资产。

无形资产除了具有单位价值高，使用期限长，周转速度慢，其价值在较长的使用期限内逐步转移、分次收回等与固定资产相同的特点外，还有它自身的特点，主要表现在以下六个方面。

1. 无形资产不具有实物形态

无形资产所表现的是一种权力或获利超额利润的能力，它没有实物形态，却具有价值，或者能够使企业获得高于同行业平均的盈利能力。它虽然可以买卖，但它看不见摸不着，它以某种特有技术知识和权利形式存在，如专利权、商标权。

2. 无形资产能在较长的时期内使企业获得经济效益

无形资产能供企业长期使用，从而使企业长期受益，因此属于一项长期资产，企业为取得无形资产所发生的支出，属于资本性支出。

3. 持有无形资产的目的是使用

企业持有无形资产的目的是用于生产商品或提供劳务,出租给他人,或为了行政管理,而不是为了对外销售。无形资产一旦脱离了生产经营活动,就失去了其经济价值。

4. 无形资产所提供的经济利益具有不确定性

无形资产的经济价值很大程度上受到市场需求、竞争、地理条件的变化和其他经济因素的影响,其预期获利能力难以准确地予以确定。例如,某种专利权,企业在自创时估计有10年寿命,但在第6年,随着技术市场上有更先进的专利替代,那么该项专利权的经济价值也就此终结,由该项专利权可望带来的经济效益也随之告终。

5. 无形资产的经济价值与其成本之间无直接因果关系

企业获取无形资产的成本不能代表其经济价值。在实际工作中,往往有些无形资产取得成本较低,却能给企业带来较高的经济效益;而有些无形资产取得成本较高,却仅能给企业带来较低的经济效益。

6. 无形资产是有偿取得的

只有企业发生成本而取得的无形资产才能计价入账,否则,即使具有无形资产的性质,但也不能作为无形资产计价入账。

(二)无形资产的分类

按照不同标准,可以对无形资产进行不同的分类。

1. 按期限划分为有限期无形资产和无限期无形资产

有限期无形资产是指有效期为法律所规定的无形资产,如专利权、商标权等。我国的专利法和商标法分别规定,发明专利权有效期15年,注册商标使用权为10年。

无限期无形资产是指有效期限在法律上并无规定的无形资产,如商誉。

2. 按存在形态分为技术型无形资产和非技术型无形资产

技术型无形资产是指含有技术内容的无形资产,主要指专利、工业版权和专有技术。技术型无形资产带来的新增收益受资产本身的技术先进性、垄断性、成熟程度、受法律保护程度及保密性的影响。

非技术型无形资产是指相对于技术型无形资产而言,它包括商标、商誉、著作权、租赁权和特许权等,它们是法律认可的、权利型的、非实物型的资产。

3. 按可否辨认划分为可辨认无形资产和不可辨认无形资产

不可辨认无形资产主要是商誉,它是由企业素质、管理水平以及经营历史等因素综合决定,并通过超额利润来反映,因而只能通过整体评价来估价。

可辨认无形资产包括知识产权类(专利、商标、版权、计算机软件、服务商标、厂商名称等)、专有技术类(技术诀窍、商业秘密等)。

(三)无形资产的计价标准

旅游企业取得的无形资产应按照实际成本计价入账,具体来说:

(1)投资者作为资本或者合作条件投入的无形资产,按评估确认或合同、协议约定的金额计价;

(2)购入无形资产,按实际支出的价款计价;

(3)自行开发的按照法律认可的无

形资产,按开发过程中实际支出计价;

(4)接受捐赠的无形资产,应按所附单据或参照同类无形资产市场价值计价。

上述无形资产在计价时必须具备相关的详细资料,包括所有权证书复印件,计价的依据和标准等,其中非专利技术和商誉的计价应有法定评估机构评估确认。除企业合并外,商誉不得作价入账。

(四)无形资产计价方法

1. 实际成本法

这种方法是以取得时实际成本计价,适用于外购、自创等无形资产。

2. 现值法

这种方法是以无形资产在适用期内可获得的收入或支出该项无形资产所用费用总额的现值。而现值是指对未来现金流量以恰当的折现率进行折现后的价值。财务分析时常用到现值系数表,可直接通过折现率和年份查到对应的系数,习惯用(P/A,i,n)来表示。

案例分析

某旅游企业占用土地10 000平方米,当地土地使用费标准为80元/平方米,该贴现率10%,土地使用期为30年,则该土地使用权为:

土地使用权价值=10 000×80×(P/A,10%,30)
=10 000×80×9.426 9=7 541 520(元)

3. 残值法

即先把一切无形资产和负债项目,以及可辨认的无形资产项目都用现值计价,然后将总购价减去各项资产的现行价值总额。其差额即为残值,主要适用于商誉计价。

案例分析

某旅游企业以1 000万元的价值购入某企业的全部股份,其资产和负债均按现行价值确认,该企业的净资产总额为800万元,则该企业的商誉为:

商誉=1 000-800=200(万元)

(五)无形资产的摊销

无形资产计价入账后,应自无形资产开始使用之日起,在有效期限内平均摊销,计入管理费用。无形资产摊销一般采用直线法。

1. 无形资产摊销期限

(1)法律和合同分别规定有法定有效期和使用年限的,按法定有效期限与合同规定的使用年限长短的原则确定;

(2)法律无规定有效期限,但合同中规定有收益年限的,按合同规定的收益年限确定;

(3)法律和合同均未规定有效期限和受益年限的,按合同规定的受益期限确定;

(4)受益期限难以预计的,按不短于10年的期限确定。

2. 无形资产摊销方法

无形资产一般采用直线法分期等额摊销,摊销后直接冲减无形资产原值。其计算公式为:

$$年摊销额 = \frac{无形资产原始价值}{摊销年限}$$

案例分析

某旅游企业收到一项专利投资，价值40万元，预计有效期为8年。

年摊销额＝40/8＝5（万元）

月摊销额＝50 000/12＝4 166.67（元）

（六）无形资产的转让

旅游企业向外单位转让已入账无形资产，通常可以有两种方式。

（1）转让其所有权。转让无形资产的所有权时，其转让成本按无形资产的账面摊余值计算；

（2）转让无形资产的使用权时，由于企业仍保留其所有权，会计一般不冲销无形资产的账面金额，其转让成本按合同规定的义务发生时所产生的费用给予确定。

无形资产转让收入直接计入"营业收入－其他收入"。

【任务拓展】

可口可乐公司的品牌价值

美国可口可乐公司老板曾夸下海口，说即使公司在一夜间被大火吞没，第二天，仍会有众多大银行争着为其贷款。这话听起来近似天方夜谭，其实，能夸此海口的可口可乐公司老板和他说的能争先恐后为其贷款的各大银行都清楚：被大火烧毁的可口可乐公司还有价值800亿美元的商标、价值550万美元的外包装瓶的设计专利、谁都无法说清其价值的可口可乐饮料的配方以及提到无形资产人们就无比信任的商誉价值。大火烧毁的只是可口可乐的厂房、设备等有形资产，而对商标、专利、配方等无形资产，大火是无法烧毁的。既然那些无形资产还存在，各大银行又为何不抢先为其贷款呢？

据说到目前为止，百年前可口可乐公司小徒弟为了支应顾客而胡乱配出的配方，仍然像当初那样对全世界都是个谜。人们千方百计想揭开这个谜。可口可乐公司深知自己的技术秘密一旦泄露，且不问这技术中真正可称为秘密的成分有多少，单说这配方一旦公开，失去对世界的诱惑，即使其中确有惊人的秘密存在，也会因其被众多人知晓而使人们对其失去热情，这无疑会影响到可口可乐的市场份额。所以，只要千方百计保护好自己的技术秘密，就会是可口可乐公司不竭的财源。

于是可口可乐公司规定：技术配方存放在瑞士银行的地下金库里，由两个人共同掌管保险箱的钥匙，必须两个人同时在场才能将保险箱打开，因为保险箱上有两把锁。可口可乐公司规定：保管技术秘密的两个人不得同时出差，不得同搭一架飞机，不能同乘一艘轮船，不得同坐一部汽车，甚至不能同桌吃饭。

为什么？为了可口可乐无形资产的安全。

这么多的"不许"更营造了可口可乐饮料技术配方的神秘，也使其在世界饮料市场上更加神秘。所以，现在地球上任何一个有人群的地方都可以见到可口可乐。世界各地数以千计的可口可乐饮料厂至今只能从总部得到可口可乐原液。各地的可口可乐饮料厂充其量不过是美国可口可乐公司总部的罐装厂。可口可乐饮料历经百年仍魅力不减，或许已经让经济界人士，让我们的众多企业家感到了无形资产的巨大诱惑力,当然,更包括我们应当重视对无形资产的培育和认识。

当我们今天也开始迷恋有股子怪味儿的可口可乐,且以迷恋这种饮料为时髦时,不能不为美国人视自己的技术秘密如生命的做法折服。因为那是他们的永远的财富。

【任务反馈】

既然有很多种固定资产计提折旧的方法,那么到底哪种方法是最好或者说是最科学的呢?

释疑:固定资产计提折旧的几种方法是基于不同情形固定资产损耗方式的一种假设,没有最好、最恰当一说,在不同的情况下适用不同的折旧方法。对于很多旅游企业来说,为避免在计税时与税法规定不同而造成的麻烦,大多选择了年限平均法这种税法规定的折旧方法。

任务三 分析旅游企业的成本与费用

【任务目标】

对于旅游企业来说,成本控制是与市场营销同等重要的另一大任务,因此在学生了解了旅游企业会计的基本语言以及旅游企业各类资产的基础上,本任务需要学生熟悉旅游企业的成本及费用种类,并能够分析旅游企业成本费用失控的原因,掌握成本费用控制的基本方法。

【案例聚焦】

一家四星级的商务饭店,一度客房部酒水成本居高不下,每月都要超出店方规定的2至3个百分点,特别是5月,饭店实行酒水检查放宽政策后,每月酒水成本更是高得惊人。所谓放宽政策,就是为了减少客人在前台结账等候时间,以询问客人方式了解酒水消费情况,即按客人述说使用情况为依据的。有的时候,楼层服务员在客人走后又报客人有酒水消费情况,一旦出现差异,就由大堂经理负责签单处理,应该说差异是有限的,因为大多数客人都是可信赖的,这是一家四星级商务型饭店,入住客人大多数是商务客人,也有一定层次,客人很少为了一两个酒水不报而丢了面子。况且这家饭店价格合理,地点优越,吸引了70%的回头客,大多数客人还要回来住,很少为了这点小事而下次再找麻烦。然而有一段时间,酒水差异越来越大,连客房酒水也出现了差异,不断有客人投诉,反映酒水费用不对。客房部经理经过认真调查,发现有偷拿酒水问题,在对楼层的一次检查当中,发现在管道井内及服务间天花板上,均发现未被饮用的酒水,而且数量惊人。客房部经理开始寻找答案,要着手解决酒水成本控制问题。

【任务执行】

一、旅游企业成本费用的概念和分类

(一)旅游企业成本的含义及分类

成本,是指企业为生产产品、提供劳务而发生的各种耗费,是生产费用对象化形成的。旅游企业的营业成本是指经营过程中所发生的各项直接支出,就是主营业务的经营成本。它包括直接材

料、代收代付费用、商品进价成本和其他直接费用四项。

1. 直接材料

直接材料对于不同的企业具有不同内容。对于饭店餐饮来说，成本包括蔬菜、生鲜、水果、调料、燃料、人工等等；对于饭店客房来说，成本包括其耗用的布草、清洁剂、一次性用品等等。

2. 代收代付费用

旅行社已将代收代付费用计入营业收入总额，但属于代收代付的有关费用是直接用于旅游者的，应作为企业的直接支出，计入营业成本。这部分内容较多，具体包括：

（1）为旅游者支付的房费、夜房费、房差费、退房费。

（2）为旅游者支付的餐费、风味餐费、餐费损失费、游览途中饮料费等。

（3）为旅游者支付的市内和市郊车船费、超公里费、游江费、游湖费等。

（4）旅游者观看文艺节目、参加娱乐活动而支付给文化或其他部门的费用。

（5）旅游者托收和搬运行李而支付给交通部门或其他部门的费用。

（6）旅游者参观工厂、学校等支付的费用。

（7）支付给交通部门的订票手续费、包车费、退票损失费等。

（8）旅游者参观风景旅游点所支付的费用。

（9）为海外旅游者代办签证所支付的费用。

（10）借调聘用翻译导游人员的劳务报酬。

（11）按规定上缴旅游主管部门的宣传费。

（12）为旅游者支付的人身保险费用。

（13）为旅游者支付的机场费用。

（14）客房所产生的提供客人宽带上网、电话通讯、传真复印等服务成本。

3. 商品进价成本

商品的进价成本根据商品来源不同可分为国内购进商品进价成本和国外购进商品进价成本。国内购进商品进价成本是指其进货原价。国外购进商品进价成本一般包括两部分：

（1）国外购进商品进价，即到岸价（成本加运费、保险费）作为计价原价；

（2）进口商品在进口环节缴纳的税金。如果进口商品是委托外贸部门代理进口的，其进价成本还应包括支付给外贸部门的手续费。

4. 其他直接费用

其他直接费用是指除以上三种支出外的其他直接支出，如企业出售无形资产、出售除商品以外的存货的实际成本。

（二）旅游企业费用的含义及分类

费用，是指企业为销售商品、提供劳务等日常活动所发生的经济利益的流出。旅游企业的费用按照经济用途主要是期间费用，包括销售费用、管理费用、财务费用。

1. 销售费用

销售费用是用来核算企业销售商品和材料、提供劳务的过程中发生的各种费用，包括保险费、包装费、展览费和广告费、商品维修费、预计产品质量保证损失费、运输费、装卸费等以及为销售本企业商品而专设的销售机构（含销售网点、售后服务网点等）的职工薪酬、业务费、折旧费等经营费用。企业发生的与专设销售机构相关的固定资产修理费用等后续支出，也在本科目核算。

例如，饭店经营项目比较多，为了加强业务管理，饭店设置不同职能部门，销售费用也由此分解落实到相关职能部门。如：房务部（有些饭店是分开，设前厅部、客房部）、餐饮部、康乐部、商场部、销售部、工程部等营业部门，还有总经理办公室、人保部（有的饭店是分开，设人事部、保安部）、财务部等综合管理部门。

（1）房务部的销售费用，包括鲜花费、运输费、燃料费、水电费、邮电费、差旅费、洗涤费、清洁卫生费、低值易耗品摊销费、物料消耗费、客用品费、佣金、职工工资（含奖金、津贴和补贴）、职工福利费、工作餐费、服装费以及其他。

（2）餐饮部的销售费用，包括鲜花费、煤气费、运输费、燃料费、水电费、邮电费、差旅费、洗涤费、清洁卫生费、低值易耗品摊销费、物料消耗费、客用品费、产品推广费、职工工资（含奖金、津贴和补贴）、职工福利费、工作餐费、服装费以及其他。

（3）康乐部的销售费用，包括燃料费、水电费、邮电费、差旅费、洗涤费、清洁卫生费、低值易耗品摊销费、物料消耗费、客用品费、器具保养费、职工工资（含奖金、津贴和补贴）、职工福利费、工作餐费、服装费以及其他。

（4）商场部的销售费用，包括运输费、装卸费、包装费、燃料费、水电费、邮电费、差旅费、洗涤费、清洁卫生费、低值易耗品摊销费、物料消耗费、客用品费、职工工资（含奖金、津贴和补贴）、职工福利费、工作餐费、服装费以及其他。

（5）工程部的销售费用，包括运输费、燃料费、水电费、邮电费、差旅费、洗涤费、清洁卫生费、低值易耗品摊销费、物料消耗费、配品配件费、保养费、职工工资（含奖金、津贴和补贴）、职工福利费、工作餐费、服装费以及其他。

2. 管理费用

管理费用是指企业行政管理部门为了组织和管理生产经营活动所发生的费用。具体项目包括：行政企业在筹建期间内发生的开办费、董事会和行政管理部门在企业的经营管理中发生的或者由企业统一负担的公司经费（包括行政管理部门职工工资及福利费、物料消耗费、低值易耗品摊销费、办公费和差旅费等）、工会经费、董事会费（包括董事会成员津贴、会议费和差旅费等）、聘请中介机构费、咨询费（含顾问费）、诉讼费、业务招待费、房产税、车船使用税、土地使用税、印花税、技术转让费、矿产资源补偿费、研究费用、排污费等。在一个规模比较大的企业，销售费用和管理费用划分起来比较容易。但如果企业的规模比较小，则人员划分比较困难，经常会出现销售费用、管理费用相互交叉的问题。

3. 财务费用

财务费用是指企业为筹集生产经营所需资金等而发生的费用。具体包括：

（1）利息支出。它是指支付的短期借款利息、长期借款利息（在固定资产工程竣工决算并验收使用后发生的）、应付票据利息、票据贴现利息、应付债券利息、长期应付引进国外设备款利息等利息支出减去银行存款等的利息收入后的净额。

（2）汇兑损失。它是指企业因向银

行结售或购入外汇而产生的银行买入、卖出价与记账所采用汇率之间的差额，以及各会计期末，各种外币账户的外币期末余额，按照期末规定汇率折合的记账人民币金额与原账面人民币金额之间的差额等。

（3）相关手续费。它是指企业发行债券所需支付的手续费（需资本化的手续费除外）、开出汇票的银行手续费、调剂外汇手续费等，但不包括发行股票所支付的有关机构的手续费。

（4）其他财务费用。它是指不属于以上三个项目的其他财务费用，如融资租入固定资产发生的融资租赁费用等。

二、旅游企业成本费用失控分析

以旅游企业中的饭店业为例，成本费用主要是在提供各种劳务服务和菜肴制作等环节方面的各项支出。所谓提供劳务服务是指当客人接受预订开始，饭店派车到机场迎接客人，到达饭店办理入住手续，送客人进房，客房配备各类用品，满足客人上网、洗衣、健身、娱乐、用餐、用客房小冰箱、梳洗、会客等各种需求的设施设备耗费，直到客人离店为止，周而复始循环进行。这过程中所提供的物品和服务，即是成本费用的耗费。应该讲饭店各个岗位之间都有相应的流程与制度，但在实际操作中，往往会有意与无意发生偏差。造成成本费用失控的原因可以分为内在因素和外在因素。

（一）成本费用失控的内在因素

旅游企业经过改革开放三十多年洗礼，特别是八十年代中期外资饭店管理集团纷纷进入，使人们对怎样做好对客服务有了深刻促动，特别是逐步加深对外方管理公司一整套严谨、周密的工作流程、岗位责任制以及管理制度的认识。正是外资饭店管理公司的到来，极大地促进了中国饭店业的变革，饭店不但在硬件上加大投入，个性化也正成为饭店发展的趋势；而且软件方面正在不断改善，员工职业素质逐步提高。但目前饭店发展还存在不平衡，沿海城市好于内陆城市、大城市好于中小城市、外资饭店好于中资饭店、高星级饭店好于低星级饭店。造成成本费用失控的内在因素，主要是制度、管理方面的原因。具体表现在：

1. 缺少制度

制度建设是企业赖以生存的根本要件。如果说一个餐厅或旅店，老板只要坐镇收银处，指挥着属下可进行工作；如果说有一定规模的民营餐厅或饭店，仍沿用上述方法，除非本身营业比较清淡外，否则，他定会前场、后场疲于奔命。因为各项物品采购要听他的命令，厨房用具短缺、材料断档要等他指令，员工服务不规范要看他的眼色，勤杂工一会儿忙这一会儿忙那，要听他使唤，大家既怕冒进，又怕被说偷懒。所以当老板有事外出，或生病不能到现场，那混乱场景似炸了锅，员工工作迷失了方向。如上现象存在的问题主要反映在以下几个方面：

（1）企业的"一言堂"。现在的一些民营企业靠着勤奋和机遇，淘到了经营业务的第一桶金，大多数人选择扩大店面，寻求更大发展。人多了，店也大了，但老板仍按其老规矩办事，顾此失彼的事时有发生，朝令夕改使员工无所适从。由于缺少统一的制度，员工只要迎合老板,无理也变得有理。个人意志代替企业制度,长此以往企业必定人心涣散,损耗浪费严重,以及员工产生消极怠工现象。企业不是不需要强权领导,而是"一言堂"的管理往往是考虑问题不全面,解决某一问题进而引发另一问题。强权有时甚至是武断的代名词。

（2）囫囵吞枣、照搬照抄。现在有些企业管理者比较缺乏深入、踏实的工作作风,而是盲目照搬他人的经验和做法,这犹如穿他人的鞋不合脚一样。别人的成功经验理应抱着虚心学习的态度,但学习也要讲究一个方法,就是要结合自身实际取人之长补己之短,而不是简单的全盘照抄照搬。每个企业都有其所长,也有其所短,企业之所以成功,应是长期培育、不断完善的结果,另外成功也有其天时地利人和等诸多因素。如果旅游企业只是依葫画瓢的话,成功则是偶遇,失败将是必然。

（3）企业盲目连锁扩张,制度设计跟不上发展。现实生活中有许多快速发展而倒闭的连锁企业。现在经济型连锁酒店扩张势头很猛,就像前一段时期大型超市挨着开,没过两年关的关,停的停。还有各种带"羊"字的火锅连锁店,一排排开、一排排关。企业要发展,管理要跟上,而管理中的人,更为重要,企业制定的制度要让新人了解、熟悉;新的制度需要管理人员去整理、去健全。在条件未成熟的情况下盲目推进,往往事与愿违,功亏一篑。因此,旅游企业的持续发展既要看准时机,也要卧薪尝胆,做好人才的储备。

制度建设企业经营是这样,成本费用管理更是如此。上述案例表明企业"没有规矩不成方圆"、企业发展"欲速则不达"、企业"成功往往眷顾有准备的人",这些耳熟能详的俗语告诉人们一个真谛:企业通过制度去管理人、通过制度去约束人、通过制度去凝聚人,做到在制度面前人人平等,才能真正走得长远。

2. 缺少监控

企业因经营需要而设置不同岗位,再因岗位特性去招聘合适的员工,在其位谋其职。企业岗位的设计是围绕生产经营,他们既相对独立,又相互联系互为配合,同时实行有效制衡。例如,在营业收入管理方面,饭店设收银员、设夜间审核、设营业审核、设总出纳、设信贷部经理,不同的岗位、不同的职责,可谓一环扣一环来保证营业收入的日清月结,完整无误。同样在成本费用管理方面,饭店通过使用部门提出申请,采购部门市场询价,成本核算部门进行核价,仓库部门验收保管,财务总监按需审批,最后总经理核准实施。整个过程职责分明,保证饭店经营有序进行。

但在企业实际工作中,环节有时因人为因素执行中会有偏差。例如,厨师长经常参与水产、冻品以及大宗物品采购;总工程师常常有意无意地参与材料配件供应商的确定;公关策划主管有时自行指定供应商等。部门参与采购的优点在于:增加物品采供供应商渠道;避免物品在等级、规格方面差错;便于急事急办。部门参与采购的缺点主要有:缺少有效监督,因为物品既是部门提出申购而确定供应商,之后物品又是部门在验收;容易滋生弊端,如果自律性较差的话,以次充好,混淆规格事情就容易发生。

3. 缺少核算

饭店成本费用管理是由其营业特质所决定的,不论是客房,还是餐饮,它平时都是按需领用物品,到月末盘点已领用未使用的物品,来计算当月实际成本费用。由于入住饭店的客人情况各不相同,所以放在客房的各种梳洗用品和赠饮品使用也不尽相同,有些客人使用比较少,客房用品添置也就少些;有的客人则不然,不但在用,离店时还把未用的物品带走,这样客房用品添置相应就多些。客人使用的不确定性,使得客房部门怕断档,在物品领用上,主观方面也就想多备一些。当期成本费用就容易发生偏差,譬如:

(1) 月末部门各类用品存货多寡将影响当期销售费用的高与低;

(2) 部门定期盘点核数是否遗漏,关系到当月成本费用的准确;

(3) 部门管理上的严格与疏失,如员工私拿客房用品自己在用,影响当月房务费用虽小,但对饭店的危害严重。

(4) 月末客房、餐饮、健身、康乐的核数盘点看似一件很平常的工作,但往往部门的重视程度是不够的。

4. 缺少分析

成本费用分析是指对财务会计报表中的成本费用实际数与预算数或上一年同期实际数进行比较、分析、评价,以揭示企业经营的成本状况。目前定期成本费用分析是饭店管理的软肋,原因一个因部门或个人利益不愿做分析,另一个因工作不深入无法做分析。具体表现在:

(1) 营业部门没有经营耗费分析的意识,认为每天工作都比较忙,没空去做分析;

(2) 定期成本费用分析,要收集大量信息数据,而部门分析工作是个别管理人员兼职来做,由于兼职人员缺少数字概念,核算的报表经常出错,工作热情比较缺乏;

(3) 为掩盖管理上的疏失,营业部门往往会找各种借口不愿做分析;

(4) 财务部成本人员缺少有关专业知识,只能就数据进行分析,对成本费用超支的原因讲不清、道不明。

5. 缺少责任

(1) 人员流动方面。饭店行业有别于其他行业流动性比较大,特别是外资饭店。而企业财务成本管理是一个连续性很强的工作,员工流动过大,对企业影响越深。目前饭店对员工流动性较大已逐步适应,人事部门也在按规定进行人员的交流。另外,员工在新旧交接方面做得还很不够,例如要走的人等不及一个月的时间(许多企业都这样规定,辞职的人在提出申请被批准日的一个月办理完移交手续后才生效,否则要赔偿相应的工资),急着到新单位报道。而原单位对突如其来的离职,感到措手不及,因为企业招聘员工也是需要一个时间过程的。因此,员工工作交接往往是匆匆忙忙,移交的人振振有词,认为已讲过一遍,但是否讲全面、讲清楚与否,是因人因事而已。接手的人在适应新岗位工作的过程短则三个月,长则半年,如果碰到新人接不上再走人的话,对企业损失就更大。

(2) 部门配合方面。现在企业内耗方面的问题比较多,工作中部门间工作推诿、相互扯皮,能推则推,还找寻各种理由为自己失职减少责任,例如,客房提供给客人以便了解饭店各项设施的宣传介绍册,由于反对改建使得一些设施设备发生变化,为此采购部寻找落实供应商,销售公关策划部商谈设计小样并几易改稿。这当中时间也比较长,仓库部门没及时跟进,当新设施投入使用后,客房宣传介绍册的供应商还没有交货,为此受到客人投诉。

6. 缺少考核

成本费用执行情况的考核是财务乃至企业管理的重要环节,通过绩效考核做到有奖有罚,赏罚分明,目的是为了更好地调动员工工作积极性。这些道理大家都明白,但在企业实际工作的确很难操作。例如,燃料油节约与浪费是由诸多因素构成:主观上的因素,如部门空调开启与关闭、局部开启与全部开启、制冷温度高与低以及同时期企业经营是否有变化等;客观上的因素,如油的价格调整上升与下降、经营场所变化的增大与缩小等。

企业的考核,在销售方面相对要容易些,有关部门在做好统计时,销售人员本身自己也有记录,几次来回,差异越来越少。而成本费用方面的考核,不仅涉及人,而且关系到部门利益。所以成本管理涉及面比较广。还有缺少有效数据来实行考核以及数据来源的准确度。现在许多企业也陆续建立各项统计资料,但要达到考核标准还存在一定距离,即数据的有效性及说服力还有待改进与完善。

(二) 成本费用失控的外在因素

近年来,随着经济不断发展,旅游企业外部环境也在发生深刻的变化。计划经济被市场经济所取代,首先体现在市场货源越来越充沛,无论是饭店装潢用品,如墙纸、地毯、家具、洁具等,还是餐饮各类副食品,如海鲜产品、进口牛、羊肉、调味品等。其次体现在市场供货来源越来越广,过去许多进口副食品大多是通过广东省的进货渠道,现在许多省市特别是沿海地区许多贸易公司、合资大型超市如麦得龙、家乐福等,都在经营各种的进口副食品和用品。再次体现在物品市场供应的价格波动越来越大,原先我们是在计划经济体制下,物品价格一般几年不变,而现在实行的是市场经济,公司的经营都受利益的驱动,如美国进口或澳大利亚进口的奶制品,货源集中时价格朝下跑,反之市场缺货时,价格一直往上跑。正是这些价格的变化,增加了饭店成本费用管理与控制的难度,也是成本费用失控的外在因素。最后体现在批量进货给饭店带来越来越多实惠,相比合资饭店创办初期,优质物品供给比较贫乏,除了自己直接办理进口外,物品挑选余地小,价格也比较贵。而现在不但物品供应充足,同样的物品因你购买的数量不同,也可享受不同的折扣率。这些变化如你不做深入了解,根本无法知道它真正的实际价格。具体表现在:

1. 物品品质

饭店用品涉及方方面面:从牙膏、牙刷等沐浴洗涤用品,到毛巾、被套等床上同品;茶包、咖啡等各式饮料;饭店设施介绍宣传资料、便笺、铅笔等文具用品;电视、冰箱、电脑等电器产品;蔬菜、禽蛋等食品原料;酱油、味精等不同调料;玻璃、瓷器、不锈钢等餐厅器皿;口布、桌布、毛巾等布件用品。所有物品品质决定着成本费用的波动。

(1) 按照饭店星级标准，配备相适应物品等级。现在一些饭店在物品配置方面，往往会产生两个极端：一是开业时饭店各项用品配置都比较好，之后由于饭店营业清淡，为了压缩成本费用，使用物品等级一下子降下很多，饭店从此走向恶性循环，物品越差客人层次越低，房价越低饭店利润越低甚至出现亏损。二是饭店盲目攀比，即不考虑本地区实际情况，一味追求进口或一线知名品牌的洁具、卫浴用品和电器物品，使得房务费用以及修理费用上升饭店毛利减少。饭店物品一切以适合为出发点，这里的适合，就是根据一定的费用标准来安排相应的物品。饭店客用品配备，如以绝对额来定，在30元/间～65元/间；如以费用比率来定，为客房营业额的4%～13%。饭店客用品单位费用，是星级越高费用比例越低。客房物品随意的变动，不利于成本费用的管理，同时也不利于饭店的销售。

(2) 按照饭店收货规定，保证物品的数量与品质。饭店的许多物品使用量比较大，如各类毛巾、客用品（8小件）、印刷品、冻品、肉类、酒水饮料等，这些物品的供给一般是采取一次定购、分批进货。怎样保证供应商每批提供的物品质量和数量是饭店成本费用控制重要环节。因为造成用品失控既有客观上的因素，如冻品、肉类、客用品会受到原料的影响，如泰国产的41～50规格虾仁，冰冻前条虾质地好坏、颗粒大小、折率高低等。而饭店仓库收货，有时往往无法用肉眼来验证，它只能在虾仁化冻后才会看得出。再有是主观上的因素，如客用品一下子进货许多，仓库人员一般是实行按规定比率的抽检数量来确定整批客用品物品数量、质量。这当中缩小比率的验收以及按规定标准进行验收后的合理损耗等，都将对成本费用产生影响。

(3) 按照标准成本费用，合理搭配不同原料辅料。饭店的产品设计一般会满足不同层次客人消费的需要，如在客房方面：分标准房、豪华房、行政房以及套房等；在餐厅方面：分豪华包房、普通包房以及大包房、小包房等。因此在物品配置上要有所区别。不同产品使用不同的材料，这样既满足客人的需求，也兼顾饭店的利益。最主要是杜绝生产制作过程中的大材小用的现象：如客人点的扬州炒饭中虾仁来讲，它一般在用71～90规格即可，但个别厨师贪图方便把41～50规格开刀在用；另外还有，如客人点的宋嫂鱼羹这道菜，原料是黄鱼，可是125克与300克的黄鱼价格相差很大。控制成本所要求的是，在保证菜肴质量的前提下，合理使用各种原材料，菜肴产品不随意提高成本，也不短斤少两。但餐饮在实际操作中，厨师对认识的客人增加分量，而缺失部分在其他客人中补回。再有厨房的"飞菜"不在此列，即未开账单，送给客人的菜，那性质就完全不同，属偷盗行为。

2. 价格杠杆

物品的价格是成本控制首道环节，即采购成本费用。市场经济是以供需来调节：当市场物品比较充沛，价格会随之下降；反之，当市场物品比较紧缺，价格会随之上扬。这对成本费用影响很大。饭店物品价格杠杆主要体现在以下一些方面：

(1) 价格的时间差。饭店的许多物品存在一定的时间差,特别是餐厅副食品。这个时间差异又分为两类:一是副食品供应受季节的影响;二是副食品供应受农贸市场开市、落市的影响。

①副食品供应受季节的影响。副食品当中蔬菜、瓜果、海产品等多受到季节影响,如基围虾夏、秋季货源充足,价格偏低;反之,冬季存活率低,货就比较少,价格也就高。大闸蟹每年九月开始,特别碰到刮大风,价格一路往上跑;相比如果九月天气冷不下来,蟹的价格也就上不去。许多时令蔬菜,如米苋、蕹菜、小红萝卜等刚上市的时候要十几元/公斤,之后一段时间价格就逐步下滑。水果也是一样。另外,所讲的季节影响,是涉及夏季的台风、连续暴雨突发气候对副食品的影响,使得各类菜价成倍上升。

②副食品供应受农贸市场开市、落市的影响。农集贸市场副食品供应一般集中在每天的上午与下午两个时间段,一些固定摊贩和流动菜农,都会按固定时间在农集贸市场出售他们的副食品。农贸市场的一般规律是开市价格高于落市价格,即每天早晨5点钟、下午2点钟的副食品价格要高于上午10点钟、下午5点钟。另外每周五起副食品价格开始上升,每周一开始价格逐步下降。所以每天副食品的价格会有波动,每周副食品的价格也会不一样,因此确定价格要掌握你所了解采购时间。其次,对饭店来讲,副食品价格是每十天一定,即每旬报价,所以你星期几的市场询价对副食品报价影响很大。

(2) 价格的等级差。海鲜、肉类、水果相同产品不同等级对成本费用波动很大,就像前面所说的海虾仁,假设71~90规格,单价30元/公斤,那31~40规格,单价则就84元/公斤;还有火腿上方价格与下方价格就相差很大;再如西冷牛肉假设进口为138元/公斤,国产西冷牛肉则为38元/公斤。另外同样的副食品价格也有很大区别,如猪的蹄髈分前蹄与后蹄、大排分雌排与雄排;蔬菜中的韭菜分宽叶与窄叶、草头分大叶与小叶、米苋分红米苋与白米苋;水果中苹果、生梨都有雌与雄区分;西瓜看外表就能分辨生与熟、皮厚与皮薄、有籽与无籽等等。如果采购人员不了解这些物品的特性,也就不能很好地掌控餐饮的成本。

(3) 价格的数量差。现在物品采购可谓千差万别,农贸市场、生产厂家、大型超市都会碰到这样的事情,即当你去询探物品价格时,供应商往往第一句就是问你要买多少,而你的回答将极大影响物品的价格。首先一步到位的询价,折扣相对比较少,假如,你要采购1 000个十寸热菜盘子,先问1个的价格,再问12个的价格、120个的价格直至1 000个的价格与开始一下子报1 000个的价格,前者一定少于后者的价格。这主要是心理因素起着很大作用,前者给人印象是你想买,主要是价格问题,随着你层层加码,他也心动也想做成这笔买卖交易;而后者给人的印象,你是在随便问问,不一定会买。所以采购同样一批物品,因人不同而价格也就不同。所以采购数量越大相应价格折扣率也就越大,当然,提高采购员购物的技巧,对饭店采购成本费用的降低也会带来帮助。

(4) 价格的渠道差。饭店物品的采购要拿到最低价格,过去饭店采购员一般都会直接找到生产厂商,寻求厂方给予出厂价格。但现在这一招,也越来越不灵验。因为现在许多生产厂商都是根据对方采购数量来核定不同价格,而单体饭店物品采购数量有限,很难取得较高折扣率,相比饭店集团的统一采购以及大型超市采购有着其数量上的优势,迫使生产厂商做出更大让步,达成此项采购交易。因此当单体饭店无法与超市进行竞争时,如果同样采购数量转向超市去竞标时,超市相对会很重视这笔商品交易,他们也不会轻易放弃,一定会给予更多折扣率来促成此项买卖。如果采购部门能根据饭店年度采购计划主动与大型超市沟通,并建立良好工作联系,企业的采购成本费用将会控制得更好。另外提前知道超市在其不同时期所推广的物品所进行采购,虽然同一物品单价账面波动较大,但饭店的收益由此也会越来越大。

成本费用失控会发生在饭店经营的各个环节,采购过程如此,餐饮制作、客房服务、仓库保管、产品销售、人工成本、设备维修等过程均如此。饭店只有不断完善制度、加强监管、实行必要的奖罚等措施,才能克服、减少失控带来的损失。

三、旅游企业成本费用控制

企业经营的目的,就是不断提高劳动生产率,使企业利润最大化。而利润的形成有两点:一是不断拓展销售渠道,扩大产品销售量;二是通过新材料、新工艺的使用不断降低产品成本、销售费用,即减少活劳动消耗、减少物质消耗,以收抵支使盈余增加。因此,生产经营的过程就是成本管理的过程。经营者通过对成本费用的预测、控制、分析等一系列的管理,才会使企业创造更大的效益。

 案例导入

2009年8月8日,星龙湾大酒店在鲜花的簇拥和鞭炮的喧嚣中正式对外营业了。这是一家集团公司投资成立的涉外星级酒店,该酒店不仅拥有装潢豪华设施一流的套房和标准客房,下设的老宁波餐厅更是特色经营传统宁波菜和海派家常菜肴,为中外客商提供各式专业和体贴的服务。由于集团公司资金雄厚实力强大,因此在开业当天,不仅社会各界知名人士到场剪彩庆祝,更吸引了大批新闻媒体竞相采访报道。一时之间,星龙湾大酒店门前是人头攒动,星光熠熠。

最让星龙人感到骄傲和夸耀的是酒店大堂里的一盏绚丽夺目、光彩熠熠的水晶灯。这盏水晶灯是公司王副总经理亲自组织货源,最终从奥地利某珠宝公司高价购回的,货款总价高达120万美元。这样的超级豪华水晶灯不仅是在全国罕见,即使是国外,也只有在少数几家5星极大酒店里能见到。

开业当天,来往宾客无不对这盏豪华的水晶灯赞不绝口,称羡不已。尤其是经过媒体报导,更成为当天的头条新闻,星龙湾大酒店在这一天也像那盏水晶灯一样,一举成名,当天客房入住率就达到了80%以上。

王副总经理也因此受到了公司领导的高度赞扬,一连几天,王总的脸上都洋溢着快乐而满足的笑容。然而,好景不长。两个月后,这盏高规格高价值的水晶灯就出了状况。首先是失去了原来的光泽,变得灰蒙蒙的,即使用清洁布使劲擦拭都不复往日光彩。其次,部分金属灯杆都出现了锈斑,还有一些灯珠破裂甚至脱落。人们看到这破了相的水晶灯,议论纷纷,这就是破费数百万美元换回的高档水晶灯吗?鉴于情况严重,公司领导责令王总经理在限期内对此事做出合理解释,并停止了他的一切职务。

事件真相很快就水落石出,原来这盏价值近千万元人民币的水晶灯根本不是从奥地利某珠宝公司购得的,而是通过南方某地的W公司代理购入的赝品水晶灯。王副总经理在交易过程中贪污受贿、中饱私囊。虽然出事之后,王副总经理不无例外地得到了法律的严惩,然而星龙湾大酒店不仅因此遭受了数千万元的巨额损失,更为严重的是酒店名誉蒙受重创,成为同行的笑柄。这对于一个新开业的公司而言,不啻是个致命的打击。

星龙湾大酒店的悲剧应如何控制和防范?

（一）成本费用控制原则

成本费用控制是指在生产经营活动过程中,对影响成本的各种因素强化管理,使各项费用耗费严格控制在既定的预算范围内,同时揭示并及时反馈生产经营中的成本费用超支现象。在企业的成长过程中,最重要的问题就是成本的问题,成本的控制决定企业财务的有效管理,决定企业管理的成效,那么,如何做好成本控制呢?它的原则主要有：

1. 经济原则

也就是说,实行成本控制所花费的费用不能超过因没有成本控制所损失的费用,经济原则决定了企业在制定成本控制中的例外管理（对一般的日常支出的控制从简,对例外情况要加注意）、重点管理（应把成本管理的重心放在重要的事项中,不必去计较那些很小的费用和无关大局的事项）,同时也要注意成本控制的灵活性（由于市场变化的复杂性和不确定性,应对成本控制采取有效的可变性）。经济原则要求成本控制起到降低成本、纠正偏差的作用。

2. 因地制宜原则

本原则意即成本控制没有一律性,要求企业在制定成本控制中要根据企业目前所处的阶段,企业的不同部门,采取不同的控制方法,提出不同的要求。应注意企业目前所处的阶段期和主要任务目标,同时还要注意企业各个部门的任务和特点。

3. 全员参与原则

人是企业的核心力量,人的活动就会发生费用。所以成本控制要求员工具有控制成本的愿望和成本意识,养成习惯,关心结果,具有合作精神,在工作中能同心协力,正确地理解和使用信息,改进工作,降低成本。采取的方法有：要客观而准确地制订适用的成本标准,告知员工成本控制的重要性,告知员工企业目前的情况和困难,让员工参与标准成本的制订;建立适当的激励措施,并保证方法的执行;制订严格有效的成本控制运程,冷静地对待成本超支和过失。

4. 领导的推动原则

这是成本控制能否执行的关键因素。

(二) 成本费用控制方法

成本费用控制以一定的控制标准,对产品成本形成和费用发生的整个生产经营过程进行引导、监督和修正,使实际成本和费用的耗费符合既定成本目标和费用预算的要求,即将成本费用支出限制在规定的标准范围内。成本费用控制在饭店经营过程中就是怎样做好事前控制、事中控制、事后控制。

(1) 所谓事前控制,在餐饮方面就是做好副食品每旬核报价,即由成本核算员、厨师、采购等人员每十天通过饭店周边菜市场、较大的集贸市场以及大型超市价格比较,制定每期副食品报价,经餐饮、财务总监审批。对大宗物品,如冻品、肉禽类、客用品、清洁品等采用工程招投标方式,货比三家注重性价比,通过签订合同,封存小样、锁定价格。在保证物品品质的前提下,控制预算期内各项成本费用的支出。

以上是从微观方面讲述事前控制。而从宏观方面来讲,事先控制就是做好成本费用预测;参与饭店经营决策;制订成本费用预算。

(2) 所谓事中控制,就饭店整体而言,严格按照部门月、季、年各项成本费用预算,控制实际支出。在餐饮方面,做好每日成本估算表,认真核算市场采购、仓库领料,关注收支的配比,做好厨房每旬贵重食品盘点、每月全面食品盘点,杜绝各种漏洞,降低各类食品的损耗率。目前能源费用是仅次于工资的最大支出,饭店在保证营业需要的前提下,对非营业场所照明、空调进行适当调整,特别近年饭店对空调温度设置有所规定,如夏天室内温度不得低于25度,冬天不得高于22度。这些举措不仅是为了减少费用的支出,更是为达到降低能耗,早日实现节能型城市目标而承担自己应尽的社会责任。

以上是从经营成本费用方面所做的论述,通过运用成本费用计算的数据进行分析研究,把偏离目标的差异,及时地反馈给有关职能部门,以便采取纠正措施。另外还要从成本费用开支的时间上、用途上、作用上进行控制,区分轻重缓急,既要防止机械地执行制度规定,忽略经营活动的具体情况;又要严格费用开支的审批手续。事中成本费用控制,一般仅限于一时一事的单项成本费用开支。

(3) 所谓事后控制,饭店经营虽然事前制定目标,但在日常经营中难免会碰到各式各样的情况,而且许多突发事件都是不以人的意志为转移的。而通过事后控制就是对实际成本费用与预算成本费用的差异进行分析,查找差异形成的原因,确定责任的归属,并制定整改措施加以预防。不断完善制度,使成本费用支出回归预算范围。例如2011年圣诞节销售,由于定价过高,原先预定的300份套餐,实际只销售220份,销售完成率73%。为此厨房的备菜因人员的减少,食品损耗增加。使得原先核定48%的计划食品成本率一下子升至59%。再如2012年9月累计能源单位费用达8.21元,比累计预算平均单位费用6.68元,绝对数增加1.53元,相对数上升10.22%,据分析,用电量、用油量分别比预算下降2.3%、4.1%。用水量大幅度上升是费用增加的主要原因,经进一步调查得知,游泳池水受空调管道灰尘大面积污染,池水重换使得水费增加。

上述成本费用的变动既有主观方面因素,又有客观方面因素,通过事后控制,分析原因,找寻对策,降低差异对预算的负面影响程度,最主要是怎样加强销售策略制订,加强设施设备例行保养,来保证成本费用的超支现象。

(三)成本费用控制途径

1. 努力实现既定的成本费用

现代企业管理制度,就是要求企业着眼于未来,要参与市场竞争,其中的核心,就是做好长远规划,落实年度预算。通过制订各项成本费用预算目标,各部门成本费用控制有了交集点,然后通过群策群力使目标成为现实。

2. 建立健全成本费用的全面管理

成本费用管理涉及饭店的各个层面,如采购成本、仓储成本、生产成本、销售成本等环节,这些环节既是相对独立,又是唇齿相依。饭店在成本管理方面,营业部门多存在相类似的情况:

(1)重生产过程中成本消耗,轻销售环节上的成本支出;

(2)关注材料采购价格,忽视仓库储存损耗;

(3)只关心销售业绩,不关心成本费用;

(4)只做销售数据统计是为了发放奖金,而敷衍部门成本单耗台账统计;

(5)材料申购贪大求全,不管实际使用和占用仓储。

为了落实全面成本费用管理,部门必须以大局为重,摒弃小我、部门小团体利益,实行经营的全饭店、全过程、全员管理。完善各项制度、加强内控流程、使成本费用管理贯穿饭店整个经营过程中,从而确保降低成本费用目标的实现。

3. 强化日常生产经营的监督控制

成本费用的内部控制涉及两点:一是监控岗位操作流程,规范各级管理人员工作职责。例如,营业部门申购或领用物品,在保证营业的前提下,要兼顾预算的许可度。二是相关部门既要配合又要实施监督。例如,仓库在审核营业部门物品申购时,一看库存是否有替代品,二看物品申购量是否合理。

4. 通过财务管理,杜绝各种漏洞

饭店经营经常会受到各种因素影响,这里除了市场大环境变化外,再有就是一些人为的干扰。现在的饭店在管理方面它不缺乏制度,而缺少的是制度执行力。例如,定期厨房、餐厅盘点,是财务正确核算每期餐厅、厨房成本重要环节,但在实际工作中餐饮部往往配合不够。如果财务人员不予坚持的话,它的后遗症是餐饮成本核算数据不实,由餐饮任意调节成本,后果将会完全丧失对餐饮管理。长此以往,吃、拿风气必定严重腐蚀各级管理人员。所以财务管理必须持续和加强对餐厅、厨房、客房、商务中心、会务、健身、娱乐等部门定期盘点,层层落实,及时发现问题,及时采取措施,防微杜渐地保证饭店正常的营运秩序。

相关链接

酒店食品成本控制程序

一、制定成本控制标准,即制定标准成本卡,确定每份菜肴的标准成本及当期总计标准成本额。

二、准确计算当期实际成本形成数额。

三、将实际成本与控制标准相比较并及时反馈比较结果。

四、当比较的结果存在较大差异时,应调查原因,提出应采取的成本控制措施或修改控制标准的意见。

五、确保实际成本与控制标准的一致性,实现目标成本。

食品成本控制程序示意图如下:

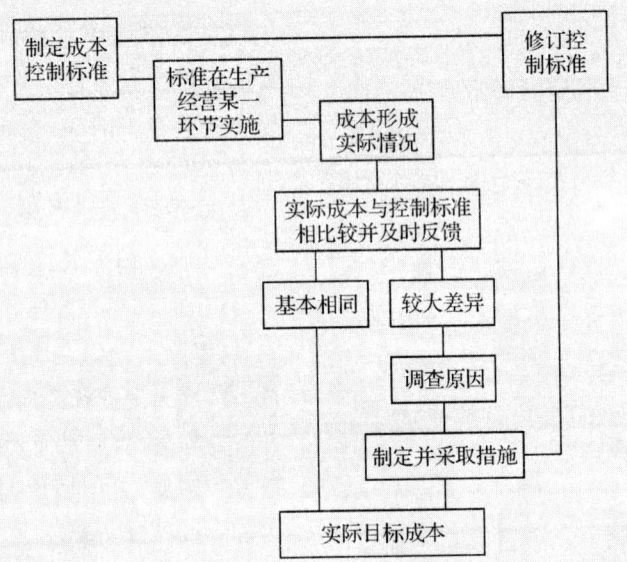

【任务拓展】

餐饮成本费用控制实务

1. 做好成本费用预算工作

饭店每年都要对餐饮明年的经营情况编制预算,而预算的编制也是对未来餐饮发展和客源情况有个初步估计,怎样获取应有的市场份额,怎样面对竞争对手的挑战,要有一个缜密的对策。而与之匹配的成本预算也是一项重要的销售策略。例如,制订的餐饮销售是走高档路线,还是走薄利多销中、低档路线。这里一切是以本地市场需求为首要考量,以饭店现有资源为重要条件。经过调查研究,听取各方不同意见,以及参照饭店历史资料,最后制订出相应的下一年度成本费用预算指标。餐饮预算则是餐饮日常经营控制的重要手段,如下表所示为某饭店 2013 年餐饮成本预算估算表。

2013 年餐饮成本预算估算表

项　目	餐饮合计	西餐厅	大堂吧	中餐厅
2013 年预算成本额	275.1 万元	107.9 万元	15.3 万元	151.9 万元
2012 年实际成本额	336.7 万元	125.6 万元	17.5 万元	193.6 万元
2012 年预算成本额	277.6 万元	113.5 万元	27.6 万元	121.5 万元
2013 年预算综合成本率	32.84%	30.82%	24.98%	35.64%
2012 年实际综合成本率	32.25%	32.69%	22.86%	35.60%
2013 年预算与 2012 年实际综合成本率相比	0.59%	−1.87%	2.12%	0.04%
2013 年预算食品成本率	37.70%	35.00%	35.00%	40.00%
2012 年实际食品成本率	36.02%	33.58%	33.90%	37.47%
2013 年预算与 2012 年实际食品成本率相比	1.68%	1.42%	1.1%	2.53%
2013 年预算饮料成本率	27.32%	25.00%	25.00%	32.00%
2012 年实际饮料成本率	22.65%	18.28%	19.22%	26.46%
2013 年预算与 2012 年实际饮料成本率相比	4.67%	6.72%	5.78%	5.54%

2. 建立健全物品采购、验收操作流程

部门物品采购的计划性，是成本费用管理的一项重要环节。营业部门在物品申购前，首先要查询仓库是否有类似的存货，其次确定合理的采购量，避免盲目采购，造成物品积压。物品采购的计划性，还体现在按需采购、均衡采购方面，避免毛利的大起大落。如：①国外进口的物品必须提前两至三个月提出申请；②国内大宗定牌的物品或印刷品必须提前两周提出申请；③一般的物品必须提前三至四天提出申请；④厨房的食品必须隔天提出申请；⑤特殊情况特殊处理。

饭店物品采购单一般分为：物品采购申请单、副食品市场采购申请单、仓库补货申请单。物品采购申请单，一般是指第一次采购，及贵重物品的每次采购；副食品市场采购申请单，是指厨房每天的副食品采购（价格按批准的副食品旬价）；仓库补货申请单，是指常规使用各种物品在最低库存量时，仓库按需进行补货；部门填写的采购申请单应清楚注明品名、规格、等级、产地、数量等。使用部门可以向采购部推荐供应商，在条件相同的情况下，采购部可优先考虑，但最终决定权在采购部。物品采购必须按规定程序进行，待采购申请批准后方可落实采购。如下所示为物品采购验收操作程序图：

使用部门提出申请→仓库→采购部→财务部→总经理→采购部→仓库

3. 加强餐饮定期物品盘点

厨房副食品的正确计量长期以来一直制约着餐饮的管理。其中厨房配菜环节，实际工作中无法做到上磅计量而是靠着经验法来目测，即大致一样即可。

主料是这样,辅料、调料计量更做不到计量,特别是调料一直是沿用"少许"来称呼。由此相同的一个菜肴,因时间、地点、人员等不同而用料就不一样,哪怕同一个人,不讲隔天,就是不同锅,口味也会不一样。因此餐饮行业长期以来,副食品成本核算都是采用"倒轧账"形式。如饭店比较注重内部管理和控制,损耗、漏洞相对要少很多,反之厨房因管理上的疏失,除了贪吃以外,还友情送菜,甚至下班后把贵重物品私拿出去。规定每半个月进行一次厨房盘点,特别是贵重的食品如鱼翅、鲍鱼、干贝、燕窝、参等重点加强盘点。这样既能及时发现厨房存在的问题,杜绝浪费,更能做好成本应有的调节工作,该收则收、该放则放,一切按制度去协调,使当期厨房成本计算相对正确、合理些。

第一次购买由部门填采购申请单,以后则由仓库作仓补;查看仓库是否有类似的存货,决定是否采购;接采购申请单,安排市场询价,货比三家,确定供货商及价格;审核、监督采购过程是否符合规定;批准采购申请;接申请单,实施采购;货到,查验物品的数量、质量、规格、等级、商标、产地、价格,入库。

综上所述,现代饭店成本费用管理更强调,首先是财务事前的参与,即参与饭店规划目标的制订、参与饭店各项定额的制订及成本费用预算的编制;其次是强化事中的监督控制,即采购过程、生产过程、销售过程;最后是加强事后分析,即差额分析、因素分析等,寻找原因,采取措施。管理者通过加强饭店成本费用的管理,进一步提高饭店经营效益。

【任务反馈】

对于旅游企业来说,成本、费用和支出到底有什么区别呢?

释疑:成本仅指生产产品所付出的代价,包括直接材料、直接人工和制造费用,即计入成本的费用。所以,发生的费用不一定都是成本,成本是对象化了的费用。

支出泛指企业的一切开支及耗费。一般情况下可分为资本性支出、收益性支出、营业外支出和利润分配性支出四大类。支出中凡与取得营业收入有关的部分,即可表现或转化为费用,否则不能。

综上所述,费用是资产的耗费,其目的是为了取得营业收入,获得更多的新资产;成本则是对象化了的费用;费用有时有支出相伴随,但支出却不一定是当期的费用。

◆项目评价

【知识评价】

①会计六大要素之间是怎样的关系?如何联系?

②财务报告与财务报表的涵义是否一致?

③三大财务报表分表描述了企业财务的哪个方面?

④旅游企业的成本、费用和一般企业有何不同?

⑤旅游企业在成本控制要点?

⑥事前控制、事中控制和时候控制分别对旅游企业的影响是什么?

⑦旅游企业常见的固定资产和无形资产有哪些?

⑧旅游企业的固定资产和无形资产与一般企业相比有何异同?

⑨旅游企业自创商誉形成的原因？

【实训演练】

准备现行企业实际发生的一些成本费用情景（如原材料里油盐、猪肉、蔬菜以及企业的纸张、消耗品、办公用品等），分组设立采购、使用、保管、领用的情景。根据班级学生的多少将学生分为不同的小组，每组三五人，选出组长一名。操作过程如下：

①教师准备好现行企业使用的原材料里油盐、猪肉、蔬菜以及企业的纸张、消耗品、办公用品等。

②分小组并将小组内的人员分成采购、保管、使用的部门人员。

③教师提出设想，要求学生根据采购、保管、使用的流程分析如何控制企业的成本费用。

④学生模拟后双方交换模拟岗位。

⑤学生对自己从事的岗位情况进行自评和互评并总结如何从各自岗位加强成本控制。

⑥最后教师评价。

⑦分组进行成果展示，让小组学生代表发言。

【项目链接】

餐饮企业的成本控制

餐饮企业的运作与经营除了有其特殊性之外，也有与其他服务企业相同的方面，同样要进入经营市场，同样要参与经营竞争。而面对日益激烈的市场竞争，餐饮企业要提高效益、要健康发展，就必须立足经营管理实际，建立成本管理体系，加强财务管理，降低成本，让利顾客，提高服务质量，最大限度地提高市场占有率。

从财务分析上看，餐饮企业的日常经营消耗80%主要集中在菜品的原材料上，那么如何有效地降低原材料的成本和损耗，成为餐饮成本控制的关键。

一、编制原材料采购计划、建立采购审批流程

厨师长或厨房部的主管每天晚上根据服务区的经营收支、物资储备情况确定物资采购量，并填制采购单报送采购部门。采购计划由采购部门制订，报送财务主管并呈报主任批准后，以书面或口头方式通知供货商。

二、建立严格的采购询价报价体系

在财务室内设立兼职物价员，定期对日常消耗的原辅料进行广泛的市场询价，货比三家，对采购报价进行分析反馈，发现有差异及时督促纠正。对于每天使用的蔬菜、肉、禽、蛋、水果等原材料，根据市场行情每半个月公开报价一次，并召开定价例会，对供应商所提供物品的质量和价格两方面进行公开、公平的选择。对新增物资及大宗物资、零星紧急采购的物资，须附有经批准的采购单才能报账。

三、建立并完善严格的采购验货制度

验收人员对在物资采购实际执行过程中的数量、质量、标准以及报价，进行严格地验收把关。验收人员要坚持做到"四个不收"："无订货手续不收"、"送货凭证不清不收"、"规格数量不符不收"、"物资明显异样不收"。对于不必要的超量进货、次劣商品、规格不符及未经批准采购的物品有权拒收，对于价格、数量与采购单不一致的应及时纠正；验货后由仓管员填制验收凭证，验收合格的货物，按采购部提供单价做好记录。

四、建立严格的报损报丢制度

对于原材料的变质、损坏、丢失制订严格的报损报丢制度，并制订合理的报损率,报损由部门主管上报财务仓管,按品名、规格、称斤两填写报损单,报损品种需由采购部主管鉴定分析后,签字报损。报损单汇总每天报主任。对于超过规定报损率的要说明原因。

五、严格控制采购物资的库存量

根据不同服务区的经营情况合理设置库存量的上下限,从降低库存数量、降低库存单位价格方面着手控制储存成本。因为库存不仅占用空间、资金,而且产生搬运和储存需求,侵蚀了单位资产。随着时间的推移,库存的腐蚀、变质会产生浪费;及时分析滞销菜品情况,避免原材料变质造成的损失。

六、建立严格的出入库及领用制度

制订严格的库存管理出入库手续以及各部门原辅料的领用制度。餐饮企业经营所需购入的物资均须办理验收入库手续。所有的出库须先填制领料单,由部门负责人签字后生效,严禁无单领料或白条领料,严禁涂抹领料单。由于领用不当或安排使用不当造成霉变、过期等浪费现象,一律追究相关人员责任。

七、导入"五常"管理理念,充分调动员工的自律性

"五常法"是何广明教授借鉴日本"5S"管理法,结合经营实际创设的现代餐饮优质管理方法。其要义为:工作常组织,天天常整顿,环境常清洁,事物常规范,人人常自律。

比如通过"常组织",把必需的物品与非必需的物品分开,将必需品的用量降低到使用最低下限,并把它放在一个便利之处。通过"常整顿",考虑采取合适的贮存方法和器具,固定物品的"名"和"家",旨在用最短的时间可以取得或放好物品,以杜绝一切可能的浪费。"五常法"作为一种简单易行、见效快、能持久的管理方式,已成为餐饮行业提高工作效率,改善服务质量、降低经营成本的一种法宝。

餐饮企业应了解市场、分析市场、投入市场,参考和引进社会相关行业的特点和优势,寻找属于自己的经营立足点,建立并健全成本控制流程和长效机制,提高经营管理水平特别是财务管理水平,降低企业经营成本,力求最大利润,进而有效地达到经济效益与社会效益双丰收的企业经营目标,努力创造富有特色的餐饮行业服务品牌。

拓展路径

[1] 沙勇.固定资产加速折旧法在酒店财务管理中的应用[J].会计之友,2004(10).

[2] 赵辉,孙少茹,王晓娟.旅游企业财务风险及其管理对策分析[J].商场现代化,2006(28).

[3] 裔传慧.加强应收账款管理规避酒店财务风险[J].会计之友(中旬刊),2007(11).

[4] 唐美菊.酒店财务工作中的会计核算和销售收入控制[J].商业时代,2008(20).

[5] 徐雪.新会计准则下我国旅游企业会计核算的现状与改革[J].财会研究,2009(19).

[6] 骆启昱,韩伟东,林红.关于酒店企业财务控制的思考[J].中国商贸,2012(23).

[7] 尹力民.现代酒店会计核算制度下的内部财务控制探讨[J].经济研究参考,2012(16).

项目三　旅游企业的税收知识

◆项目目标

【行业要求】

旅游从业人员应掌握旅游企业相关税收知识,了解税收的概念,掌握税收的要素及分类以及和旅游企业相关的流转税(增值税和营业税)、所得税(企业所得税和个人所得税)及财产税(房产税、契税、车船使用税)、行为税(印花税、车辆购置税、城建税、教育费附加)的知识要点。

【学习目标】

学生应在掌握旅游企业的相关税收知识的基础上,提高实践能力,使知识的学习与运用更好地结合,为后续学习和工作奠定基础。

◆项目任务

财务和税的关系密不可分,财务人员日常工作中需要经常处理各项税的业务,高级的财务管理也会涉及税收筹划,因此作为非财会专业的学生要了解财务,就需要了解税收的基本知识。学生应在认识税收的概念、要素及分类的基础之上,掌握旅游企业相关的流转税、所得税及财产行为税。本项目意在使学生了解税收的最基本的知识,培养学习者对税收的理解能力。

任务一　了解税收概念、要素及分类

【任务目标】

本任务要求学生了解税收的基本概念,包括税收的概念、特征、构成要素、分类等,以便进一步学习各类税种。

【案例聚焦】

某酒店坐落于某市繁华地段,拥有客房300间和餐位225个,日常客人中会议客人居多。另外其下属一个外卖餐饮(各种卤菜)、一个商务中心、一个康乐中心(游泳池),还有一个商场,商场主营进口食品、中高档服饰以及各种工艺品等。新进财务部的小王晕了,摸不着头脑,这么多业务,又有服务业又有买卖,该酒店到底交营业税还是增值税呢?

以上案例涉及税法中的兼营行为,即纳税人在从事营业税应税行为的同时,还从事增值税应税行为,且这两者之间并无直接的联系和从属关系。对此的税务处理方法是要求纳税人将两者分开核算,分别纳税,如果不能分别核算或者分别核算不准确的,由主管税务机关核定其销售额和营业额。

酒店业属于服务业,大部分收入应

该交营业税的,只是个别业务例外。其所有餐饮收入(包括外卖)和客房收入,还有商务中心收入、康乐中心收入是交营业税的,但是康乐中心的税率是否和其他业务一样,要取决于其具体业务,如果涉及的是娱乐业的业务要按照娱乐业税率来缴纳,该酒店的游泳池不是娱乐业的项目,所以适用和其他服务业一样的税率。但是酒店下属的商场是个例外,商场主要依靠买卖差价作为收入,因此应该缴纳增值税,但是是按照一般纳税人还是小规模纳税人交,还要看商场具体规模。另外由于该酒店会议客人较多,按照营改增的要求,会务费应该开具增值税专用发票给对方。

【任务执行】

一、税收概述

(一)税收的概念

税收不仅是国家取得财政收入的一种活动或手段,而且也是国家用以加强宏观调控的重要经济杠杆。在税收经济学上,税收是指国家为实现其公共职能而凭借其政权力量,依照法律规定,强制、无偿地向纳税人征收货币或实物的活动。国家征税的目的是提供公共物品,实现公共财政职能,其权力依据是国家的政治权力,必然带有强制性,由此可能会使纳税人的利益受到损害,它体现了以国家为主体,在国家与纳税人之间的特定的征纳关系,因而税收的实现必须依法进行,实行税收法定原则,而依法征税必须制定相对明确、稳定的征收标准,并体现在税法的课税要素的规定之中,从而使税收具有标准法定性或称固定性的特征。

正因如此,有法学学者从法学的视角将税收概念界定为:税收是人民依法向征税机关缴纳一定的财产以形成国家财政收入,从而使国家得以具备满足人民对公共服务需要的能力的一种活动。

(二)税收的特性

税收作为政府筹集财政收入的一种规范形式,具有区别于其他财政收入形式的特点。税收特征可以概括为强制性、无偿性和固定性。

(1)税收的强制性。税收的强制性是指国家凭借其公共权力以法律、法令形式对税收征纳双方的权利(权力)与义务进行制约,既不是由纳税主体按照个人意志自愿缴纳,也不是按照征税主体随意征税,而是依据法律进行征税。我国宪法明确规定我国公民有依照法律纳税的义务,纳税人必须依法纳税,否则就要受到法律的制裁。税收的强制性主要体现在征税过程中。

(2)税收的无偿性。税收的无偿性是指国家征税后,税款一律纳入国家财政预算,由财政统一分配,而不直接向具体纳税人返还或支付报酬。税收的无偿性是对个体纳税人而言的,其享有的公共利益与其缴纳的税款并非一对一的对等,但就纳税人的整体而言则是对等的,政府使用税款目的是向社会全体成员包括具体纳税人提供社会需要的公共产品和公共服务。因此,税收的无偿性表现为个体的无偿性、整体的有偿性。

(3)税收的固定性。税收的固定性是指国家征税预先规定了统一的征税标准,包括纳税人、课税对象、税率、纳税期限、纳税地点等。这些标准一经确定,在一定时间内是相对稳定的。

税收的固定性包括两层涵义：第一，税收征收总量的有限性。由于预先规定了征税的标准，政府在一定时期内的征税数量就要以此为限，从而保证税收在国民经济总量中的适当比例。第二，税收征收具体操作的确定性。即税法确定了课税对象及征收比例或数额，具有相对稳定、连续的特点。既要求纳税人必须按税法规定的标准缴纳税额，也要求税务机关只能按税法规定的标准对纳税人征税，不能任意降低或提高。

当然，税收的固定性是相对于某一个时期而言的。国家可以根据经济和社会发展需要适时地修订税法，但这与税收整体的相对固定性并不矛盾。

税收的三个特征是统一的整体，相互联系，缺一不可。无偿性是税收这种特殊分配手段本质的体现，强制性是实现税收无偿征收的保证，固定性是无偿性和强制性的必然要求。三者相互配合，保证了政府财政收入的稳定。

二、税制的构成要素

国家在制定税收制度时有些基本要素必须明确加以规定，如对什么征税、对谁征税、征多少税等。这些基本要素包括课税对象、纳税义务人、税率、纳税期限、纳税环节、减免税、违章处理等。

(一) 课税对象

课税对象又称税收客体，它是指税法规定的征税的目的物，是征税的根据。课税对象是税收要素中最基本的要素，也是一种税区别于另一种税的主要标志。

与课税对象相关的几个概念：

1. 课税对象与课税依据

课税依据又称税基，表明依据什么征税。一些税种的课税依据就是它的课税对象，如企业所得税的课税依据和课税对象都是企业的应税所得额；而另一些税种的课税依据和课税对象则是两个概念，如房产税的课税对象是房产，而其课税依据是房产原值（扣除一定比例）或房屋的租金收入。

2. 税源

税源是指税收的经济来源或最终出处。有的税种的课税对象和税源是一致的，如所得税，其课税对象和税源都是纳税人的所得。有的税种课税对象与税源不同，如财产税的课税对象是纳税人的财产，但税源往往是纳税人的收入。由于税源是否丰裕直接制约着税收收入规模，因而积极培育税源始终是税收征管工作的一项重要任务。

3. 税目

税目是课税对象的具体项目或课税对象的具体划分。一般来说，一个课税对象往往包括多个税目，如消费税、关税；当然，也有的课税对象十分简单，不再划分税目。税目的划分，可以使纳税人更透彻地了解税收制度，也可以使国家灵活地运用税收调节经济，如对各个税目规定不同的税率，就是调节经济的方式之一。

(二) 纳税义务人

纳税义务人简称纳税人，又称为纳税主体，它是指税法规定的负有纳税义务的单位和个人。纳税人可以是自然人，也可以是法人。所谓自然人，一般是指公民或居民个人；所谓法人，是指依法成立并能独立行使法定权利和承担法定义务的社会组织，主要是各类企业。

与纳税人有联系的一个概念是负税人。负税人是指最终负担税款的单位和个人,它与纳税人有时是一致的,如在税负不能转嫁的条件下;有时是分离的,如在税负可以转嫁的条件下。

(三)税率

税率是指国家征税的比率。税率是国家税收制度的核心,它反映征税的深度,体现国家的税收政策。一般来说,税率可划分为比例税率、累进税率、定额税率三类。

1. 比例税率

比例税率是对同一课税对象,不论其数额大小,统一按一个比例征税。在比例税率下,同一课税对象的不同纳税人的负担相同,具有鼓励生产、计算简便的优点,也有利于税收征管,一般应用于商品课税。比例税率的缺点是有悖于量能纳税原则,且具有累退性。

2. 累进税率

累进税率是指对同一课税对象随着数量的增加,征收比例也随之升高的税率,其具体形式是将课税对象按数额(或按比例)大小划分为若干等级,对不同等级规定由低到高的不同税率。在累进税率下,可以有效地调节纳税人的收入,正确处理税收负担的纵向公平问题,一般应用于所得课税。

累进税率的累进依据按课税对象的指标形式分为绝对额和相对率两种,即"额累"和"率累"。额累是以征税对象的绝对额为依据划分级数,分级累进征税,如所得税。率累是以征税对象的相对率为依据划分级数,分级累进征税,如土地增值税。

实行累进税率在累进方法上又可分为"全累"和"超累"。"全累"税率是指纳税人的全部课税对象都按照与之相对应的那一级税率计算应纳税额。"超累"税率是指把纳税人的全部课税对象按规定划分为若干等级,每一等级分别采用不同的税率,分别计算应纳税额。

"全累"和"超累",都是按照量能纳税的原则设计的,但两者有不同的特点:首先,"全累"的累进程度高,"超累"的累进程度低,在税率级次和比例相同时,前者的税负重。其次,在级距的临界点处,"全累"会出现税额增长超过所得额增长的不合理情况,"超累"则不存在这种问题。再次,"全累"在计算上简便,而"超累"则计算较为复杂。

3. 定额税率

定额税率又称固定税率,它是按课税对象的一定计量单位直接规定一个固定的税额,而不规定征收比例。定额税率在计算上更为便利,而且由于采用从量计征办法,不受价格变动的影响。它的缺点是负担不尽合理,因而只适用于特殊的税种,如资源税等。

应当指出,比例税率、累进税率、定额税率都是法律上的税率形式,即税法可能采用的税率。若从经济分析的角度考察税率,则税率还可以分为名义税率、实际税率、边际税率、平均税率等,学习者可以结合其他学科内容自己加以总结。

(四)纳税环节

纳税环节是税法上规定的征税对象从生产到消费的流转过程中应当缴纳税款的环节。纳税环节有广义和狭义之分。广义的纳税环节是指全部征税对象在再生产活动中的分布情况。例如,在生产环节可以开征增值税、消费税等,在流通环节可以开征增值税、营业税等,在消费环节可以开征特种消费性质的税收等。广义的纳税环节实际上属于税种结构问题。狭义的纳税环节主要是指商品流转过程中,纳税人应当缴纳税款的环节,它主要解决征税对象征几道税和在哪一个或哪几个流转点上征税的问题。如消费税规定在消费品生产、加工或进口的某一环节征一道税,增值税实行道道环节征税等。

（五）纳税期限

纳税期限是指纳税人在发生应税行为之后,向税务机关缴纳税款的时限。不同性质的税种以及不同情况的纳税人,其纳税期限也不相同。我国现行税制的纳税期限有三种形式：

（1）按期纳税。即根据纳税义务发生的时间,通过确定纳税间隔期,实行按日纳税。

（2）按次纳税。即根据应税行为的发生次数确定纳税期限。

（3）按年计征,分期预缴。即按规定期限预缴税款,年度结束后汇算清缴,多退少补。

纳税期限的确定,要考虑到多种因素,既要考虑生产经营的特点、纳税人的规模大小、纳税人经济核算周期的长短,也要考虑到财政收入的均衡性。

（六）减税免税

减税免税是对某些纳税人和征税对象给予鼓励或照顾的一种特殊规定。它是税法的原则性和必要的灵活性相结合的体现。

减免税的主要内容：①减税和免税,即对应纳税额少征一部分或全部免征。②起征点,即征税对象达到征税数额开始征税的界限。征税对象数额达到或超过起征点的,就其全部数额征税,未达到起征点的不征税。③免征额,即征税对象总额中免予征税的数额,它按一定标准从征税对象总额中减除,免征额部分不征税,只对超过免征额的部分征税。

减免税的类型：①有关税法、税收条例、实施细则、具体规定中明确规定的减免税。②有关税法已明确可以减免,但需要按税收管理体制逐级报批的减免税。③纳税人由于客观原因造成暂时性困难,不具备缴纳全部税款或部分税款的能力,需按税收管理体制逐级报批的减免税。

随着我国税制改革的逐步深入,减免税的范围、内容已做了较大的调整,除确有必要保留的税收减免政策在税法中明确规定外,执行中将一般不再减税免税,以保证税法的严肃性。

（七）违章处理

违章处理是对纳税人违反税收法规行为所采取的处罚措施,它保证税收法令的贯彻执行,体现税收的强制性。

税收违章行为包括：①违反税务管理基本规定,如纳税人未按规定办理税务登记、纳税申报等。②偷税。纳税人伪造、变造、隐匿、擅自销毁账簿、记账凭证,或者在账簿上多列支出或者不列、少列收入,或者经税务机关通知申报而拒不申报或者进行虚假纳税申报,不缴或者少缴应纳税款的,是偷税。③逃税。纳税人逃避追缴欠税。④骗税。纳税人骗取国家出口退税。⑤抗税。纳税人以暴力、威胁方法拒不缴纳税款。

违章行为的处理,主要有以下几种措施：①征收滞纳金；②处以税务罚款；③追究刑事责任。

三、税收的分类

 案例导入

生活中的税负转嫁

假设老张每天要消费某品牌香烟一包,单价5元。现在政府对香烟征税,每包香烟征税1元,纳税人是香烟生产厂商。为了追求利润最大化,厂商希望这1元的税收完全由消费者支付,因此香烟的单价涨至6元。作为消费者的老张,对香烟涨价可能有三种态度:第一,毫不在乎,每天照常消费一包香烟,于是老张就承担了全部的税款;第二,完全拒绝,不再购买该品牌,转而购买其他价格更低的香烟,这时厂商完全无法把税款转移出去,由厂商承担全部税款;第三,老张不愿改变自己的消费习惯,但又不愿接受6元的价格,只能接受5.5元的价格,这时1元的税款由老张和厂商分别承担一半。这个例子比较典型地说明了在流转税中纳税人如何转嫁税收负担与税收的归宿问题。

(一)税收的分类

对于税收究竟应当如何分类,自亚当·斯密以来,许多学者就一直在研究,并形成了"税系理论"。在税收系统理论上,对于诸多税种,依据不同的标准,可以作出多种分类:有按税收物质形式分类,有实物税、货币税;按计税依据分类,有从量税和从价税;有按课税环节分类,分生产环节课税、投资环节课税、流通环节课税、分配环节课税、消费环节课税;按课税对象分类,分为流转额课税、收益额课税、财产额课税和特定行为课税;按税收负担转嫁难易程度分类,有直接税和间接税之分;按税收管理和使用权限来分类,有中央税、地方税、中央与地方共享税;按税率形式分类,有比例税、累进税和定额税;按纳税人分类,有法人税和自然人税;按课税对象与纳税人有无直接关系,有对人税和对物税等。可见,税收的分类是一个重要问题,它固然是从经济学的角度而言,但是税收如何分类,直接影响到一国税收实体法体系,影响到一国的税制建设,也影响到一国的税收立法、执法和税法学研究。现将其中较为重要的分类略述如下:

1. 商品流转税、所得税、财产税、资源税和行为税

按照课税对象的性质可以将各税种分为商品流转税、所得税、财产税、资源税和行为税五大类。商品流转税,包括所有以商品为课税对象的税种,如增值税、营业税、消费税、关税等。对商品流转额征税,不受企业产品成本和利润水平变化的影响,能够保证国家财政收入的及时稳定。所得课税是指以纳税人的净所得(纯收益或纯收入)为课税对象的税种,一般包括个人所得税、企业所得税等。对所得课税,是国家调节企业收入和居民个人收入的重要手段。财产课税是以各类动产和不动产为课税对象的税种,如一般财产税、遗产税、赠与税等。财产税对于调节财富分配、限制不劳而获、促进财产有效使用有特定作用。资

源税是以纳税人利用国有矿产等资源获得的级差收益为课税对象的税种，如资源税、城镇土地使用税等。资源税重在调节非主观努力形成的级差收益，为纳税人公平竞争创造条件，并能起到保护资源、提高资源利用效率的作用。特定目的行为税是对企业和个人的特定行为征收的一类税收，如固定资产投资方向调节税（已停征）。对行为征税，可以调节纳税人的某些经济行为，实现社会资源的优化配置。

2. 直接税和间接税

把税收划分为直接税和间接税的做法由来已久。早在18世纪，许多学者就把税源稳定可以持久课征的税种称为直接税，而对偶然课征难以稳定的税种称为间接税。后来，又有人将对财产的课征和对所得的课征称为直接税。到了现代社会，直接税和间接税的划分方法随着税收理论的发展而进一步完善，并最终以税负能否转嫁为标准进行划分，即凡是税负能够转嫁的税种，归属于间接税，凡是税负不能转嫁的税种，归属于直接税。一般认为，所得税和财产税属于直接税，商品课税属于间接税。

但必须指出，这种分类方法也有非科学的一面。主要问题是，税负能否转嫁不仅取决于税收的性质和特点，而且取决于客观的经济条件。

3. 从量税和从价税

按照课税标准分类，可以将税收划分为从量税和从价税。从量税以征税对象的数量（重量、面积、容积、体积）为依据，按单位固定税额计征。从量税的税额随课税对象数量的变化而变化，计算简便，但税负水平固定，不尽合理，因而只有少数税种采用这种计税方法，如我国的资源税、车船使用税等。从价税是以征税对象的价格为依据，实行比例计征。从价税的税额多少取决于商品的价格和数量，比较而言，更适应市场经济的要求，因而大多数税种都采用这一计税方法。

4. 价内税和价外税

以税收与价格的关系为标准，可将税收分为价内税和价外税。凡税金构成价格组成部分的，称为价内税，如消费税、营业税；凡税金作为价格之外附加的，称为价外税，如增值税。一般认为，价外税比价内税更容易转嫁。

5. 实物税和货币税

以税收征收实体为标准，税收可以分为实物税和货币税。我国的农业税至今仍保留一定比例的实物缴纳，这有利于国家直接获取粮食，但实物税存在运输困难、易损耗等缺点，而货币税以货币结算税额，计算方便，税款易于保存和转移。从实物税向货币税的转变，是商品经济发展的必然结果。

6. 中央税、地方税和共享税

以税收管理权限为标准，可将税收划分为中央税、地方税和共享税。按税收管辖权，凡是由中央政府征收，其收入归中央政府支配的税种，为中央税，如消费税。凡由地方政府征收，其收入归地方政府支配的税种，为地方税，如房产税等。凡由中央政府征收，其收入由中央政府和地方政府之间按比例分成，或共享同一税源的，为共享税，如增值税。

> **案例分析**
>
> 某卷烟厂从事卷烟和烟丝的生产销售,2010年发生的业务中涉及8种应税行为,分别是增值税、消费税、城市维护建设税、教育费附加、车船使用税、土地使用税、房产税、车辆购置税。以税收征管和支配权限为依据将所涉及的税种进行划分,哪些属于中央税,哪些属于地方税,哪些属于共享税?
>
> 【解析】(1)中央税包括:消费税、车辆购置税;(2)地方税包括:城市维护建设税、教育费附加、车船使用税、土地使用税、房产税;(3)中央与地方共享税:增值税。

(二)我国现行税收体系

新中国的税收制度建立于1950年。根据《全国税政实施要则》,除农业税外,我国开征了14种工商税。经过1953、1958、1973、1979—1994年4次较大的税制改革,我国基本上建立起以增值税、消费税、营业税等间接税为主体的税收制度。

最近几年,我国税收制度的调整主要有:2006年1月1日起,废止了农业税;2006年修改个人所得税、消费税、车船税;2007年合并了内外资企业所得税;2009年修改了增值税、消费税和营业税;2011年修改了个人所得税。

我国现行税制分为5类:流转税类、所得税类、资源税类、财产税类和行为税类。

(1)流转税类包括增值税、消费税、营业税、关税。

(2)现行所得税包括企业所得税和个人所得税。新《中华人民共和国企业所得税法》于2008年1月1日实施。新修订的《中华人民共和国个人所得税法》于2011年1月1日实施,其中工资薪金所得的免征额调整为每月3 500元。

(3)资源税类包括资源税、土地增值税和耕地占用税。

(4)财产税类包括房产税、城镇土地使用税、车船税和契税。这类税的课税对象为动产与不动产。目前,我国没有开征遗产与赠与税。

(5)行为税类包括印花税、城市维护建设税和车辆购置税。

【任务拓展】

中国营业税与增值税并存的局面将有所改变

2011年11月17日,中国财政部、国家税务总局正式发布了《营业税改征增值税试点方案》,对2012年1月1日起在上海市交通运输业和部分现代服务业开展营业税改征增值税试点的相关政策进行明确。

业内人士分析指出,今后,随着中国营业税改征增值税试点的推进与扩大,目前征收营业税的行业将逐步改为征收增值税,中国目前流转税中增值税与营业税并存的局面将结束。

营业税是针对经营者的营业收入征收的税种,一般以营业收入的某一比例征税。虽然一般来讲,营业税的税率较低,但其税负却容易向下游转嫁。商品每经一道流通环节就要纳一次税,税上加税,这就造成重复征税,这也是营业税明显的弊端。

在营业税的这种弊端之下，很多企业会采取将供应、销售等环节全部内化的方式减少流转环节，减少重复征税。"这无疑不利于专业化分工和协作，不利于经济的健康发展。"财政部财科所副所长刘尚希说。

1954年，法国率先开征增值税，并成功取代了营业税，这一税种通过销项税与进项税抵扣机制，让纳税人只需为产品的增值部分纳税，这成功解决了营业税中重复征税的问题。目前，世界上已有170多个国家和地区开征了增值税。

1979年，中国引入增值税，最初在上海、柳州2个城市对机器机械等5类货物试点，1984年扩大至全国，范围也扩大至12类货物，1994年，增值税扩大到所有货物和加工修理修配劳务，但对其他劳务、无形资产和不动产仍征收营业税。

2009年，中国全面实施了增值税转型改革，将机器设备纳入抵扣范围，这适应了生产的专业化分工需求，有利于促进中国制造业的发展，但增值税和营业税并存的局面，越来越不适应产业之间的协调发展。

相关专家指出，营业税征管较简单，征收成本较低，在世界范围内长存不废。从中国来看，营业税改征增值税的改革虽已酝酿了十几年，从征管以及相关体制配套上仍不具备条件。

"目前中国处于经济转型的时期，需要推动产业之间的合理布局、协调发展，营业税改征增值税将对这些方面有促进作用。此外，从税收征管条件来看，中国征收增值税已多年，经验和能力都已较强，具备了营业税改征增值税的条件。"刘尚希说。

作为中国目前两个主体税种，增值税每年占税收总收入的比重达25%左右，营业税为15%左右。目前，增值税属于中央和地方共享税，中央占75%，地方占25%，营业税则绝大部分为地方享有。

"推进营业税改征增值税的主要困难之一是因其涉及中央和地方的分配而触及中国的财政体制改革，目前试点期间上海财政体制暂时不变，今后将会面临相关的调整。"刘尚希表示。

中国社会科学院研究院财贸所副主任杨志勇表示，营业税改征增值税推广至全国之后，地方政府面临税源减少的现实，这需要全方位改革财政体制。

根据中国财政部、国家税务总局的介绍，营业税改征增值税的改革将力争在"十二五"时期逐步推广到全国范围。刘尚希指出，这项改革的推进周期不应过长，否则出现漏洞的情况将防不胜防，应加快推进速度。

【任务反馈】

为什么要有税收优惠呢？

释疑：税收优惠是对某些纳税人和征税对象给予鼓励或照顾的一种特殊规定。它是税法的原则性和必要的灵活性相结合的体现。

任务二　掌握流转税的基本知识

【任务目标】

三大流转税在整个税收体系中占有

重要地位,是涉及面最广的税种,任何企业都要交其中的一种甚至两种,旅游企业也不例外。旅游企业作为服务行业,涉及的业务几乎不会缴纳消费税,所以本任务重点讲解与旅游企业密切相关的两大流转税(增值税和营业税)。

【案例聚焦】

财政部、国家税务总局近日正式公布营业税改征增值税试点方案。

根据试点方案,改革试点的主要税制安排为:

——在现行增值税17%标准税率和13%低税率基础上,新增11%和6%两档低税率。租赁有形动产等适用17%税率,交通运输业、建筑业等适用11%税率,其他部分现代服务业适用6%税率。

——交通运输业、建筑业、邮电通信业、现代服务业、文化体育业、销售不动产和转让无形资产,原则上适用增值税一般计税方法。金融保险业和生活性服务业,原则上适用增值税简易计税方法。

——计税依据。纳税人计税依据原则上为发生应税交易取得的全部收入。对一些存在大量代收转付或代垫资金的行业,其代收代垫金额可予以合理扣除。

——服务贸易进出口。服务贸易进口在国内环节征收增值税,出口实行零税率或免税制度。

对于改革试点期间过渡性政策安排,试点方案明确:

——税收收入归属。试点期间保持现行财政体制基本稳定,原归属试点地区的营业税收入,改征增值税后收入仍归属试点地区,税款分别入库。因试点产生的财政减收,按现行财政体制由中央和地方分别负担。

——税收优惠政策过渡。国家给予试点行业的原营业税优惠政策可以延续,但对于通过改革能够解决重复征税问题的,予以取消。试点期间针对具体情况采取适当的过渡政策。

——跨地区税种协调。试点纳税人以机构所在地作为增值税纳税地点,其在异地缴纳的营业税,允许在计算缴纳增值税时抵减。非试点纳税人在试点地区从事经营活动的,继续按照现行营业税有关规定申报缴纳营业税。

——增值税抵扣政策的衔接。现有增值税纳税人向试点纳税人购买服务取得的增值税专用发票,可按现行规定抵扣进项税额。

试点方案还明确,营业税改征的增值税,由国家税务局负责征管。国家税务总局负责制定改革试点的征管办法,扩展增值税管理信息系统和税收征管信息系统,设计并统一印制货物运输业增值税专用发票,全面做好相关征管准备和实施工作。

此外,财政部、国家税务总局还同时公布了交通运输业和部分现代服务业营业税改征增值税试点实施办法、交通运输业和部分现代服务业营业税改征增值税试点有关事项的规定以及交通运输业和部分现代服务业营业税改征增值税试点过渡政策的规定。

【任务执行】

一、增值税概述及应纳税额的确定

(一)增值税的概念

增值税是对销售货物或者提供加工、修理修配劳务以及进口货物的单位和个人就其实现的增值额征收的一个税种。增值税已经成为中国最主要的税种之一,增值税的收入占中国全部税收的60%以上,是最大的税种。增值税由国家税务局负责征收,税收收入中75%为中央财政收入,25%为地方收入。进口环节的增值税由海关负责征收,税收收入全部为中央财政收入。

（二）增值税纳税义务人

从事增值税应税行为的一切单位、个人以及虽不从事增值税应税行为但赋有代扣增值税义务的扣缴义务人都是增值税的纳税义务人。

由于增值税实行凭增值税专用发票抵扣税款的制度,因此对纳税人的会计核算水平要求较高,要求能够准确核算销项税额、进项税额和应纳税额。但实际情况是有众多的纳税人达不到这一要求,因此《中华人民共和国增值税暂行条例》将纳税人按其经营规模大小以及会计核算是否健全划分为一般纳税人和小规模纳税人。具体划分标准为:

1. 一般纳税人

（1）生产货物或者提供应税劳务的纳税人,以及以生产货物或者提供应税劳务为主（即纳税人的货物生产或者提供应税劳务的年销售额占应税销售额的比重在50%以上）并兼营货物批发或者零售的纳税人,年应税销售额超过50万的。

（2）从事货物批发或者零售经营,年应税销售额超过80万元的。

2. 小规模纳税人

（1）从事货物生产或者提供应税劳务的纳税人,以及从事货物生产或者提供应税劳务为主（即纳税人的货物生产或者提供劳务的年销售额占年应税销售额的比重在50%以上）,并兼营货物批发或者零售的纳税人,年应征增值税销售额（建成应税销售额）在50万元以下（含本数）的。

（2）除上述规定以外的纳税人,年应税销售额在80万元以下（含本数）。

增值税的小规模纳税人是指年销售额在规定标准以下,并且会计核算不健全,不能按照规定报送有关税务资料的增值税纳税人。所称的会计核算不健全是指不能正确核算增值税的销项税额、进项税额和应纳税额。对于符合条件的小规模纳税人,由税务机关依照税法规定的标准认定。年销售额达不到前述标准的为小规模纳税人,此外个人、非企业性单位以及不经常发生增值税应税行为的企业也被认定为小规模纳税人。小规模纳税人在达到标准后经申请被批准后可以成为一般纳税人。

对小规模纳税人实现简易办法征收增值税,其进项税不允许抵扣。

年增值税应税销售额达到标准的可以成为一般纳税人,此外对于生产型纳税人如果会计核算健全的,这一标准可以放宽至30万元人民币,但对非生产型商贸企业无论其会计核算健全是否健全均要达到标准才能认定为一般纳税人。另外,由于自1999年起国家强制推广税控加油机,并禁止非税控加油机的生产和销售,所以国家税务总局2001年12月3日发布国税函〔2001〕882号《关于加油站一律按照增值税一般纳税人征税的通知》规定,从2002年1月1日起将所有从事成品油销售的加油站都认定为一般纳税人,而无论其规模是否达到标准和会计核算是否健全。

(三) 征税范围

增值税的征税范围包括：销售和进口货物，提供加工及修理修配劳务。这里的货物是指有形动产，包括电力、热力、气体等，不包括不动产。加工是指受托加工货物，即委托方提供原料及主要材料，受托方按照委托方的要求制造货物并收取加工费的业务；修理修配是指受托对损伤和丧失功能的货物进行修复，使其恢复原状和功能的业务。具体可分为：

1. 特殊项目

（1）货物期货（包括商品期货和贵金属期货）；

（2）银行销售金银的业务；

（3）典当业销售死当物品业务；典当业的死当销售业务和寄售业代委托人销售物品；

（4）寄售业销售委托人寄售物品的业务；

（5）集邮商品的生产、调拨及邮政部门以外的其他单位和个人销售集邮商品的业务。

2. 特殊行为视同销售

以下八种行为在增值税法中被视同为销售货物，均要征收增值税。

（1）将货物交由他人代销；

（2）代他人销售货物；

（3）将货物从一地移送至另一地（同一县市除外）；

（4）将自产或委托加工的货物用于非应税项目；

（5）将自产、委托加工或购买的货物作为对其他单位的投资；

（6）将自产、委托加工或购买的货物分配给股东或投资者；

（7）将自产、委托加工的货物用于职工福利或个人消费；

（8）将自产、委托加工或购买的货物无偿赠送他人。

3. 混合经营

对于一项销售行为如果既涉及增值税应税货物又涉及营业税的应税劳务，被视为混合销售行为，如：纳税人销售货物并负责运输，销售货物为增值税征收范围，运输为营业税征收范围。对此的税务处理方法是，对主营货物的生产、批发或零售的纳税人（指纳税人年货物销售的营业额占其全部营业额的50%以上），全部视为销售货物征收增值税，而不征收营业税；对非主营货物的生产、批发或零售的其他纳税人，全部视为营业税应税劳务，而不再征收增值税。

4. 兼营行为

增值税征管中的兼营行为指的是，纳税人在从事增值税应税行为的同时，还从事营业税应税行为，且这两者之间并无直接的联系和从属关系。对此的税务处理方法是要求纳税人将两者分开核算，分别纳税，如果不能分别核算或者分别核算不准确的，由主管税务机关核定其销售额和营业额。

（四）增值税申报与缴纳的基本规定

1. 纳税义务发生时间

销售货物或者应税劳务，为收讫销售款项或者取得索取销售款项凭据的当天；先开具发票的，为开具发票的当天。

进口货物，为报关进口的当天，进口货物的增值税由海关代征。

增值税扣缴义务发生时间为纳税人增值税纳税义务发生的当天。

个人携带或者邮寄进境自用物品的

增值税,连同关税一并计征。

2. 增值税纳税地点

固定业户应当向其机构所在地的主管税务机关申报纳税。总机构和分支机构不在同一县(市)的,应当分别向各自所在地的主管税务机关申报纳税;经国务院财政、税务主管部门或者其授权的财政、税务机关批准,可以由总机构汇总向总机构所在地的主管税务机关申报纳税。

固定业户到外县(市)销售货物或者应税劳务,应当向其机构所在地的主管税务机关申请开具外出经营活动税收管理证明,并向其机构所在地的主管税务机关申报纳税;未开具证明的,应当向销售地或者劳务发生地的主管税务机关申报纳税;未向销售地或者劳务发生地的主管税务机关申报纳税的,由其机构所在地的主管税务机关补征税款。

非固定业户销售货物或者应税劳务,应当向销售地或者劳务发生地的主管税务机关申报纳税;未向销售地或者劳务发生地的主管税务机关申报纳税的,由其机构所在地或者居住地的主管税务机关补征税款。

扣缴义务人应当向其机构所在地或者居住地的主管税务机关申报缴纳其扣缴的税款。

3. 增值税的纳税期限

增值税的纳税期限分别为1日、3日、5日、10日、15日、1个月或者1个季度。纳税人的具体纳税期限,由主管税务机关根据纳税人应纳税额的大小分别核定;不能按照固定期限纳税的,可以按次纳税。

纳税人以1个月或者1个季度为1个纳税期的,自期满之日起15日内申报纳税;以1日、3日、5日、10日或者15日为1个纳税期的,自期满之日起5日内预缴税款,于次月1日起15日内申报纳税。

(五)免征范围

《中华人民共和国增值税暂行条例[1][2]》第十六条规定了下列8个项目免征增值税:

(1)农业生产者销售的自产农业产品;

(2)避孕药品和用具;

(3)古旧图书;

(4)直接用于科学研究、科学试验和教学的进口仪器、设备;

(5)外国政府、国际组织无偿援助的进口物资和设备;

(6)来料加工、来件装配和补偿贸易所需进口的设备;

(7)由残疾人组织直接进口供残疾人专用的物品;

(8)销售的自己使用过的物品。

(六)增值税率

增值税税率分为五档:基本税率17%、低税率13%、7%、征收率和零税率。

1. 基本税率

对于增值税一般纳税人从事应税行为,除下述低税、免税等以外,一律适用17%的基本税率,对于烟、酒、奢侈品等特殊货物另通过加征消费税来进行税收负担的调节。

2. 低税率

《财政部 国家税务总局关于部分货物适用增值税低税率和简易办法征收增值税政策的通知》(财税〔2009〕9号)适用13%的增值税税率:

(1) 农产品。具体征税范围暂继续按照《财政部 国家税务总局关于印发〈农业产品征税范围注释〉的通知》(财税字〔1995〕52号)及现行相关规定执行。

(2) 音像制品。

(3) 电子出版物。它是指使用计算机应用程序,将图文声像等内容信息存储在载体形态和格式主要包括光盘、软磁盘、硬磁盘、集成电路卡(CF卡、MD卡、SM卡、MMC卡、RS-MMC卡、MS卡、SD卡、XD卡、T-Flash卡、记忆棒)和各种存储芯片。

(4) 二甲醚。

3. 征收率

小规模纳税人适用征收率为3%。

(七) 增值税计算方法

一般纳税人应纳税额＝当期销项税额－当期进项税额。

1. 销项税额的计算

销项税额是指纳税人销售货物或者提供应税劳务,按照销售额和适用税率计算并向购买方收取的增值税额,为销项税额。计算公式:

销项税额＝销售额(不含税)×税率

(1) 销售额的确定。销售额是指纳税人销售货物或者应税劳务向购买方收取的全部价款和价外费用,但是不包括收取的销项税额。价外费用,是指价款外向购买方收取的手续费等各种性质的价外收费(手续费、运输费、建设基金、保险费、装卸费等)。

含税销售额换算成不含税销售额(价税分离公式)的换算公式为:

销售额＝含税销售额/(1＋增值税税率)

(2) 视同销售货物行为的销售额的确定。对视同销售货物征税而无销售额的,应按下列顺序确定销售额:

①按纳税人当月同类货物的平均销售价格确定;

②按纳税人最近时期同类货物的平均销售价格确定;

③按组成计税价格确定。组成计税价格的公式为:

组成计税价格＝成本×(1＋成本利润率)

2. 进项税额的计算

进项税额是指纳税人购进货物或者接受应税劳务所支付或者负担的增值税额。购买方取得的增值税专业发票上注明的税额即为其进项税额。

(1) 允许从销项税额中抵扣的进项税额。根据税法的规定,准予从销项税额中抵扣的进项税额,限于下列增值税扣税凭证上注明的增值税额:

①从销售方取得的增值税专用发票上注明的增值税额。

②从海关取得的海关进口增值税专用缴款书上注明的增值税额。

③购进农产品,除取得增值税专用发票或者海关进口增值税专用缴款书外,按照农产品收购发票或者销售发票上注明的农产品买价和13%的扣除率计算的进项税额。进项税额计算公式:

进项税额＝买价×扣除率

④购进或者销售货物以及在生产经营过程中支付运输费用的,按照运输费用结算单据上注明的运输费用金额和7%的扣除率计算的进项税额。进项税额计算公式:

进项税额＝运输费用金额×扣除率

(2) 不得从销项税额中抵扣：

①用于非增值税应税项目、免征增值税项目、集体福利或者个人消费的购进货物或者应税劳务。

②非正常损失的购进货物及相关的应税劳务。

③非正常损失的在产品、产成品所耗用的购进货物或者应税劳务。

④国务院财政、税务主管部门规定的纳税人自用消费品。

案例分析

某制药厂为增值税一般纳税人，2010年4—6月份发生如下业务：

(1) 4月5日，销售药品价款10万元(不含税)，货款及税款已经收到。

(2) 4月7日从某农场购进玉米100吨，单价1 000元，款已经付清，玉米验收入库。

(3) 4月13日收购农民个人玉米50吨，单价1 020元，开具由税务机关统一监制的"收购农产品专用发票"，玉米验收入库。

(4) 4月20日销售药品一批，价值20万元(不含税)，货物已经发出，款尚未收到。

(5) 5月8日从农业生产者处购入玉米5吨，单价1 240元，取得"收购农产品专用发票"。

(6) 5月19日，销售药品一批，销售额100万元(不含税)，支付运输部门运费2 000元，货款存入银行，取得运费票据。

(7) 5月21日，购入原材料一批，取得增值税专用发票注明的价款为20万元，税款3.4万元，款项已付，原材料入库。

(8) 6月12日，把一批药品销售给医院，价款12万元，税款2.04万元，货物已经发出，款项已经收到。

(9) 6月20日购入玉米10吨，取得增值税专用发票注明的单价为1 050元，付款并入库。

(10) 6月30日盘点原材料，4月份从农民个人购入的库存玉米发生霉烂变质20吨，成本17 748元。上月赊销药品，本月未收到货款及税款。

根据上述资料计算药厂4—6月份应纳增值税？(取得发票当月均已通过认证)

【分析】本例要求掌握纳税人区分进项税和销项税。

解答：

[4月份]

销项税额=(100 000+200 000)×17%

进项税额=(1 000×100+1 020×50)×13%

应纳税额
=[(100 000+200 000)×17%]−[(1 000×100+1 020×50)×13%]
=31 370(元)

[5月份]

销项税额＝1 000 000×17％

进项税额＝1 240×5×13％＋34 000＋2 000×7％

应纳税额
＝(1 000 000×17％)－(1 240×5×13％＋34 000＋2 000×7％)
＝135 054(元)

[6月份]

销项税额＝20 400(元)

进项税额＝1 050×10×13％－11 748÷(1－13％)×13％

应纳税额
＝20 400－[1 050×10×13％－11 748÷(1－13％)×13％]
＝20 790.45(元)

3. 小规模纳税人增值税计算方法

小规模纳税人销售货物或者应税劳务，实行按照销售额和征收率计算应纳税额的简易办法，并不得抵扣进项税额，小规模纳税人增值税征收率为3％。应纳税额计算公式：

应纳税额＝销售额×征收率

案例分析

某工业企业为增值税小规模纳税人，当月销售货物取得销售额20 000元，购进原材料取得专用发票注明税款1 700元，计算该厂当月应缴纳的增值税。

【分析】小规模纳税人不得抵扣进项税，按照3％的征收率交纳增值税。

解答：应纳税额＝20 000×3％＝600(元)。

二、营业税概述及应纳税额的确定

(一) 营业税的概念

营业税是对在我国境内提供应税劳务、转让无形资产或销售不动产的单位和个人所取得的营业额征收的一种商品与劳务税。

新中国成立后，原政务院于1950年公布了《工商业税暂行条例》，将固定工商业应纳的营业税和所得税合称为工商业税，规定凡在我国境内的工商营利事业，无论本国人或外国人经营，一律依法缴纳工商税。

1958年税制改革时，将当时实行的货物税、商品流通税、印花税以及工商业税中的营业税部分，合并为工商统一税，不再征收营业税。1973年全国试行工商税，将工商统一税并入其中。为了适应经济发展的要求，改变税制过于简单的状况，充分发挥不同税种的特定作用，1984年第二步利改税将工商税中的商业和服务业等行业划分出来单独征收营业税。1993年进行的税制改革，根据社会主义市场经济要求，以建立规范的税制为基本目标,将商品批发、零售改征增值税,同时也将加工、修理修配行为改征增值税,重新修订、颁布了《中华人民共和国营业税暂行条例》(以下简称《营业税暂行条例》),将营业税的课税范围限定为提供应税劳务和转让无形资产以及销售不动产,而且适用于内、外资企业,建立了统一、规范的营业税制。现行《中华人民共和国营业税暂行条例》于2008年11月5日颁布,2009年1月1日开始实施,《中华人民共和国营业税暂行条例实施细则》于2008年12月15日颁布,2009年1月1日起开始实施。

(二)营业税的特点

与其他商品劳务税相比,营业税具有以下特点:

1. 一般以营业额全额为计税依据

营业税属传统商品劳务税,计税依据为营业额全额,税额不受成本、费用高低影响,对于保证财政收入的稳定增长具有十分重要的作用。

2. 按行业设计税目税率

营业税实行普遍征收,现行营业税征税范围为增值税征税范围之外的所有经营业务,税率设计的总体水平一般较低。但由于各种经营业务盈利水平不同,因此,在税率设计中,一般实行同一行业同一税率,不同行业不同税率,以体现公平税负、鼓励平等竞争的政策。

3. 计算简便,便于征管

由于营业税一般以营业收入额全额为计税依据,实行比例税率,税款随营业收入额的实现而实现,因此,计征简便,有利于节省征收费用。

(三)营业税的作用

营业税是我国流转税(就其性质而论)中的主要税种之一,也是地方税体系(就其收入归属考虑)中的主体税种。营业税的作为主要体现在:

1. 广泛筹集财政资金

营业税的征收面比较广,不论是城市还是乡村,不论是内资企业还是外资企业,只要发生应税行为,并取得营业额,就要纳税。随着我国第三产业的不断发展,营业税的收入也将逐步增长。因此,营业税在广泛筹集财政资金、促进地方经济发展等方面发挥着重要作用。

2. 体现国家政策,促进各行业协调发展

营业税按不同行业的经营业务及其盈利水平,确定征免界限,设计差别税率。对一些有利于社会稳定、发展的福利单位和教育、卫生部门给予免税;对一些关系国计民生的行业采用低税率,如交通运输业、邮电通信业、文化体育业等适用3%的税率;而对营业收入较高的歌厅、舞厅、高尔夫球场等部分项目适用20%的高税率,充分体现营业税既保证财政收入,又促进与人民生活密切相关行业健康发展的立法精神,以便较好地发挥税收对第三产业的调节作用。

3. 促进企业改善经营管理

营业税按行业设计税率,同一行业同一税率。由于对同一行业采用相同税率,所以企业取得的营业额相同,所缴纳的税金也相同。如果企业加强经营管理,降低成本费用,企业利润就会增加;反之,成本费用上升,企业利润就会下降。因此,经营管理好的企业,税负不提高,有利于激励企业不断开拓进取;经营管理欠佳的企业,税负也不降低,有利于鞭策落后企业改善经营管理。

（四）营业税的基本征税范围

营业税确定的基本征税范围为：在中华人民共和国境内提供的应税劳务、转让的无形资产或销售的不动产。

1."境内"的含义

营业税的征税范围强调应税劳务、转让无形资产或销售不动产是在中华人民共和国境内发生的。

（1）提供的劳务发生在境内。这里强调的是劳务"发生在境内"，而发生在境外的劳务，则不属于营业税的征收范围。

境内单位派出本单位的员工赴境外，为境外企业提供劳务服务，不属于在境内提供应税劳务。对境内企业外派本单位员工赴境外从事劳务活动取得的各项收入，不征营业税。

（2）在境内载运旅客或货物出境。这里强调的是"出境"，凡是将旅客或货物，由境内载运出境的，属于营业税的征收范围；凡是将旅客或货物出境外载运境内的，就不属于营业税征收范围。

（3）在境内组织游客出境旅游。在境内组织游客出境旅游，属于营业税的征收范围。

（4）所转让的无形资产在境内使用。这里强调的是"在境内使用"。凡是转让的无形资产，不论其在何处转让，也不论转让人或受让人是谁，只要该项无形资产在境内使用，就属于营业税的征收范围。否则，就不属于营业税的征收范围。

（5）销售的不动产在境内。只要是在境内的不动产，不论其所有者在何地，销售地在境内或境外，都是属于营业税的征收范围。

（6）境内保险机构提供的保险业务。它指的是境内保险机构提供的除出口货物险、出口信用险外的保险劳务。

（7）境外保险机构以境内的物品为标的提供的保险劳务。境外保险机构只要以境内的物品为标的提供的保险劳务，均属于营业税征收范围。

2."应税行为"的含义

营业税的应税行为是指有偿提供应税劳务、有偿转让无形资产所有权或使用权、有偿转让不动产所有权的行为。所谓"有偿"，是指从受让方（购买方）取得货币、货物或其他经济利益。同时，单位和个人转让不动产有限产权或永久使用权，以及单位将不动产无偿赠与他人的行为，视同销售不动产。但单位和个体经营者聘用的员工为本单位或雇主提供劳务，不属于营业税的征收范围。

单位和个人提供的垃圾处置劳务不属于营业税应税劳务，对其处置垃圾取得的垃圾处置费，不征收营业税。

对房地产主管部门或其指定机构、公积金管理中心、开发企业以及物业管理单位代收的住房专项维修基金，不计征营业税。

以发行基金方式募集资金不属于营业税的征税范围，不征收营业税。个人和非金融机构申购和赎回基金单位的差价收入不征收营业税。

3. 与增值税征税范围的划分

按照现行税法，对货物销售及工业性加工、修理修配行为一律征收增值税，对提供应税劳务、转让无形资产或销售不动产行为一律征收营业税。但是，对于纳税人既涉及货物销售，又涉及提供营业税劳务的，则容易出现征税范围的交叉或界限不清问题。为此，我们通过界定混合销售与兼营来进一步明确增值税与营业税的征税范围。

（1）混合销售行为的划分。对于纳税人的一项销售行为中既涉及应纳营业税的应税劳务，又涉及应纳增值税的货物销售，我们称之为混合销售行为。税法对混合销售规定的划分方法如下：

①从事货物生产、批发或零售的企业、企业性单位及个体经营者的混合销售行为，一律视为销售货物，不征营业税；其他单位和个人的混合销售行为，则视为提供应税劳务，应当征收营业税。

所谓从事货物的生产、批发或零售的企业、企业性单位及个体经营者，包括以从事货物的生产、批发或零售为主，并兼营应税劳务的企业、企业性单位及个体经营者在内。所谓"以从事货物的生产、批发或零售为主，并兼营应税劳务"是指纳税人的年货物销售额中与营业税应税劳务营业额的合计数中，年货物销售额超过50%，营业税应税劳务营业额不到50%的。

②纳税人的销售行为是否属于混合销售行为，由国家税务总局所属征收机关（即各级国家税务局）确定。

（2）兼营行为的划分。对于纳税人既经营货物销售，又提供营业税应税劳务的，我们称之为兼营行为。税法对兼营规定的划分方法如下：

①对于纳税人的兼营行为，应当将不同税种征税范围的经营项目分别核算、分别申报纳税。即纳税人兼营的销售货物或提供非应税劳务（"非应税劳务"是指属于增值税征税范围的加工、修理修配、缝纫劳务。"应税劳务"与"非应税劳务"只是一个相对的提法。在这里，我们站在营业税角度所讲的"应税劳务"，站在增值税的角度则应称为"非应税劳务"；反过来，我们站在营业税角度讲的"非应税劳务"，到了增值税那里，则习惯称为"应税劳务"），与属于营业税征收范围的应税劳务，分别核算，分别就不同项目的营业额（或销售额）按营业税或增值税的有关规定申报纳税。如旅馆的餐饮和住宿收入单独核算征营业税、商品部的收入单独核算征增值税等等。

②纳税人兼营行为不分别核算或不能准确核算的，其应税劳务与货物或非应税劳务一并征收增值税，不征营业税。

③纳税人兼营的应税劳务是否一并征收增值税，由国家税务总局所属征收机关（即各级国家税务局）确定。

案例分析

兼营、混合销售行为的税务处理

某百货商场所属的宾馆取得客房收入72 020元，餐饮收入32 000元，歌厅收入13 250元；本月宾馆领用商场上月购进的床上用品价值3 000元，宾馆餐饮部领用餐具价值12 000元（不考虑所负担运输成本）。计算该商场当月应纳的营业税。

答：$(72\,020+32\,000)\times 5\%+13\,250\times 20\%=7\,851$（元）

解析：按税法规定，纳税人兼营应税行为和货物或者非应税劳务的，应当分别核算应税行为的营业额和货物或者非应税劳务的销售额，分别申报纳税；未分别核算的，由主管税务机关核定其应税行为营业税。

(五)营业税纳税人与扣缴义务人的基本规定

1. 营业税纳税人的基本规定

在中华人民共和国境内提供应税劳务、转让无形资产或者销售不动产的单位和个人,为营业税的纳税人。

单位是指国有企业、集体企业、私有企业、股份制企业、外商投资企业、外国企业、其他企业和行政单位、事业单位、军事单位、社会团体、其他单位。

个人是指个体工商户及其他有经营行为的个人,包括在中国境内有经营行为的中国公民和外国公民。

企业租赁或承包给他人经营的,以承租人或承包人为纳税人。单位和个体户的员工、雇工在为本单位或雇主提供劳务时,不是营业税纳税人。

2. 营业税扣缴义务人的基本规定

为了加强税收的源泉控制、简化征税手续、减少税款损失,《营业税暂行条例》及其实施细则规定了扣缴义务人这些单位和个人直接负有代扣代缴税款的义务。境外单位或个人在境内发生应税行为而在境内未设有经营机构的,其应纳税款以代理者为扣缴义务人;没有代理者的,以受让者或购买者为扣缴义务人。

(六)营业税申报与缴纳的基本规定

1. 营业税纳税义务发生时间的基本规定

(1) 一般规定:营业税义务发生时间为纳税人提供应税劳务、转让无形资产或者销售不动产并收讫营业收入款项或者取得索取营业收入款项凭据的当天。

取得索取营业收入款项凭据的当天,为书面合同确定的付款日期的当天;未签订书面合同或者书面合同未确定付款日期的,为应税行为完成的当天。

收讫营业收入款项指纳税人应税行为发生过程中或者完成后收取的款项。国务院财政、税务主管部门另有规定的,从其规定。

(2) 特殊规定:

①纳税人转让土地使用权或者销售不动产,采取预收款方式的,其纳税义务发生时间为收到预收款的当天。

②纳税人提供建筑业或者租赁业劳务,采取预收款方式的,其纳税义务发生时间为收到预收款的当天。

③纳税人将不动产或者土地使用权无偿赠送其他单位或者个人的,其纳税义务发生时间为不动产所有权、土地使用权转移的当天。

④纳税人自己新建(以下简称"自建")建筑物后销售的,其纳税义务发生时间为销售自建建筑物的纳税义务发生时间。

⑤营业税扣缴义务发生时间为纳税人营业税纳税义务发生的当天。

2. 营业税纳税地点的基本规定

(1) 纳税人提供应税劳务应当向其机构所在地或者居住地的主管税务机关申报纳税。但是纳税人提供的建筑业劳务以及国务院财政、税务主管部门规定的其他应税劳务,应当向应税劳务发生地的主管税务机关申报纳税。

(2) 纳税人转让无形资产应当向其机构所在地或者居住地的主管税务机关申报纳税。但是,纳税人转让、出租土地使用权,应当向土地所在地的主管税务机关申报纳税。

（3）纳税人销售、出租不动产应当向不动产所在地的主管税务机关申报纳税。

（4）扣缴义务人应当向其机构所在地或者居住地的主管税务机关申报缴纳其扣缴的税款。

（5）纳税人应当向应税劳务发生地、土地或者不动产所在地的主管税务机关申报纳税而应当申报纳税之月其超过6个月没有申报纳税的，由其机构所在地或者居住地的主管税务机关补征税款。

（6）纳税人在本省、自治区、直辖市范围内发生应税行为，其纳税地点需要调整的，由省、自治区、直辖市人民政府所属税务机关确定。

3. 营业税纳税期限的基本规定

营业税的纳税期限分别为5日、10日、15日、1个月或者1个季度。纳税人的具体纳税期限，由主管税务机关根据纳税人应纳税额的大小分别核定；不能按照固定期限纳税的，可以按次纳税。银行、财务公司、信托投资公司、信用社、外国企业常驻代表机构的纳税期限为1个季度。

纳税人以1个月或者1个季度为一个纳税期的，自期满之日起15日内申报纳税；以5日、10日或者15日为一个纳税期的，自期满之日起5日内预缴税款，于次月1日起15日内申报纳税并结清上月应纳税款。扣缴义务人解缴税款的期限，依照营业税纳税期限的规定执行。

纳税人应按营业税有关规定及时办理纳税申报，并如实填写"营业税纳税申报表"。

（七）营业税税率

我国现行营业税实行行业差别比例税率，具体税率有3%、5%和20%三档，分别适用若干行业。营业税的税目税率情况见下表3-1：

表3-1 营业税税目税率表

税目	税率	征税范围	常见征税业务
交通运输业	3%	陆路运输、水路运输、航空运输、管道运输、装卸搬运	陆运：通过铁路、公路、缆车、索道及其他陆路运送货物或旅客的运输业务。水运：有通过江、河、湖、川等天然、人工水道或海洋航道运送货物或旅客的运输业务。打捞，比照水路运输征税。航运：通过空中航线运送货物或旅客的运输业务。通用航空业务、航空地面服务业务，比照航空运输征税。管运：通过管道设施输送气体、液体、固体物资的运输业务。装卸搬运：使用装卸搬运工具或人力、畜力将货物在运输工具之间、装卸现场之间或运输工具之间与装卸现场之间进行装卸和搬运的业务。搬家业务比照"装卸搬运"征税。

续表

税目	税率	征税范围	常见征税业务
建筑业	3%	建筑、安装、修缮、装饰及其他工程作业	建筑：新建、改建、扩建各种建筑物、构筑物的工程作业，包括与建筑物相连的各种设备或支柱、操作平台的安装或装设工程作业，以及各种窑炉和金属结构工程作业在内。安装：生产设备、动力设备、起重设备、运输设备、传动设备、医疗实验设备及其他各种设备的装配作业、安置工程作业（包括与设备相连的工作台、梯子、栏杆的装设工程作业和被安装设备的绝缘、防腐、保温、油漆等工程作业）、有线电视安装费。修缮：对建筑物、构筑物进行修补、加固、养护、改善，使之恢复原来的使用价值或延长其使用期限的工程作业。装饰：有对建筑物、构筑物进行修饰，使之美观或有特定用途的工程作业。其他工程作业：代办电信工程、水利工程、道路修建工程、钻井工程、平整土地、搭脚手架、疏浚工程、爆破工程、拆除建筑物或构筑物工程、绿化工程等工程作业。
金融保险业	5%	金融、保险	金融：贷款业务（包括自有资金贷款和转贷业务）、融资租赁业务、金融商品转让业务（包括转让外汇、有价证券、非货物期货的所有权的业务）、金融经纪业务、其他金融业务（包括银行结算和票据贴现业务）。保险：人身保险业务、责任保险业务。
邮电通信业	3%	邮政、电信	邮政：传递函件或包件、邮汇、报刊发行、邮务物品销售、邮政储蓄和其他邮政业务。集邮公司销售集邮商品业务征收营业税。电信：电报、电传、电话（包括有线电话、无线电话、寻呼电话、出租电话电路设备、代维修或出租广播电路、电视信号和邮电部门出售移动电话、寻呼机并为用户提供无线通信服务的业务）、电话安装（包括为用户安装固定或移动电话机的业务）、电信物品销售（包括在提供电信劳务的同时附带销售专用通用电信物品的业务）、其他电信的业务。
文化体育业	3%	文化业：表演、播映、其他文化业、经营游览场所。体育业：举办各种比赛和为体育比赛或体育活动提供场所的业务。	表演：单位和个人进行戏剧、歌舞、时装、健美、杂技、民间艺术、武术体育等表演活动的业务。播映：通过电台、电视台、音响系统、闭路电视、卫星通讯等无线或有线装置传播作品以及在电影院、影剧院、录像厅及其他场所放映各种节目的业务。不包括广告的播映业务。电台、电视台有偿性的节目收费按"播映"征税。其他文化业：各种展览、培训活动、举办文学、艺术、科技、讲座、演讲、报告会、图书馆的图书和资料借阅等业务。经营游览场所：公园、动（植）物园及其他各种游览场所销售门票的业务。体育业：单位和个人为举办体育比赛或体育活动提供场所的业务。

续表

税目	税率	征税范围	常见征税业务
娱乐业	20%	歌厅、舞厅、卡拉OK歌舞厅、音乐茶座、网吧、高尔夫球、游艺	歌厅、舞厅、卡拉OK歌舞厅（包括夜总会、练歌房）、音乐茶座（包括酒吧）、网吧、高尔夫球、游艺（如射击、狩猎、跑马、游戏机、蹦极、卡丁车、热气球、动力伞、射箭、飞镖）。娱乐活动提供场所和服务的业务（包括在顾客进行娱乐活动的同时提供的饮食服务和饭馆、餐厅及其他饮食场所，为顾客在就餐的同时进行的自娱自乐形式的歌舞活动所提供的服务）。
	5%	保龄球、台球	为顾客进行台球、保龄球活动提供场所和服务的业务。
服务业	5%	代理业、旅店业、饮食业、旅游业、仓储业、租赁业、广告业务及其他服务业	代理业：代购代销货物、代办进出口、介绍服务、其他代理服务的业务。旅店业：提供住宿服务的业务。饮食业：有通过同时提供饮食和饮食场所的方式为顾客提供饮食消费服务的业务。旅游业：为旅游者安排食宿、交通工具和提供导游等旅游服务的业务。仓储业：利用仓库、货物或其他场所代客贮放、保管货物的业务。租赁业：在约定的时间内将场地、房屋、物品、设备或设施等转让他人使用的业务。将承租的场地、物品、设备等再转租给他人的行为，按"租赁"征税。广告业务：利用图书、报纸、杂志、广播、电视、电影、幻灯、路牌、招贴、橱窗、霓虹灯、灯箱等形式为介绍商品、经营服务项目、文体节目或通告、声明等事项进行宣传和提供相关服务的业务。其他服务业：沐浴、理发、洗染、照相、美术、裱画、誊写、打字、镌刻、计算、测试、装潢、打包、设计、制图、咨询、试验、化验、晒图、测绘、勘探等服务性业务。
转让无形资产	5%	转让土地使用权、专利权、非专利技术、商标权、著作权、商誉	转让土地使用权：单位和个人转让其受让的土地使用权行为，单位和个人转让已完成土地前期开发或正在进行土地前期开发，但未进入施工阶段的在建项目。转让专利权：转让专利技术的所有权或使用权的行为。转让非专利技术：转让非专利技术的所有权或使用权的行为。转让商标权：转让商标的所有权或使用权的行为。转让著作权：转让文字著作、图形著作（如画册、影集）、音像著作（如电影母片、录像带母带）的所有权或使用权的行为。转让商誉：转让商誉的使用权的行为。
销售不动产	5%	销售建筑物及其他土地附着物	有偿转让建筑物或构筑物所有权、销售其他土地附着物所有权，以转让有限产权或永久使用权方式销售建筑物、单位和个人转让进入建筑物施工阶段的在建项目的行为。

营业税的税目、税率,依照《营业税税目税率表》执行。纳税人兼有不同税目应税行为的,应当分别核算不同税目的营业额;未分别核算营业额的,从高适用税率。

(八)营业税计算方法

营业税的计算方法比较简单,一般可以直接将计税依据和适用税率相乘,就可以算出应纳税额。在实际征收过程中,营业税的计算方法大致有三种:

(1)按营业收入全额计算。计算公式为:

营业税=营业收入×税率

(2)按营业收入差额计算。计算公式为:

营业税=(营业收入-允许扣除金额)×税率

(3)按组成计税价格计算。计算公式为:

$$组成计税价格=\frac{营业成本×(1+成本利润率)}{1-营业税税率}$$

应纳税额=组成计税价格×适用税率

(九)具体计税依据

1. 计税依据的一般规定

营业税的计税依据是纳税人从事应税劳务所实际取得的营业额,转让无形资产的实际转让额和销售不动产的实际销售额(以下简称营业额)。

2. 计税依据的特殊规定

(1)交通运输业。运输企业自我国境内运输旅客或者货物出境,在境外改由其他运输企业承运旅客或者货物的,以全程运费减去付给该承运企业运费后的余额为应税营业额。

(2)建筑业。

①纳税人从事建筑、修缮、装饰工程作业,无论对方如何结算,其营业额均应包括所用原材料及其他物资和动力的价款在内。

②纳税人从事安装工程作业,如果安装企业只负责安装业务,所安装的设备不作为安装工程产值的,其营业额为所取得的安装收入;凡所安装的设备作为安装工程产值的,其营业额应包括设备的价款在内。

③建筑业的总承包人将工程分包或转包给他人的,以工程全部承包额减去付给分包人或转包人的价款后的余额为营业额。

④单位自建建筑物后销售,其自建行为的营业额按组成计税价格计算。

⑤销售自产货物提供增值税应税劳务并同时提供建筑业劳务营业额的计算。纳税人销售自产金属结构件、铝合金门窗、玻璃幕墙、机器设备、电子通讯设备等货物,提供增值税应税劳务并同时提供建筑业劳务。如果同时具备建设行政部门批准的建筑业施工(安装)资质,签订建设工程施工总包或分包合同中单独注明建筑业劳务价款两个条件的,销售自产货物、提供增值税应税劳务取得的收入征收增值税,提供建筑业劳务收入征收营业税。凡不同时符合以上条件的,对纳税人取得的全部收入征收增值税,不征收营业税。纳税人通过签订建设工程施工合同,销售自产货物、提供增值税应税劳务的同时,将建筑业劳务分包或转包给其他单位和个人的,对其销售的货物和提供的增值税应税劳务征收增值税。同时,签订建设工程施工总承包合同的单位和个人,应扣缴提供

建筑业劳务的单位和个人取得的建筑业劳务收入的营业税。

案例分析

某建筑工程公司承包一项建筑工程项目,总计2 000万元。建筑工程公司将其中电子通讯项目300万元转包给具有建筑业安装资质的电子设备公司,合同规定电子设备含税价200万元,安装费100万元;将钢结构件470万元转包给不具有建筑业安装资质的钢结构厂,合同规定钢结构件含税价250万元,安装费120万元;将土建项目300万元转包给建筑公司。该项目应纳税为:

转包工程代扣代缴营业税=100×3%+300×3%=12(万元)

总包工程应纳营业税=2 000×3%-12=48(万元)

注:电子设备公司应按200万元,钢结构厂应按470万元计算增值税。

(3)金融保险业。

①贷款业务。中国人民银行对金融机构的贷款业务不征营业税。

②转贷业务。以贷款利息减去借款利息后的余额为应税营业额。转贷业务是指金融机构将借入的资金贷与他人(包括直接向境外借入的外汇资金贷与国内企业)使用的业务。

③金融商品转让业务。金融机构从事股票、债券、外汇和其他金融商品转让,应以卖出价减去买入价后的余额为应税营业额。同一大类不同品种金融商品买卖出现的正负差,在同一个纳税期内可以相抵。相抵后仍出现负差的,可结转下一个纳税期相抵,但年末时仍出现负差的,不得转入下一个会计年度。非金融机构和个人买卖外汇、有价证券或期货,不征收营业税。

④融资租赁业务。经中国人民银行或对外经济贸易合作部批准经营融资租赁业务的单位所从事的融资租赁业务,以其向承租人收取的全部价格和价外费用减去出租方承担的出租货物的实际成本后的余额为营业额。出租货物的实际成本包括由出租方承担的货物购入价、关税、增值税、消费税、运杂费、安装费、保险费以及纳税人为购买出租货物而发生的境外外汇借款利息支出等费用。对于未经中国人民银行或对外经济贸易合作部批准而经营融资租赁业务的单位所从事的融资租赁业务,不属于金融业。应按货物销售征收增值税或按服务业中的租赁业务征收营业税。计算公式为:

本期营业额=(应收取的全部价格和价外费用-实际成本)×(本期天数/总天数)

⑤保险业务。保险业实行分包险的,以全部保费收入减去支付给分包人保费后的余额为初保业务的计税依据。但在实际操作中,可只对初保人按保费收入全额征税,对分保人取得的保费收入不再征税。保险公司如采用收取储金方式取得经济利益的(即以被保险人所交保险资金的利息收入作为保费收入,保险期满后将保险资金本金返还被保险人),其储金业务的营业额,为纳税人在纳税期内的储金平均余额乘以人民银行公布的一年期存款的月利率。储金平均余额为纳税期期初储金余额

与期末余额之和的50%。

(4) 邮电通信业。邮政业务计税依据为传递函件或包件、邮汇、报刊发行、邮政物品销售、邮政储蓄或其他邮政业务的收入。电信业务计税依据为提供电报、电话、电传、电话机安装、电信物品销售或其他电信业务的收入。

(5) 文化体育业。单位和个人进行的演出业务,应以全部票价收入或者包场收入减去付给提供演出场所的单位、演出公司或者经纪人的费用后的余额为应税营业额。游览场所的营业额是指公园、动(植)物园及其他游览场所所销售的门票收入,不包括这些场所从事的其他游艺活动或其他经营活动的收入。

(6) 娱乐业。计税依据为经营娱乐业的营业收入,即纳税人向顾客收取的全部费用,包括门票费、台位费、点歌费、烟酒费和饮料费及娱乐场所为顾客进行娱乐活动提供服务的其他各项收费。高尔夫俱乐部所收取的会员费收入应包括在娱乐业的应税营业额中。

案例分析

某星级饭店本月份取得饭店营业收入100万元,客房营业收入100万元,所属歌舞厅营业收入20万元,其中点歌费收入5万元,食品饮料收入12万元,门票收入3万元。服务业适用营业税税率为5%,本地娱乐业营业税税率为20%。按下列两种情形分别计算该饭店本月应纳营业税额:(1)娱乐业收入与餐饮服务收入已经分别核算;(2)娱乐业收入与餐饮服务收入未分别核算。

【分析】本例要求掌握纳税人兼营行为应纳税额的计算。

【解答】(1)分别核算时的营业税:$(100+100)\times 5\% +20\times 20\% =14$(万元)

(2)未分别核算时的营业税:$(100+100+20)\times 20\% =44$(万元)

某大酒店从事餐饮、住宿、娱乐等经营项目,2011年4月所属酒店有以下收入:客房收入800 000元,写字间收入250 000元,餐厅收入1 600 000元,所属娱乐场所不夜城门票收入750 000元,点歌费、台位费150 000元,销售烟、酒、饮料收入300 000元,其他娱乐收入100 000元。

要求:计算该酒店4月份应纳营业税税额。

【分析】大酒店从事餐饮、住宿、出租写字间属于服务业,按服务业适用税率5%计算征收营业税;从事娱乐业取得的门票收入,点歌费、台位费收入,销售烟、酒、饮料收入,及其他娱乐收入一并按娱乐业征税,适用税率20%。

【解答】服务项目:

应纳税额=营业额×税率=$(800\,000+250\,000+1\,600\,000)\times 5\% =132\,500$(元)

娱乐项目:

应纳税额=营业额×税率=$(750\,000+150\,000+300\,000+100\,000)\times 20\% =260\,000$(元)

大酒店4月份应纳营业税额=$132\,500+260\,000=392\,500$(元)

(7)服务业。计税依据为纳税人经营各项服务业所取得的营业收入全额。具体为：

①旅游企业组织旅游团到我国境内旅游的，以收取的旅游费减去替旅游者支付给其他单位的房费、餐费、交通、门票和其他代付费用后的余额为应税营业额。旅游企业组织旅游团到我国境外旅游，在境外改由其他旅游企业接团的，以全程旅游费减去付给该接团企业的旅游费后的余额为应税营业额。

②代理业以纳税人从事代理业务向委托方实际收取的报酬为营业额。

③广告代理业以代理者向委托方收取全部价格和价外费用减去付给广告发布者的广告发布费后的余额为营业额。

④物业管理企业代有关部门收取水费、电费、燃气费、维修基金、房租，以代理手续费收入为营业额。

⑤拍卖行以向委托人收取的手续费为营业额。

案例分析

【案例1】某旅行社本月组织团体旅游，收取旅游费共计35万元。其中组团境内旅游收入15万元，替旅游者支付给其他单位餐费、住宿费、交通费、门票共计8万元，组团境外旅游收入20万元，付给境外接团企业费用12万元，请计算该旅行社本月应纳的营业税额。

解答：应纳营业税＝(15－8)×5％＋(20－12)×5％＝0.75(万元)

【提示】按税法规定，组团境外旅游以全程旅费减去付给境外接团企业的旅费后的余额为营业额；旅行社代替旅游者支付给其他单位的餐费、住宿费、交通费、门票和其他代付费可以从总收入中扣除。

【案例2】某旅游开发有限公司2011年4月发生有关业务及收入如下：

(1)旅游景点门票收入650万元；

(2)景区索道客运收入380万元；

(3)民俗文化村项目表演收入120万元；

(4)与甲企业签订合作经营协议：以景区内价值2 000万元的房产使用权与甲企业合作经营景区酒店(房屋产权仍属公司所有)，按照约定旅游公司每月收取20万元的固定收入。

要求：根据上述资料，试问该企业需交纳哪些税？

答：(1)计算门票收入应缴纳的营业税；

门票收入应缴纳的营业税＝650×3％＝19.5(万元)

(2)计算索道客运收入应缴纳的营业税；

索道客运收入应缴纳的营业税＝380×5％＝19(万元)

(3)计算民俗文化村表演收入应缴纳的营业税；

表演收入应缴纳的营业税＝120×3％＝3.6(万元)

(4)计算合作经营酒店收入应缴纳的营业税。

合作经营酒店应纳营业税＝20×5％＝1(万元)

项目三　旅游企业的税收知识

(8) 转让无形资产。计税依据为转让无形资产所取得的转让额。

(9) 销售不动产。销售不动产的计税依据为纳税人销售不动产而向购买方收取的全部价款和价外费用。

(十) 我国营业税减免

1. 免征规定

(1) 下列项目免征营业税。

①托儿所、幼儿园、养老院、残疾人福利机构提供的育养服务、婚介服务、殡葬服务。

②残疾人员个人为社会提供的服务。

③医院、诊所和其他医疗机构提供的医疗服务。

④学校和其他教育机构提供的教育服务,学生勤工俭学提供的劳务。

⑤农业机耕、排灌、病虫害防治、植保、农牧保险以及相关技术培训业务、家禽、水生动物的配种和疾病防治。

⑥纪念馆、博物馆、文化馆、美术馆、展览馆、书画院、图书馆、文物保护单位举办文化活动的门票收入、宗教场所举办文化、宗教活动的门票收入。

⑦境内保险机构为出口货物提供的保险产品。

(2) 其他免征规定。

①对单位和个人(包括外商投资企业、外商投资设立的研究开发中心、外国企业和外籍个人)从事技术转让、技术开发业务和与之相关的技术咨询、技术服务业务取得的收入,免征营业税。

②个人转让著作权,免征营业税。

③将土地使用权转让给农业生产者用于农业生产,免征营业税。

④工会疗养院(所)可视为"其他医疗机构",免征营业税。

⑤凡经中央及省级财政部门批准纳入预算管理或财政专户管理的行政事业性收费、基金,无论是行政单位收取的,还是由事业单位收取的,均不征收营业税。

⑥立法机关、司法机关、行政机关的收费,同时具备下列条件的,不征收营业税:

一是国务院、省级人民政府或其所属财政、物价部门以正式文件允许收费,而且收费标准符合文件规定的;二是所收费用由立法机关、司法机关、行政机关自己直接收取的。

⑦社会团体按财政部门或民政部门规定标准收取的会费,不征收营业税。

⑧下岗职工从事社区居民服务业取得的营业收入,3年内免征营业税。

⑨对从事学历教育的学校提供教育劳务取得的收入,学生勤工俭学提供劳务取得的收入,学校从事技术开发、技术转让业务和与之相关的技术咨询、技术服务业务取得的收入,托儿所、幼儿园提供养育服务取得的收入,免征营业税。

⑩对住房公积金管理中心用住房公积金在指定的委托银行发放个人住房贷款取得的收入,免征营业税。

⑪人民银行对金融机构的贷款业务,不征收营业税。人民银行对企业贷款或委托金融机构贷款的业务应当征收营业税。

⑫金融机构往来业务暂不征收营业税。

⑬对金融机构的出纳长款收入,不征收营业税。

⑭专项国债转贷取得的利息收入,

免征营业税。

⑮自2004年1月1日起,对证券投资基金(封闭式证券投资基金、开放式证券投资基金)管理人运用基金买卖股票、债券的差价收入,继续免征营业税。

⑯保险公司开展的一年期以上返还性人身保险业务的保费收入免征营业税。

⑰保险公司的摊回分保费用。

⑱为了切实减轻个人买卖普通住宅的税收负担,积极启动住房二级市场,对个人购买并居住超过1年的普通住宅,销售时免征营业税;个人购买并居住不足1年的普通住宅,销售时营业税按销售价减去购入原价后的差额计征;个人自建自用住房,销售时免征营业税。对企业、行政事业单位按房改成本价、标准价出售住房的收入,暂免征收营业税。

⑲自2010年1月1日起,个人将购买不足5年的非普通住房对外销售的,全额征收营业税;个人将购买超过5年(含5年)的非普通住房或者不足5年的普通住房对外销售的,按照其销售收入减去购买房屋的价款后的差额征收营业税;个人将购买超过5年(含5年)的普通住房对外销售的,免征营业税。

【任务拓展】

混合销售行为与兼营非应税劳务行为的比较

混合销售行为与兼营非应税劳务行为相比,其相同之处是两者既包括销售货物与提供非应税劳务两种行为。不同之处是混合销售行为强调在同一项销售行为(同一业务)中存在两者的混合,即销售货物与提供非应税劳务紧密相连以致混合为一体(如销售空调并负责安装),货物销售款与非应税劳务款同时从同一购买者(客户)那里取得而难以分清;而兼营行为强调的是在同一纳税人的经营活动中存在着两类不同性质的应税项目,他们不是在同一销售行为(同一业务)中发生的,即不同是发生在同一个购买者(客户)身上。因此判断某纳税人的行为究竟是混合销售行为还是兼营行为,主要是看其销售货物行为与提供非应税劳务的行为是否同时发生在同一业务中(即其货物销售与非应税劳务的提供是否同时服务于同一客户),如果是,则为混合销售行为;如果不是,则为兼营行为。正因为混合销售行为与兼营行为的性质不同,故其纳税原则也不相同。前者是以纳税人的"经营主业"为标准划分,就全部销售收入(营业额)只征一种税,或征增值税,或征营业税,而后者是以会计核算为标准,纳税人能够分别核算、准确核算,则分别征税(即销售行为征增值税,非应税劳务行为征营业税);如果不能分别核算或者不能准确核算,由主管税务机关分别核算分别征收。

另外,应特别注意的是,应税劳务与非应税劳务在《增值税暂行条例》与《营业税暂行条例》中的内涵是不相同的。《增值税暂行条例》中的内涵是不同的。《增值税暂行条例》中所称的应税劳务是指应征增值税的劳务,即加工、修理修配两类劳务;其所称非应税劳务是指应按《营业税暂行条例》征收营业税的交通运输、建筑业等七类劳务。而《营业税暂行条例》中所称的应税劳务,即指应征营业税的七类劳务,所称非应税劳务恰恰是指应征增值税的加工、修理修配两类劳务。因此,在增值税法和营业税法部分介绍的混合销售行为与兼营非应税劳务行为,实际上是《增值税暂行条例》与《营业税暂行条例》从不同的税种角度,对同一问题从不同的视角所做的实质相同的规定。

【任务反馈】

增值税、营业税和消费税三大流转税的关系是什么?

释疑:增值税主要是针对生产性的企业,营业税主要是针对服务性的企业,消费税是针对征收增值税企业中的部分企业。一般情况下,一个企业不是交增值税就是交营业税,除了混合销售和兼营行为。

任务三 熟知所得税的基本知识

【任务目标】

所得税是与企业及个人关系最密切的税种,特别是个人所得税与每个人息息相关,因此本任务要求学生掌握个人所得税和企业所得税的基本概念和计算方法。

【案例聚焦】

"月饼税"引起的思考

时值中秋前夕,不少单位都会向员工发放月饼、中秋购物礼券或是月饼券。这些收入虽然以实物或有价证券形式发放,但不属于免税范畴,也应计入工资薪金扣缴个人所得税。新个税法自2011年9月1日起施行,纳税人8月收到单位发放的月饼或月饼券,将按旧标准2 000元/月的减除费用标准来计征个税。9月收到的月饼或是月饼券,则将按3 500元/月的减除费用标准来计征个税。

针对实物工资征收个税是理所应当的,但是月饼、粽子这些节庆类实物也完全按照工资计税征收个税,会导致员工的直观感受是因为发了月饼反而使工资变少了,影响企业发月饼的效果。有的企业为了避免这一尴尬干脆发过节费,不发实物的月饼了,但这也是无奈之举,传统节日发钱似乎少了点人情味。针对月饼征税的争议也是在于此,是否应该对特殊情况给予一些特殊处理呢?

【任务执行】

一、企业所得税

企业所得税是对我国境内的企业和其他取得收入的组织的生产经营所得和其他所得所征收的一种税收。它是国家参与企业利润分配的重要手段。企业所得税,国外称为"公司税"、"公司所得税"、"法人税"、"法人所得税"。

(一)企业所得税的特点

企业所得税是规范和处理国家与企业分配关系的重要形式。具有与商品劳务税不同的性质,其特点主要有以下四个方面:

1. 将企业划分为居民企业和非居民企业

现行企业所得税将企业划分为居民企业和非居民企业两大类:居民企业负无限纳税义务,即来源于我国境内、外的所得都要向中国政府缴纳所得税。非居民企业负有限纳税义务,即来源于中国境内的所得向中国政府缴纳所得税。

2. 征税对象为应纳税所得额

企业所得税以应纳税所得额为课税

对象,应纳税所得额是指按照企业所得税法的规定,为企业每一纳税年度的收入总额,减除不征税收入、免税收入、各项扣除以及允许弥补的以前年度亏损后的余额,而不是依据会计制度的规定计算出来的利润总额。

3. 征税以量能负担为原则

企业所得税以企业的生产、经营所得和其他所得为征税对象,所得多的多缴税,所得少的少缴税,没所得的不缴税,充分体现税收的公平负担原则,而不是像流转税那样只要取得收入就应缴税,不管盈利还是亏损。

4. 实行按年计征、分期预缴的办法

企业所得税以企业一个纳税年度的应纳税所得额为计税依据,平时分月或分季预缴,年度终了后进行汇算清缴,多退少补。

(二)企业所得税纳税人

企业所得税的纳税人是指在中华人民共和国境内的企业和其他取得收入的经济组织。企业分为居民企业和非居民企业。

所谓居民企业,是指依法在中国境内成立,或者依照外国(地区)法律成立但实际管理机构在中国境内的企业。其中,依法在中国境内成立的企业,包括依照中国法律、行政法规在中国境内成立的企业、事业单位、社会团体及其他取得收入的组织。依照外国(地区)法律成立的企业,包括依照外国(地区)法律成立的企业和其他取得收入的组织。

所谓非居民企业,是指依照外国(地区)法律成立且实际管理机构不在中国境内,但在中国境内设立机构、场所的,或者在中国境内未设立机构、场所,但有来源于中国境内所得的企业。

所谓"实际管理机构",是指对企业的生产经营、人员、账务、财产等实施实质性全面管理和控制的机构;非居民企业所设立的"机构、场所"是指在中国境内从事生产经营活动的机构、场所,包括管理机构、营业机构、办事机构、工厂、农场、提供劳务的场所、从事工程作业的场所等。其中,非居民企业委托营业代理人在中国境内从事生产经营活动的,包括委托单位和个人经常代其签订合同,或者储存、交付货物等,视为非居民企业在中国境内设立机构、场所。

依照中国《独资企业法》、《合伙企业法》等法律、行政法规成立的个人独资企业、合伙企业不适用本法。

(三)企业所得税征税对象

企业所得税的征税对象是指企业的生产经营所得、其他所得和清算所得。

1. 居民所得的征税对象

居民企业就其来源于中国境内、境外的所得作为征税对象。所得,包括销售货物所得、提供劳务所得、转让财产所得、股息红利等权益性投资所得、利息所得、租金所得、特许权使用费所得、接受捐赠所得和其他所得。

2. 非居民企业的征税对象

非居民企业在中国境内设立机构、场所的,应当就其所设机构、场所取得的来源于中国境内的所得,以及发生在中国境外但与其所设机构、场所有实际联系的所得,缴纳企业所得税。

非居民企业在中国境内未设立机构、场所的,或者虽设立机构、场所但取得的所得与其所设机构、场所没有实际联系的,应当就其来源于中国境内的所得缴纳企业所得税。

上述所称实际联系,是指非居民企业在中国境内设立的机构、场所拥有据以取得所得的股权、债权,以及拥有、管理、控制据以取得所得的财产等。

3. 所得来源的确定

来源于中国境内、境外的所得,按照以下原则确定:

(1) 销售货物所得,按照交易活动发生地确定;

(2) 提供劳务所得,按照劳务发生地确定;

(3) 转让财产所得,不动产转让所得按照不动产所在地确定,动产转让所得按照转让动产的企业或者机构、场所所在地确定,权益性投资资产转让所得按照被投资企业所在地确定;

(4) 股息、红利等权益性投资所得,按照分配所得的企业所在地确定;

(5) 利息所得、租金所得、特许权使用费所得,按照负担、支付所得的企业或者机构、场所所在地确定,或者按照负担、支付所得的个人的住所地确定;

(6) 其他所得,由国务院财政、税务主管部门确定。

(四) 所得税的纳税地点、纳税期限

1. 纳税地点

(1) 除税收法律、行政法规另有规定外,居民企业以企业登记注册地为纳税地点;但登记注册地在境外的,以实际管理机构所在地为纳税地点。

(2) 居民企业在中国境内设立不具有法人资格的营业机构的,应当汇总计算并缴纳企业所得税。企业汇总计算并缴纳企业所得税时,应当统一核算应纳税所得额,实行"统一计算、分级管理、就地预缴、汇总清算、财政调库"的征收管理办法。

总机构和具有主体生产经营职能的二级分支机构应按规定,分月或分季分别向所在地主管税务机关申报预缴企业所得税。二级分支机构及其下属机构均由二级分支机构集中就地预缴企业所得税;三级及以下分支机构不就地预缴企业所得税,其经营收入、职工工资和资产总额统一计入二级分支机构。

总机构设立具有独立生产经营职能部门,且具有独立生产经营职能部门的经营收入、职工工资和资产总额与管理职能部门分开核算的,可将具有独立生产经营职能的部门视同一个分支机构,就地预缴企业所得税。具有独立生产经营职能部门与管理职能部门的经营收入、职工工资和资产总额不能分开核算的,具有独立生产经营职能的部门不得视同一个分支机构,不就地预缴企业所得税。

不具有主体生产经营职能,且在当地不缴纳增值税、营业税的产品售后服务、内部研发、仓储等企业内部辅助性的二级及以下分支机构,不就地预缴企业所得税。上年度认定为小型微利企业的,其分支机构不就地预缴企业所得税。新设立的分支机构,设立当年不就地预缴企业所得税。

(3) 非居民企业在中国境内设立机构、场所的,应当就其所设机构、场所取得的来源于中国境内的所得,以及发生在中国境外但与其所设机构、场所有实际联系的所得,以机构、场所所在地为纳税地点。非居民企业在中国境内设立两个或者两个以上机构、场所的,经税务机关审核批准,可以选择由其主要机构、场所汇总缴纳企业所得税。非居民企业经批准汇总缴纳企业所得税后,需要增设、合并、迁移、关闭机构、场所或者停止机构、场所业务的,应当事先由负责汇总申报缴纳企业所得税的主要机构、场所向其所在地税务机关报告;需要变更汇总缴纳企业所得税的主要机构、场所的,依照前款规定办理。

(4) 非居民企业在中国境内未设立机构、场所的,或者虽设立机构、场所但取得的所得与所设机构、场所没有实际联系的,以扣减义务人所在地为纳税地点。

(5) 除国务院另有规定外,企业之间不得合并缴纳企业所得税。

2. 纳税期限

企业所得税按年计征,分月或者分季预缴,年终汇算清缴,多退少补。

企业所得税按纳税年度计算,纳税年度自公历1月1日起至12月31日止。企业在一个纳税年度中间开业,或者终止经营活动,使该纳税年度的实际经营期不足12个月的,应当以其实际经营期为一个纳税年度。企业依法清算时,应当以清算期间作为一个纳税年度。

(五) 企业所得税应纳税额的确定

按照税法规定计算的应纳税所得额与依据企业财务会计制度、准则计算的会计利润往往不一致,企业财务、会计处理办法与国家有关税收规定不一致的,应当依照税收法律、行政法规的规定计算纳税。

企业所得税的计税依据为应纳税所得额。应纳税所得额是指按照税法规定确定纳税人在一定期间所获得的所有应税收入减除在该纳税期间依法允许减除的各种支出后的余额,是计算企业所得税税额的计税依据。《企业所得税法》规定的应纳税所得额,是指企业每一纳税年度的收入总额,减除不征税收入、免税收入、各项扣除以及允许弥补的以前年度亏损后的余额。应纳税所得额计算公式为:

应纳税所得额=每一纳税年度的收入总额一不征税收入一免税收入一各项扣除项目一允许弥补的以前年度亏损

1. 税率

企业所得税实行比例税率。简便易行,透明度高,不会因征税而改变企业间收入分配比例,有利于促进效率的提高。

(1) 基本税率——25%。适用于居民企业和非居民企业在中国境内设立机构、场所的,应当就其所设机构、场所取得的来源于中国境内的所得,以及发生在中国境外但与其所设机构、场所有实际联系的所得。

(2) 预提所得税税率——20%。在中国境内未设立机构、场所的,或者虽设立机构、场所但取得的所得与其所设机构、场所没有实际联系的非居民企业,适用税率为20%,减按10%的税率征收企业所得税。

(3) 优惠税率——20%和15%。符合条件的小型微利企业,减按20%的税率征收企业所得税;国家需要重点扶持的高新技术企业,减按15%的税率征收企业所得税。

2. 收入总额

确定企业应纳税所得额,首先要确定企业的收入总额。《企业所得税法》规定,企业以货币形式和非货币形式从各

种来源取得的收入,为收入总额。包括纳税人来源于中国境内、境外的生产经营收入和其他收入。具体包括:

(1) 销售货物收入,是指纳税人销售货物取得的收入。

(2) 提供劳务收入,是指纳税人提供劳务取得的收入。

(3) 转让财产收入,是指纳税人有偿转让各类财产取得的收入,包括转让固定资产、有价证券、股权以及其他财产而取得的收入。

(4) 股息、红利等权益性投资收益,是指纳税人对外投资入股分得的股息、红利等收入。

(5) 利息收入,是指纳税人购买各种债券等有价证券的利息,外单位欠款付给的利息以及其他利息收入,但不包括纳税人购买国债的利息收入。

(6) 租金收入,是指纳税人出租固定资产、包装物以及其他财产而取得的租金收入。

(7) 特许权使用费收入,是指纳税人提供或者转让专利权、非专利技术、商标权、著作权以及其他特许权而取得的收入。

(8) 接受捐赠收入,是指纳税人接受的货币性和非货币性捐赠收入。

(9) 其他收入,是指除上述各项收入之外的其他各种收入,包括固定资产盘盈收入、罚款收入、因债权人缘故确实无法支付的应付款项,物资及现金的溢余收入,教育费附加返还款,包装物押金收入以及其他收入。

3. 不征税收入

《企业所得税法》引入了"不征税收入"的概念。所谓不征税收入,是指从性质上不属于企业营利性活动带来的经济利益、不负有纳税义务并不作为应纳税所得额组成部分的收入。《企业所得税法》规定,收入总额中的下列收入为不征税收入:

(1) 财政拨款;

(2) 依法收取并纳入财政管理的行政事业性收费、政府性基金;

(3) 国务院规定的其他不征税收入。

4. 免税收入

免税收入是指属于企业的应税所得但按照税法规定免予征收企业所得税的收入。《企业所得税法》规定的免税收入包括:

(1) 国债利息收入;

(2) 符合规定条件的居民企业之间的股息、红利等权益性投资收益;

(3) 在国境内设立机构、场所的非居民企业从居民企业取得与该机构、场所有实际联系的股息、红利等权益性投资收益;

(4) 符合规定条件的非营利组织的收入。

5. 准予扣除项目

(1) 企业实际发生的与取得收入有关的、合理的支出,包括成本、费用、税金、损失和其他支出,准予在计算应纳税所得额时扣除。

①成本。即生产、经营成本,是指纳税人为生产、经营商品和提供劳务等所发生的各项直接费用和各项间接费用。外购存货的实际成本包括购货价格、购货费用和税金。其中,计入存货成本的税金是指购买、自制或委托加工存货发生的消费税、关税、资源税和不能从销项税额中抵扣的增值税进项税额。纳税人

自制存货和成本包括制造费用等间接费用。

②费用。即指纳税人为生产、经营商品和提供劳务等所发生的销售（经营）费用、管理费用和财务费用。已计入成本的有关费用除外。

销售费用是指应由纳税人负担的为销售商品而发生的费用，包括广告费、运输费、装卸费、包装费、展览费、保险费、销售佣金（能直接认定的进口佣金调整商品进价成本）、代销手续费、经营性租赁费及销售部门发生的差旅费、工资、福利费等费用。

从事商品流通业务的纳税人购入存货抵达仓库前发生的包装费、运杂费、运输存储过程中的保险费、装卸费、运输途径中的合理损耗和入库前的挑选调整费用等购货费用可直接计入销售费用。如果纳税人根据会计核算的要求已将上述购货费用计入存货成本的，不得再以销售费用的名义重复申报扣除。

从事房地产开发业务的纳税人的销售费用还包括开发产品销售之前的改装修复费、看护费、采暖费等。

管理费用是指纳税人的行政管理部门为管理组织经营活动提供各项支援性服务而发生的费用。包括总部（公司）经费、研究开发费（技术开发费）、社会保障性缴款、劳动保护费、业务招待费、工会经费、职工教育经费、股东大会或董事会费、开办费摊销（土地使用费、土地损失补偿费）、矿产资源补偿费、坏账损失、印花税等税金、消防费、排污费、绿化费、外事费和法律、财务、资料处理及会计事务方面的成本（咨询费、诉设费、聘请中介机构费、商标注册费等），以及向总机构（指同一法人的总公司性质的总机构）支付的与本身或利性活动有关的合理的管理费等。除经国家税务总局或其授权的税务机关批准外，纳税人不得列支向其关联企业支付的管理费。

财务费用是指纳税人为筹集经营性资金而发生的费用，包括利息净支出、汇兑净损失、金融机构手续费以及其他非资本化支出。

③税金。即指纳税人按规定缴纳的消费税、营业税、资源税、土地增值税、关税、城市维护建设税、教育费附加等产品销售税金及附加，以及发生的房产税、车船税、土地使用税、印花税等。企业缴纳的房产税、车船税、土地使用税、印花税等，已经计入管理费用中扣除的，不再作为销售税金单独扣除。企业缴纳的增值税因其属于价外税，故不在扣除之列。

④损失。即指纳税人生产、经营过程中的各项营业外支出、已发生的经营亏损和投资损失以及其他损失。

⑤其他支出。即指税法规定可以在计算应纳税所得额时准予扣除的其他支出。

（2）企业发生的公益性捐赠支出，在年度利润总额外负担12%以内的部分，准予在计算应纳税所得额时扣除。

（3）企业按照规定计算的固定资产折旧，准予扣除。

（4）企业按照规定计算的无形资产摊销费用，准予扣除。

（5）企业发生的下列支出作为长期待摊费用，按照规定摊销的，准予扣除：

①已足额提到折旧的固定资产的改建支出；

②租入固定资产的改建支出；

③固定资产的大修理支出;

④其他应当作为长期待摊费用的支出。

(6) 企业使用或者销售存货,按照规定计算的存货成本,准予计算应纳税所得额时扣除。

(7) 企业转让资产,该项资产的净值,准予在计算应纳税所得额时扣除。

(8) 企业的下列支出,可以在计算应纳税所得额时加计扣除:

①开发新技术、新产品、新工艺发生的研究开发费用,费用化没有形成无形资产的支出加计扣除50%,资本化支出形成无形资产的按成本150%摊销;

②安置残疾人员及国家鼓励安置的其他就业人员所支付的工资,在按照支付给残疾职工工资据实扣除的基础上,按照支付给上述人员工资的100%加计扣除。

案例分析

某企业本年实现利润100万元,适用税率为25%。检查企业支出项目时发现:(1)企业新产品研究开发费用为50万元,没有形成无形资产;(2)企业安置残疾职工工资为30万元。计算企业本年应纳所得税。

【分析】《税法》规定,特别支出项目可以加计扣除。

【解答】调整应纳税所得额 $= -50 \times 50\% - 30 \times 100\% = -55$(万元)

应纳所得税 $= (100 - 55) \times 25\% = 11.25$(万元)

(9) 创业投资企业从事国家需要重点扶持和鼓励的创业投资,可以按投资额的一定比例抵扣应纳税所得额。

(10) 企业的固定资产由于技术进步等原因,确需加速折旧的,可以缩短折旧年限或者采用加速折旧的方法。

(11) 企业综合利用资源,生产符合国家产业政策的产品所得的收入,可以在计算应纳税所得额时减计收入。

(12) 企业购置用于环境保护、节能节水、安全生产等专用设备的投资额,可以按一定比例实行税额抵免。

6. 按照限额抵扣项目

(1) 公益性捐赠限额:年度利润的12%部分;

(2) 业务招待费限额:发生额的60%和营业收入的5‰较小者;

(3) 广告费和业务宣传费限额:营业收入的15%;

(4) 职工福利费限额:工资薪金的14%;

(5) 工会经费限额:工资薪金的2%;

(6) 职工教育经费限额:工资薪金的2.5%。

案例分析

某企业本年产品销售收入7 000万元,实现本年利润1 000万元。同期发生的与生产经营活动有关的业务招待费支出为70万元,该笔费用全部在管理费用中列支。企业适用25%的所得税率。其他项目没有发现问题,计算其全年应当缴纳的所得税。

【分析】企业发生的与生产经营活动有关的业务招待费支出,按照发生额的60%扣除,但最高不得超过当年销售(营业)收入的5‰。

【解答】扣除限额＝7 000×5‰＝35(万元)

调整业务招待费用增加应纳税所得额＝70－7 000×5‰＝35(万元)

应纳所得税＝(1 000＋35)×25%＝258.75(万元)

7. 不得扣除项目

(1) 企业在计算应纳税所得额时,下列支出不得扣除:

①向投资者支付的股息、红利等权益性投资收益款项。

②企业所得税税款。

③税收滞纳金。纳税人因违反税法规定,被处以的滞纳金,不得扣除。

④罚金、罚款和被没收财物的损失。纳税人的生产、经营因违反国家法律、法规和规章,被有关部门处以的罚金、罚款,以及被没收财物的损失,不得扣除;但纳税人逾期归还银行借贷款,银行按规定加收的罚息,不属于行政性罚款,允许在税前扣除。

⑤企业发生的年度利润总额12%以内扣除的公益性捐赠支出以外的捐赠支出。

⑥赞助支出。

⑦未经核定的准备金支出。

⑧与取得收入无关的其他支出。

(2) 企业在计算应纳税所得额时,下列固定资产不得计算折旧扣除:

①房屋、建筑物以外未投入使用的固定资产;

②以经营租赁方式租入的固定资产;

③以融资租赁方式租出的固定资产;

④已足额提取折旧仍继续使用的固定资产;

⑤与经营活动无关的固定资产;

⑥单独估价作为固定资产入账的土地;

⑦其他不得计算折旧扣除的固定资产。

(3) 企业在计算应纳税所得额时,下列无形资产不得计算摊销费用扣除:

①自行开发的支出已在计算应纳税所得额时扣除的无形资产;

②自创商誉;

③与经营活动无关的无形资产;

④其他不得计算摊销费用扣除的无形资产。

(4) 企业对外投资期间,投资资产的成本在计算应纳税所得额时不得扣除。

(5) 企业在汇总计算缴纳企业所得税时,其境外营业机构的亏损不得抵减境内营业机构的盈利。

案例分析

某企业为居民企业,2012年发生经营业务如下:

取得产品销售收入4 000万元。

发生产品销售成本2 600万元。

发生销售费用770万元(其中广告费650万元),管理费用户480万元。

取得产品销售收入4 000万元。

发生产品销售成本2 600万元。

发生销售费用770万元(其中广告费650万元),管理费用户480万元。

(其中业务招待费25万元),财务费用60万元。

销售税金160万元(含增值税120万元)。

营业外收入80万元,营业外支出50万元(含通过公益性社会团体向贫困山区捐款30万元,支付税金滞纳金6万元)。

计入成本、费用中的实发工资总额200万元、拨缴职工工会经费5万元、发生职工福利费31万元、发生职工教育经费7万元。

计算该企业2012年度实际应纳的企业所得税。

【解答】(1)会计利润总额=4 000+80-2 600-770-480-60-40-50=80(万元)

(2)广告费和业务宣传费调增所得额=650-4 000×15%=650-600=50(万元)

(3)业务招待费调增所得额=25-25×60%=25-15=10(万元)

4 000×5‰=20(万元)>25×60%=15(万元)

(4)捐赠支出应调增所得额=30-80×12%=20.4(万元)

(5)工会经费应调增所得额=5-200×2%=1(万元)

(6)职工福利费应调增所得额=31-200×14%=3(万元)

(7)职工教育经费应调增所得额=7-200×2.5%=2(万元)

(8)应纳税所得额=80+50+10+20.4+6+1+3+2=172.4(万元)

(9)2012年应缴企业所得税=172.4×25%=43.1(万元)

8. 亏损弥补

纳税人发生年度亏损的,可以用下一纳税年度的所得弥补;下一纳税年度的所得不足弥补的,可以逐年延续弥补,但是延续弥补期最长不得超过5年。5年内不论是盈利或亏损,都作为实际弥补期计算。这里所指的亏损不是企业财务报表中反映的亏损额,而是企业财务报表中的亏损额经主管税务机关按税法规定核实调整后的金额。

亏损弥补年限是自亏损年度的下一个年度起,连续5年不间断地计算。如连续发生年度亏损,也必须从第一个亏损年度算起,先亏先补,按顺序连续计算亏损弥补期,不得将每个亏损年度的连续弥补期相加,更不得断开计算。

二、个人所得税概述及应纳税额的确定

(一)个人所得税的概念和纳税人

个人所得税是以个人(自然人)取得的各项应税所得为征税对象所征收的一种税。

个人所得税的纳税人是指在中国境内有住所,或者虽无住所但在境内居住满一年的个人,以及无住所又不居住或居住不满一年但从中国境内取得所得的个人,包括中国公民,个体工商户,外籍个人,香港、澳门、台湾同胞等。

我国个人所得税实行支付所得的单位代扣代缴和个人申报纳税相结合的征收管理制度。税法规定,凡支付应纳税所得的单位或个人,都是个人所得税的扣缴义务人。扣缴义务人在向纳税人支付应纳税所得时,必须履行代扣代缴的义务。

(二)征税范围和税目

对于居民纳税人,应就来源于中国境内和境外的全部所得征税;对于非居民纳税人,则只就来源于中国境内所得部分征税,境外所得不属于我国《个人所得税法》征收的范围。

现行个人所得税共有11个应税项目:①工资、薪金所得;②个体工商户的生产、经营所得;③企业、事业单位的承包经营承租经营所得;④劳务报酬所得;⑤稿酬所得;⑥特许权使用费所得;⑦利息、股息、红利所得;⑧财产租赁所得;⑨财产转让所得;⑩偶然所得;⑪其他所得。

(三)税率

个人所得税分别按不同个人所得项目,规定了超额累进税率和比例税率两种形式。

(1)工资、薪金所得:适用3%～45%的九级超额累进税率(见表3-2)。

①本表所列含税级距与不含税级距,均为按照税法规定减除有关费用后的所得额。

②含税级距适用于由纳税人负担税款的工资、薪金所得;不含税级距适用于由他人(单位)代付税款的工资、薪金所得。

③个体工商户,企业等适用税率。

表3-2 工资、薪金所得适用税率表

级数	应纳税所得额	税率(%)	速算扣除数(元)
1	不超过1 500元的部分	3	0
2	超过1 500元至4 500元的部分	10	105
3	超过4 500元至9 000元的部分	20	555
4	超过9 000元至35 000元的部分	25	1 005
5	超过35 000元至55 000元的部分	30	1 375
6	超过55 000元至80 000元的部分	35	5 505
9	超过800 000元的部分	45	13 505

(2) 个体工商户的生产经营所得和对企事业单位的承包、承租经营所得适用 5%～35% 的五级超额累进税率（见表 3-3）。

表 3-3 个体工商户的生产、经营所得和对企事业单位的承包、承租经营所得适用税率表

级数	应纳税所得额	税率(%)	速算扣除数(元)
1	不超过 15 000 元的部分	5	0
2	超过 15 000 元至 30 000 元的部分	10	750
3	超过 30 000 元至 60 000 元的部分	20	3 750
4	超过 60 000 元至 100 000 元的部分	30	9 750
5	超过 100 000 元的部分	35	14 750

(3) 稿酬所得适用 20% 的比例税率，并按应纳税额减征 30%。

(4) 劳务所得适用 20% 的比例税率，对一次收入畸高的，可以实行加成征收，详见表 3-4。

表 3-4 劳务报酬所得适用税率表

级数	应纳税所得额	税率(%)	速算扣除数(元)
1	不超过 20 000 元的部分	20	0
2	超过 20 000 元至 50 000 元的部分	30	2 000
3	超过 50 000 元的部分	40	7 000

(5) 特许权使用费所得、利息、股息、红利所得、财产租赁所得、财产转让所得、偶然所得和其他所得，适用 20% 的比例税率。

（四）个人所得税应纳税额的计算

个人所得税的计税依据为个人取得的各项应税收入减去规定扣除项目或金额后的余额，即应纳税所得额。具体如下：

(1) 工资、薪金所得，以每月收入额减除费用 3 500 元后的余额，为应纳税所得额。

(2) 个体工商户的生产经营所得，以每一纳税年度的收入总额，减除成本、费用以及损失后的余额，为应纳税所得额。

(3) 对企事业单位的承包、承租经营所得，以每一纳税年度的收入总额，减除必要的费用后的余额，为应纳税所得额。

(4) 劳务报酬所得、稿酬所得、特许权使用费所得、财产租赁所得，每次收入不超过 4 000 元的，减除 800 元；4 000 元以上的，减除 20% 的费用，其余为应纳税所得额。

(5) 财产转让所得，以转让财产的收入额减除财产原值和合理的费用后的余额，为应纳税所得额。

(6) 利息、股息、红利所得、偶然所

得和其他所得,以每次收入额为应纳税所得额。

【任务拓展】
企业所得税税收优惠

税收优惠指国家运用税收政策在税收法律、行政法规中规定对某一部分特定纳税人和课税对象给予减轻或免除税收负担的一种措施。《企业所得税法》规定的企业所得税的税收优惠方式包括免税、减税、加计扣除、加速折旧、减计收入、税额抵免等。

根据国民经济和社会发展的需要,借鉴国际经验,按照"简税制、宽税基、低税率、严征管"的要求,《企业所得税法》对原税收优惠政策进行适当调整,将原企业所得税以区域优惠为主的格局,转为以产业优惠为主、区域优惠为辅、兼顾社会进步的新税收优惠格局。税收优惠的主要原则:促进技术创新和科技进步,鼓励基础设施建设,鼓励农业发展及环境保护与节能,支持安全生产,统筹区域发展,促进公益事业和照顾弱势群体等,促进国民经济全面、协调、可持续发展和社会全面进步。

企业所得税的税收优惠主要包括以下内容:

(1) 企业的下列收入为免税收入:

①国债利息收入;

②符合条件的居民企业之间的股息、红利等权益性投资收益;

③在中国境内设立机构、场所的非居民企业从居民企业取得与该机构、场所有实际联系的股息、红利等权益性投资收益;

④符合条件的非营利组织的收入。

(2) 企业的下列所得,可以免征、减征企业所得税:

①从事农、林、牧、渔业项目的所得;

②从事国家重点扶持的公共基础设施项目投资经营的所得;

③从事符合条件的环境保护、节能节水项目的所得;

④符合条件的技术转让所得;

⑤非居民企业在中国设立机构、场所的,或者虽设立机构、场所但取得的所得与其所设机构、场所没有实际联系的,其来源于中国境内的所得。

(3) 民族自治地方的自治机关对本民族自治地方的企业应缴纳的企业所得税中属于地方分享的部分,可以决定减征或免征。自治州、自治县决定减征或者免征的,须报自治省、自治区、直辖市人民政府批准。

①开发新技术、新产品、新工艺发生的研究开发费用;

②安置残疾人员及国家鼓励安置的其他就业人员所支付的工资。

加计扣除是指按照税法规定在实际发生数额基础上,再加成一定比例,作为计算应纳税所得额时的扣除数额的一种税收优惠措施。例如,假定税法规定研发费用可实 150% 加计扣除政策,那么如果企业当年开发新产品研发费用实际支出为 100 万元,就可按 150 万元(100×150%)数额在税前进行扣除,以体现鼓励研发政策。

(4) 企业综合利用资源,生产符合国家产业政策规定的产品所取得的收入,可以在计算应纳税所得额时减计收入。

减计收入是指按照税法规定准予对经营活动取得的应税收入,按一定比例减少计算,进而减少应纳税所得额的一种税收优惠措施。

（5）企业的固定资产由于技术进步等原因,确需加速折旧的,可以缩短折旧年限或者采取加速折旧的方法。

（6）对符合条件的小型微利企业实行20%的优惠税率,对国家需要重点扶持的高新技术企业,减按15%的税率征收企业所得税。

（7）创业投资企业从事国家需要重点扶持和鼓励的创业投资,可以按投资额的一定比例抵扣应纳税所得额。

（8）企业购置用于环境保护、节能节水、安全生产等专用设备的投资额,可以按一定比例实行税额抵免。

（9）《企业所得税法》规定的其他税收优惠和过渡性税收优惠。

个人所得税税收优惠

根据《中华人民共和国个人所得税法》、《中华人民共和国个人所得税法实施条例》和相关的文件法规的规定,个人所得税的减免税政策主要有：

（1）省级人民政府、国务院部委和中国人民解放军军以上单位,以及外国组织、国际组织颁发的科学、教育、技术、文化、卫生、体育、环境保护等方面的奖金,免征个人所得税。

（2）乡、镇以上（含乡、镇）人民政府或经县以上（含县）人民政府主管部门批准成立的有机构、有章程的见义勇为基金会或类似组织,奖励见义勇为者的奖金或者奖品,经主管税务机关批准,免征个人所得税。

（3）个人持有财政部发行的债券和经国务院批准发行的金融债券的利息,免征个人所得税。

（4）个人取得的教育储蓄利息所得以及财政部门确定的其他专项储蓄存款或者储蓄性专项基金存款的利息所得,免征个人所得税。

按照国家或省级地方政府规定的比例缴付的住房公积金、医疗保险金、基本养老保险金、失业保险基金存入银行个人账户所取得的利息收入,免征个人所得税。

（5）按照国务院规定发给的政府特殊津贴（指国家对为社会各项事业的发展作出突出贡献的人员颁发的一项特定津贴,并非泛指国务院批准发放的其他各项补贴、津贴）和国务院规定免税的补贴、津贴（目前仅限于中国科学院和工程院院士津贴、资深院士津贴）,免征个人所得税。

（6）福利费,即由于某些特定事件或原因而给职工或其家庭的正常生活造成一定困难,企业、事业单位、国家机关、社会团体从其根据国家有关规定提留的福利费或者工会经费中支付给职工的临时性生活困难补助,免征个人所得税。下列收入不属于免税的福利费范围,应当并入工资、薪金收入计征个人所得税：

①从超出国家规定的比例或基数计提的福利费、工会经费中支付给个人的各种补贴、补助；

②从福利费和工会经费中支付给单位职工的人人有份的补贴、津贴；

③单位为个人购买汽车、住房、电子计算机等不属于临时性生活困难补助性质的支出。

（7）抚恤金、救济金（指民政部门支付给个人的生活困难补助）,免征个人所得税。

(8) 保险公司支付的保险赔款免征个人所得税。

(9) 军人的转业费、复员费,免征个人所得税。

(10) 按照国家统一规定发给干部、职工的安家费、退职费、退休费、离休工资、离休生活补助费,免征个人所得税。

(11) 我国政府参加的国际公约、签订的协议中规定免税的所得,免征个人所得税。

(12) 企业和个人按照国家或地方政府规定的比例提取并向指定金融机构实际缴付的住房公积金、失业保险费、医疗保险费、基本养老保险金,不计入个人当期的工资、薪金收入,免征个人所得税。超过国家或地方政府规定的比例缴付的住房公积金、失业保险费、医疗保险费、基本养老保险金,其超过规定的部分应当并入个人当期工资、薪金收入,计征个人所得税。个人领取原提存的住房公积金、失业保险费、医疗保险费、基本养老保险金时免征个人所得税。

(13) 下岗职工从事社区居民服务业,对其取得的营业所得和劳务报酬所得,从事个体经营的自其领取税务登记证之日起、从事独立劳务服务的自其持下岗证明在当地主管税务机关备案之日起,3年内免征个人所得税;但第1年免税期满后由县以上主管税务机关就免税主体及范围按规定逐年审核,符合条件的,可继续免征1至2年。

(14) 对于在征用土地过程中征地单位支付给土地承包人的青苗补偿费收入,暂免征收个人所得税。

(15) 国家机关及其工作人员违法行使职权,侵犯公民的合法权益,造成损害的,对受害人依法取得的赔偿金不予征税。

(16) 不属于工资、薪金性质的补贴、津贴或者不属于纳税人本人工资、薪金所得项目的收入,不征税:①独生子女补贴;②执行公务员工资制度未纳入基本工资总额的补贴、津贴差额和家庭成员的副食补贴;③托儿补助费;④差旅费津贴、误餐补助(指按财政部门规定,个人因公在城区、郊区工作,不能在工作单位或返回就餐,确实需要在外就餐的,根据实际误餐顿数,按规定的标准发给的误餐费)。

(17) 个人转让上市公司股票取得的所得暂免征收个人所得税。

(18) 个人购买社会福利有奖募捐奖券、体育彩票,凡一次中奖收入不超过1万元的暂免征收个人所得税,超过1万元的应按规定征收个人所得税。

(19) 其他暂免征收个人所得税:①个人举报、协查各种违法、犯罪行为而得到的奖金;②个人办理代扣代缴税款手续,按规定取得的扣缴手续费;③个人转让自用达5年以上、并且是唯一的家庭生活用房取得的所得;④达到离休、退休年龄,但确因工作需要,适当延长离休、退休年龄的高级专家(指享受国家发放的政府特殊津贴的专家、学者),其在延长离休、退休期间的工资、薪金所得,视同退休工资、离休工资免征个人所得税。

【任务反馈】

会计上的"利润总额"与税法上的"应纳税所得额"有何联系与区别?

释疑:税前会计利润在利润表上是

以"利润总额"指标列示的,是指所得税费用之前的利润或亏损。而纳税所得(或亏损)的计算已在上面说明,它是确定企业在一定会计期间应交所得税的依据,核算内容和计算方法取决于国家税法的规定。可见,税前会计利润属于企业财务会计核算的范畴,应纳税所得额属于税收的范畴。

(1) 两者的处理基础不完全一致。财务会计采用权责发生制和配比原则,强调收支是否实际发生以及收入与费用相互配比,而税务会计要求贯彻税收稳定性原则,在处理会计收支事项时,有时采用权责发生制原则,有时又采用收付实现制原则。由于两者所采用的会计处理基础不同,导致税前会计利润与纳税所得存在数量上的差异。

(2) 两者在收支的确认范围上不同。财务会计为了真实、全面地反映企业的财务状况和经营成果,对企业发生的一切收支事项都要按照其业务性质和有关会计准则、制度的要求,记入有关损益账户;而税务会计为了满足计算纳税所得的需要,必须按照税法规定,将企业财务会计确认的收支事项区分为税前收支和税后收支两部分。由于两者确认收支的范围不同,其计算结果自然会有差异。

(3) 两者在收支的计量标准上不同。财务会计出于经营和理财管理目的的需要,必然在会计准则规定的多种方法中,选择有利的方法计量损益,而税务会计出于执行国家税收政策的需要,必须按税法规定的方法计量纳税所得。而不同方法的计量结果往往是不一致的。

任务四 掌握财产行为税的基本知识

【任务目标】

对某些财产和特定行为进行征税而产生的财产税和行为税是我国税法体系中不可或缺的部分,因此要求学生在掌握流转税和所得税的基础上进一步掌握财产行为税的基本知识。本任务要求掌握的财产税包括目前我国开征的财产税房产税、契税、车船使用税等和行为税印花税、车辆购置税、城市维护建设税、教育费附加等。

【案例聚焦】

2011年1月27日,上海、重庆相继宣布从28日起开始征收个人住房房产税,其中上海税率为0.6%,重庆征收税率为0.5%~1.2%,至此有关房产税的各种传闻不复存在。

"上海版"房产税方案则针对新增一般房地产,而且按照人均面积做起征点考虑,设计中的房产税的税率为累进税率,房屋价值高、人均面积大的房屋税率更高。这项在房价屡创新高时出台的房产税改革试点,从最开始出现在普通民众的眼前,就被寄予了遏制甚至打压高房价的期望。但事实上,除了给楼市降虚火,中国政府更在意这项改革"分好蛋糕"、有效调节收入差距扩大趋势的意义。"二三十年前,中国人几乎没有什么私有财产,国家也能方便地调节收入分配。"中国社会科学院财贸所所长高培勇说,"但现在,收入分配差距越拉越大,政府靠什么来调节?"

由此,房产税开始进入人们视野,这

种以房产为征税对象,在保有环节向产权人征收的税种,属于财产税的范畴,被许多国家作为调节贫富差距、保证地方财政收入的重要手段。

【任务执行】

一、财产税概述

(一)财产税

财产税类是指以各种财产为征税对象的税收体系。财产税类税种的课税对象是财产的收益或财产所有人的收入,主要包括房产税、财产税、遗产和赠与税等税种。对财产课税,对于促进纳税人加强财产管理、提高财产使用效果具有特殊的作用。目前我国财产课税有房产税、契税、车船使用税等。遗产和赠与税在体现鼓励勤劳致富、反对不劳而富方面有着独特的作用,是世界各国通用的税种,我国虽然列入了立法计划,但至今也未开征。

(二)房产税

1. 概念

房产税是以房产为征税对象,依照房产价格或房产租金收入向房产所有人或经营人征收的一种财产税。

2. 征税范围

房产税在城市、县城、建制镇和工矿区征收,征税范围不包括农村。

3. 征税对象

房产税的征税对象是房产。房产是指有屋面和维护结构,能够遮风避雨,可供人们在其中生产、学习、工作、娱乐、居住或储藏物资的场所。

4. 纳税人

房产税的纳税人为房屋的产权所有人。具体为:

(1)产权属于国家所有的,其经营管理单位和个人是纳税人。

(2)产权出典的,承典人为纳税人。

(3)产权所有人、承典人不在房产所在地的,或产权未确定及租典纠纷未解决的,房产代管人或使用人为纳税人。

5. 计税依据

房产税的计税依据为房产的计税价值或房产的租金收入。

(1)从价计征:房产税从价计征,是指以房产余值为计税依据,房产余值是房产原值减除 10%~30% 后的余值。具体扣除比例由各省、自治区、直辖市人民政府确定。

(2)从租计征:房产税从租计征,是指以房屋出租取得的租金收入为计税依据。租金收入是房屋产权所有人出租房产使用权所得的报酬,包括货币收入和实物收入。

纳税人对个人出租房产的租金收入申报不实或者申报金额与同类地段同类房产的租金收入相比明显不合理的,税务机关根据税收征管法的相关规定,采取一定的方法合理核定其应纳税款。具体办法由各省、自治区、直辖市地方税务机关结合当地实际情况制定。

(3)投资联营的房产:

①投资者参与投资利润分红,共担风险的,按房产原值为计税依据;

②投资者只收取固定收入不承担风险的,按租金收入为计税依据。

(4)融资租赁房屋的在计征房产税时应以房产余值为计税依据,至于租赁期内房产税的纳税人,由当地税务机关根据实际情况确定。

(5)对新建房屋的中央空调设备,

应区别对待：

①若该中央空调设备已经计算在房产原值中，则房产原值应包含中央空调设备；

②若中央空调设备做单项固定资产入账，单独核算计提折旧，则房产原值不包含中央空调设备。

6．税率

房产税采用比例税率，税率分别为：从价计征的是为1.2%；从租计征的为12%。从2001年1月起，对个人按市场价格出租的居民住房，暂时减按4%的税率计征房产税。

7．减免规定

（1）国家机关、人民团体、军队自用的房产；

（2）由财政部门拨付事业经费的单位自用的房产；

（3）宗教寺院、公园、名胜古迹自用的房产；

（4）非营利性医疗机构、疾病控制机构、妇幼保健机构等医疗、卫生机构自用的房产免征房产税；

（5）个人所有非营业用的房产；

（6）经财政部批准免税的其他房产。

8．征收管理

（1）纳税义务发生时间。

①纳税人将原有房产用于生产经营，从生产经营之月起，缴纳房产税。

②纳税人自行建造新房用于生产经营，从建成之次月起，缴纳房产税。

③纳税人委托施工企业建造的房屋，从办理验收手续之次月起，缴纳房产税。纳税人在办理手续前，已经使用或出租、出借的新建房屋，应从使用或出租、出借的当月起，缴纳房产税。

（2）纳税申报。房产税实行按年计算，分期缴纳的征收方式，具体纳税期限由各省、自治区、直辖市人民政府确定。应按照条例的有关规定，如实填写《房产税纳税申报表》进行纳税申报。

（3）纳税地点和征收机关。房产税在房产所在地缴纳。房产不在同一地方的纳税人，应按房产的坐落地点分别向房产所在地的地方税务机关纳税。

（三）契税

1．概念

契税是指在土地使用权、房屋所有权的权属转移过程中，向取得土地使用权、房屋所有权的单位和个人征收的一种税。《契税暂行条例》于1997年10月1日在全国实施。

2．征税对象

契税的征税对象是境内发生使用权转移的土地、发生所有权转移的房屋。具体包括：

（1）一般情况。

①国有土地使用权出让。国有土地使用权的出让是指土地使用者向国家交付土地使用权出让费，国家将土地使用权在一定年限内让与土地使用者的行为。

②土地使用权转让。土地使用权的转让是指土地使用者以出让、赠与交换或其他方式将土地使用权转移给其他单位和个人的行为，但不包括农村集体土地承包经营权的转移。

③房屋买卖。房屋买卖是指房屋所有者将其房屋出售，由承受者交付货币、实物、无形资产或其他经济利益的行为。

④房屋赠与。房屋赠与是指房屋所

有者将其房屋无偿转让给受赠者的行为。

(2) 特殊情况。

①公司制改造

a. 对不改变投资主体和出资比例而改建成的公司制企业承受原企业的土地、房屋权属的,不征收契税。

b. 对独立发起、募集设立的股份制有限公司承受发起人的土地、房屋权属的,不征收契税。

c. 对国有、集体企业改建成全体职工持股的有限责任公司或股份有限公司承受原企业土地、房屋权属的,不征收契税。

d. 对其余涉及土地、房屋权属转移的,征收契税。

②企业合并。企业合并分吸收合并与新设合并两种情况。新设方或存续方承受被解散的土地、房屋权属,若合并前各方为相同的投资主体的,则不征收契税,其余征收契税。

③企业分立。企业分立包括存续分立与新设分立两种形式。企业分立中,对派生方、新设方承受原企业土地、房屋权属的,不征收契税。

④股权重置。股权重置包括股权转让和增资扩股两种情况。在股权转让中,单位、个人承受企业股权,企业的土地、房屋权属不发生转移,不征收契税;在增资扩股中,对土地、房屋权属作价入股或作为出资投入企业的,征收契税。

⑤企业破产。企业破产期间,对债权人(包括破产企业职工)承受破产企业土地、房屋权属以抵偿债务的,免征契税;对非债权人承受破产企业土地、房屋权属,征收契税。

3. 纳税人

契税的纳税人是指境内转移土地、房屋权属承受的单位和个人。

注意:契税是由买方承担的。

4. 计税依据

契税的计税依据为不动产的价格。具体分为:

(1) 国有土地使用权出让、土地使用权出售、房屋买卖的计税依据为成交价格。包括承受着应交付的货币、实物、无形资产或其他经济利益。

(2) 土地使用权赠与、房屋赠与的计税依据,由税务机关参照当地土地使用权出售、房屋买卖的市场价格核定。

(3) 土地使用权交换、房屋交换的计税依据为所交换的土地使用权、房屋的价格差额。交换价格相等时,免税;不相等时由多交付的一方交税。

(4) 以划拨方式取得土地使用权,经批准转让房地产的计税依据为补交的土地使用权出让费用或土地收益。若成交价格明显偏低的,税务机关可以参照市场价格确定计税依据。

5. 税率

契税实行3%~5%的幅度比例税率,具体税率由省、自治区、直辖市人民政府在幅度内根据各地实际情况确定。个人首次购买90平方米以下住房,从2008年11月1日起,按1%的税率征收契税。

6. 减免

(1) 国家机关、事业单位、社会团体、军事单位承受土地、房屋用于办公、教育、医疗、科研和军事设施的,免征契税;

(2) 城镇职工按规定第一次购买公有住房的,免征契税;

(3)因不可抗力灭失住房而重新购买住房的,酌情减免;不可抗力是指自然灾害、战争等不能预见、不能避免,并不能克服的客观情况;

(4)土地、房屋被县级以上人民政府征用、占用后,重新承受土地、房屋权属的,由省级人民政府确定是否减免;

(5)承受荒山、荒沟、荒滩土地使用权,并用于农林牧渔业生产的,免征契税。

以上经批准减免税的纳税人改变有关土地、房屋用途的,应补缴已经减免的税款。

符合上述减免税的纳税人,应在签订转移产权合同后10日内,向土地、房屋所在地的契税征收机关办理减免税手续。

另外,对于交易双方已签订房屋买卖合同,但由于各种原因未完成交易的,如购房者已缴纳契税,在办理期房退房手续后,退还已经交纳的契税。

7. 应纳税额的计算公式

应纳税额＝计税依据×税率

案例分析

2012年张某首次购买商品房一套,面积为85平方米,合同总价款为64万元,其中含有装修费10万元。计算张某应当缴纳的契税。

答:应当缴纳的契税＝64×1%＝0.64(万元)

8. 征收管理

(1)纳税义务发生时间。契税的纳税义务发生时间为纳税人签订土地、房屋权属转移合同的当天,或取得其他具有土地、房屋权属转移合同性质凭证的当天。

(2)纳税期限。纳税人在签订土地、房屋权属转移合同的当天为纳税义务发生时间,纳税人应当自纳税义务发生之日起10日内,向土地、房屋所在地的契税征收机关办理纳税申报,并在契税征收机关核定的期限内缴纳税款,索取完税凭证。

案例分析

2011年8月,南京等多地日前征收婚前房产"加名税"引发广泛关注。而对于婚前房产加名,房产主以"赠与"方式给夫妻另一方可到公证处公证,确定夫妻另一方所得房产的比例,这可以是1/3,也可以是1/2,甚至是全部,按照赠与房产的手续办理。如果是门面,可请专业评估公司对需要加名房产的市值进行评估。

此过程中,需要缴纳契税。契税的缴纳将参照现行的契税缴纳规定。江西省契税税率为4%,不过根据对房屋条件的认定,可享受不同的税率优惠。如果房屋每平方米成交价不超过4 600元,面积不超过144平方米,且是双方的唯一一套住房,"加名"时则按照房价收2%的契税,如果面积不超过90平方米,且符合以上条件,则收取1%的契税。

对普通住房缴纳房产交易税方面,根据现行房屋是否住满5年为界,因此很多购

> 房未满5年的市民选择了在公证处做"赠与"公证,只要花几百元钱,便在房产的问题上将产权在夫妻双方做出约定;待居住满5年以后,市民的普通住房交易可免营业税和个人所得税,但必须提供证明该房产是家庭唯一一套住房。

(四)车船使用税

1. 概念

车船使用税是对行驶于我国境内公共道路上的车辆和航行于国内河流、湖泊或领海口岸的船舶,依法征收的一种税。

2. 征税范围

(1)车辆:包括机动车。包括载客汽车、载货汽车、三轮汽车、低速货车、摩托车、专项作业车和轮式专用机械。其中,三轮汽车,是指在车辆管理部门登记为三轮汽车或者三轮农用运输车的机动车;低速货车,是指在车辆管理部门登记为低速货车或者四轮农用运输车的机动车;专项作业车,是指装置有专用设备或者器具,用于专项作业的机动车;轮式专用机械车是指具有装卸、挖掘、平整等设备的轮式自行机械。

(2)船舶:包括机动船舶和非机动船舶。机动船指依靠燃料等能源作为动力运行的船舶,如客轮、货船、气垫船等。非机动船是指在船舶管理部门登记为驳船的非机动船。拖船,是指专门用于拖(推)动运输船舶的专业作业船。

3. 纳税人

车船使用税的纳税人是指在中国境内拥有并使用车船的单位和个人。租赁的由双方商定纳税人,未商定或无租赁使用的,由使用者纳税。2007年1月1日起,外商投资企业和外国企业及外籍人员也是车船使用税的纳税人。

4. 计税依据

(1)按辆计征:除载货车以外的各种车辆。

(2)按净吨位计征:载货车和机动船。

(3)按载重吨位计征:非机动船。

净吨位是指额定(或称预定)转运货物的船舱(或车厢)所占用的空间容积。机动船的净吨位,一般是额定装运货物和载运旅客的船舶所占用的容积,即船舶各个部位的总容积,扣除按税法规定的非营业用所占容积,包括驾驶室、包括驾驶室、轮机间、业务办公室、船员生活用房等容积后的容积。

5. 税率

车船使用税实行定额税率:①车辆,实行幅度定额税率;②船舶,实行分类分级定额税率。(如表3-5)

表3-5 车船使用税税率表

税目	计税单位	每年税额	备注
1. 载客汽车	每辆	60~660元	包括电车
其中:大型客车	每辆	480~660元	核定载客人数大于或者等于20人
中型客车	每辆	420~660元	核定载客人数大于9人且小于20人

续表

税目	计税单位	每年税额	备注
小型客车	每辆	360～660元	核定载客人数小于或者等于9人
微型客车	每辆	60～480元	发动机气缸总排气量小于或者等于1升
2. 载货汽车	自重吨位	16～120元	包括半挂牵引车、挂车
3. 三轮汽车、低速货车	自重吨位	24～120元	
4. 专项作业、轮式专用机械车	自重吨位	6～120元	
5. 摩托车	辆	36～180元	
6. 船舶	净吨位	每吨3～6元	
其中：净吨位小于或者等于200吨的	净吨位	3元	拖船和非机动驳船分别按机动船舶税额的50%计算
净吨位201吨至2 000吨的	净吨位	4元	
净吨位2 001吨至10 000吨的	净吨位	5元	
净吨位10 001吨及其以上的	净吨位	6元	

注：客货两用汽车按照载货汽车的计税单位和税额标准计征车船税；拖船按照发动机功率每2马力折合净吨位1吨计算征收车船税。上述核定载客人数、自重、净吨位、马力等计税标准，以车船管理部门核发的车船登记证书或者行驶证书相应项目所载数额为准。纳税人未按照规定到车船管理部门办理登记手续的，计税标准以车船出厂合格证明或者进口凭证相应项目所载数额为准；不能提供车船出厂合格证明或者进口凭证的，由主管地方税务机关根据车船自身状况并参照同类车船核定。车辆自重尾数在0.5吨以下（含0.5吨）的，按照0.5吨计算；超过0.5吨的，按照1吨计算。船舶净吨位尾数在0.5吨以下（含0.5吨）的不予计算，超过0.5吨的按照1吨计算。1吨以下的小型车船，一律按照1吨计算。

6. 减免税规定

免税车船包括：

(1) 非机动船（不包括非机动驳船）；

(2) 捕捞、养殖的渔船；

(3) 特定车船指军队、武警、警察用的车船；

(4) 拖拉机；

(5) 按规定缴纳船舶吨税的船；

(6) 依照我国有关法律和我国缔结或者参加的国际条约的规定应当予以免税的外国驻华使馆、领事馆和国际组织驻华机构及其有关人员的车船；

(7) 对非营利性医疗机构自用的车船，免征车船税。对营利性医疗机构自其取得执业登记之日起3年内自用的车船免征车船税。3年免税期满后恢复征税。

省、自治区、直辖市人民政府可以根据当地实际情况，对城市、农村公共交通车船给予定期减税、免税。

7. 应纳税额的计算公式（如表3-6）

车船税应纳税额＝计税依据×适用税率

表 3-6 车船使用税应纳税额的计算

车船情况	计算公式
载客汽车、摩托车	应纳税额=车辆数×适用单位税额
载货汽车、三轮汽车、低速货车	应纳税额=自重吨位数×适用单位税额
船舶	应纳税额=净吨位×适用单位税额
拖船和非机动驳船	应纳税额=净吨位×适用单位税额×50%

8. 申报

（1）纳税义务发生时间。

①车船的纳税义务发生时间，为车船管理部门核发的车船登记证书或者行驶证书记载日期的当月。

②纳税人未按照规定到车船管理部门办理应税车船登记手续的，以车船购置发票所载开具时间的当月作为车船税的纳税义务发生时间。对未办理车船登记手续且无法提供车船购置发票的，由主管地方税务机关核定纳税义务发生时间。

（2）纳税期限。车船税按年申报缴纳。具体申报纳税期限由省、自治区、直辖市人民政府确定。车船的所有人或者管理人未缴纳车船税的，使用人应当代为缴纳车船税。

案例分析

某运输公司拥有载货汽车10辆（货车载重净吨位全部为10吨），乘人大客车15辆，小客车10辆，其中5辆小客车是在4月份新购进的。计算该公司应纳车船税（注：载货汽车每吨年税额80元，乘人大客车每辆年税额500元，小客车每辆年税额400元）。

【解析】（1）载货汽车应纳税额=10×10×80=8 000（元）

（2）乘人大汽车应纳税额=15×500=7 500（元）

（3）小客车应纳税额=5×400+5×400÷12×9=3 500（元）（5辆新增小客车从4月开始计税，因此这5辆新增小汽车该年度应纳9个月的车船税）

（4）全年应纳车船税额=8 000+7 500+3 500=19 000（元）

二、行为税概述

（一）行为税

行为税是国家为了对某些特定行为进行限制或开辟某些财源而课征的一类税收。如针对一些奢侈性的社会消费行为，征收娱乐税、宴席税；针对牲畜交易和屠宰等行为，征收交易税、屠宰税；针对财产和商事凭证贴花行为，征收印花税，等等。行为税收入零星分散，一般作为地方政府筹集地方财政资金的一种手段，行为课税的最大特点是征纳行为的发生具有偶然性或一次性。

国家征收行为税的目的，具体到不同税种是不同的。有的在于限制某些行为的发展；有的是基于对某种经济活动或权益的认可;有的则在于开辟财源,以满足某一方面财政支出的需要。中国现行税制中属于行为课税的有:印花税、车辆购置税、城市维护建设税、教育费附加等。

(二)印花税

印花税是对经济活动和经济交往中书立、使用、领受应税凭证的单位和个人征收的一种税。由于该税的纳税人是通过在应税凭证上粘贴"印花税票"来完成纳税义务的,故名印花税。

1. 征税范围

(1)印花税征税范围的确定原则。

①税法列举原则:以印花税法中列举的凭证为印花税的应税凭证。税法中未列举的凭证不属于印花税的应税凭证。

②法律效力原则:以具有法律效力的凭证为应税凭证。无法律效力的凭证不作为印花税应税凭证。

③地域管辖原则:以在境内使用的凭证为应税凭证。不在境内使用的凭证不作为应税凭证。

(2)印花税征税范围具体规定。

①十种合同。

a.购销合同:货物供应、预购、采购、购销结合、调剂、补偿、贸易等合同。

b.加工承揽合同:加工、定做、修缮、修理、印刷、广告、测绘、测试合同。

c.勘察设计合同:勘察、设计合同。

d.工程承包合同:建筑、安装工程承包合同,包括总承包合同、分包合同和转包合同。

e.财产租赁合同:房屋、机器、设备、器具、车辆等租赁合同,出租门店、柜台合同等。

f.货物运输合同:民用航空、铁路运输、公路运输、海上运输和联合运输合同,以及作为合同使用的单据等。

g.仓储保管合同:仓储、保管合同,以及作为合同使用的仓单、栈单等。

h.借款合同:金融机构与借款人签订的借款合同,包括融资租赁合同,但不包括银行同业拆借合同。

i.财产保险合同:财产、责任、保证、信用保险合同,以及作为合同使用的单据。

j.技术合同:技术开发、技术转让、技术咨询、技术服务合同,以及作为合同使用的单据。

②二种产权转移书据。

a.财产所有权转移书据:财产所有权转移书据是指经政府管理机关登记注册的动产、不动产的所有权转移,以及企业股权转让所书立的书据。

b.特许权转移书据:商标专用权、专利权、专有技术使用权等发生转让所书立的书据。

c.产权转移五种形式:买卖、继承、赠与、交换、分割,在这些产权转移形式中书立的产权转移书据为印花税的应税书据。

③二种权利许可证照。

a.许可证照:工商营业执照。

b.权利证书:专利证书、房屋产权证、土地使用权证、商标注册证。其他权利证书不属于印花税征收范围。

c.应税条件:应税许可证照由政府相关部门颁发。

④二种营业账簿。

a.资金账簿:反映生产经营单位资本金数额增减变化的账簿。

b.其他账簿:反映生产经营活动内容

的账簿,如总账、日记账、各种明细账等。

c.注意问题:各种备查账簿不属于营业账簿,不征印花税。

2. 印花税的纳税人

印花税的纳税人是在中国境内书立、使用、领受印花税法所列举的凭证并依法履行纳税义务的单位和个人(不分单位性质、内外资、国籍)。

(1)签订合同:立合同人。即订立合同各方当事人。不包括担保人、证人、鉴定人。

(2)书立书据:立据人。即订立产权转移书证据的单位和个人。

(3)领受证照:领受人。即领受并持有证照的单位和个人。

(4)设立账簿:立账簿人,即设立并使用账簿的单位和个人。

(5)使用人:指在国外书立、领受,但在国内使用的单位和个人。

3. 税率

印花税税率有比例税率和定额税率两种形式。(如表3-7)

(1)比例税率。各类合同以及具有合同性质的凭证、产权转移书据、记载资金的营业账簿,适用比例税率。

(2)定额税率。在印花税13个税目中,"权利、许可证照"和"营业账簿"税目中的其他账簿,适用定额税率,按件贴花。

表3-7 印花税税率表

税率形式	具体税率	适用范围
比例税率	0.5‰	"借款合同"
	3‰	"购销合同"、"建筑安装合同"、"技术合同"
	5‰	"加工承揽合同"、"建筑工程勘察设计合同"、"货物运输合同"、"产权转移数据"、"营业账簿中记载资金的账簿"
	1‰	"财产租赁合同"、"仓储保管合同"、"财产保险合同"
	1‰	"股权转让书据"
定额税庇	每件5元	"权利许可证照"和"营业账簿"中的其他营业账簿

4. 印花税应纳税额的计算公式

(1)从价计征:应纳税额=应税凭证所载金额×印花税率(比例税率)。适用范围为合同、书据、资金账簿。

(2)从量计征:应纳税额=应税凭证件数×每件单位税额。适用于非资金账簿、权利证书。

5. 印花税计税依据的确认

(1)一般合同计税依据的确认。

①购销合同:一般购销合同以合同记载的购销金额为计税依据,以物易物合同的,以买卖金额合计数为计税依据。未列明金额的,以合同所载数量、依照国家牌价或市价确定计税依据。

②加工承揽合同:委托方提供原材料的加工合同,以受托方收取的加工费收入和代垫辅料金额之和为计税依据。受托方提供原材料的加工、定做合同,原材料与加工费未分别记载的,合计作为加工承揽合同计税。分别记载的,原料部分按购销合同计税,加工费部分按加工承揽合同计税。

③勘探设计合同：以收取的勘探设计费用为计税依据。

④工程承包合同：总承包合同以总承包金额为计税依据，分包或转包合同，以分包或转包金额为计税依据。

⑤财产租赁合同：以收取的租金为计税依据，不包括财产本身价值。租赁合同中无租期的，签订时按5元定额贴花，结算时按实际金额计税。

⑥财产保险合同：以收取的保险费为计税依据，不包括所保财产金额。

⑦技术合同：以合同所载价款、报酬或使用费为计税依据，不包括研究开发费用。合同中只规定报酬比例，无固定报酬额度的，签订时按5元定额贴花，结算时按实际金额计税。

⑧仓储合同：以仓储保管费费为计税依据。

案例分析

【案例1】 分析计算下例企业以货易货中A公司应纳的印花税。

A企业2012年4月与甲公司签订一份易货换货合同，本企业的货物价格350万元，甲公司的货物价格450万元，不足部分转账支付。与乙公司签订以货易货合同一份，合同上注明A企业以200吨水泥换取乙公司20吨钢材，A企业同牌号水泥对外售价600元/吨。

【解答】 购销合同印花税 = (350+450+200×0.06×2) = 0.2472(万元) = 2 472(元)

【案例2】 分析计算下例加工承揽中B公司应纳的印花税。

B企业与甲公司签订受托加工货物合同一份，甲公司提供价值80万元的原材料，本企业垫付价值15万元的辅助材料，并收取加工费20万元。与乙公司签订受托定制货物合同一份，合同上注明原材料50万元，辅料10万元，加工费12万元。与丙公司签订受托定制货物合同一份，丙公司支付额共计100万元。

【解答】 (1) 加工承揽合同印花税 = (15+20+10+12+100)×0.5‰ = 0.0785(万元) = 785(元)

(2) 货物购销合同印花税 = 50×0.3‰ = 0.0150(万元) = 150(元)

(2) 其他凭证计税依据的确认。

①产权转让书据：按书据所载金额为计税依据。其中股票交易书据，按当日实际成交价为计税依据。

②资金账簿：以实收资本和资本公积金合计金额为计税依据，实收资本为实物的，按评估确定的价值或合同、协议约定的价格确定。实收资本为无形资产的，按评估的价值确定。资本公积金中的受赠实物，按同类产品的市价或有关凭证确定。

③非资金账簿、许可证照：以应税凭证件数为计税依。

6. 印花税税收优惠

（1）产权转移优惠：将财产赠给政府、社会福利单位、学校所立的书据免税。

（2）借款合同优惠：无息、贴息借款合同免税；外国政府或国际金融组织向我国政府或金融机构提供优惠贷款的合同免税。

(3) 货运合同优惠：对特殊货运凭证。

案例分析

计算下例企业2012年账簿和股票交易应纳印花税额。

某企业2012年度立账簿5本，其中资金账簿1本，所载实收资本500万元（2011年实收资本400万元），资本公积金50万元。其他营业账簿4本。另外还有增值税专用发票登记簿1本，固定资产备查簿1本。当年6月买入上海集箱股票10 000股，成交价10万元，支付佣金等费用1 000元，当年8月卖出上海集箱股票8 000股，成交价每股9元，支付佣金等费用900元。

① 资金账簿应纳印花税 = (500 + 50 - 400) × 0.5‰ = 7.5(万元) = 75 000(元)
② 其他账簿应纳印花税 = 4 × 5 = 20(元)
③ 股票交易应纳印花税 = 100 000 × 2‰ + 72 000 × 2‰ = 344(元)

(4) 租赁合同优惠：房产管理部门与个人签订的用于生活居住的租赁合同免税。

(5) 购销合同优惠：国家指定的收购部门与村委会、农民个人书立的农副产品收购合同免税。

(6) 应税凭证优惠：已税凭证的副本或抄本免税，作为正本使用的副本或抄本要征税。

7. 印花税的征缴与处罚

(1) 印花税纳税办法。

① 自行贴花办法：纳税人自行计算确定应缴税额，按额购买印花贴于应税凭证、账簿上，少贴要处罚，多贴不退不抵。适用于少额贴花。

② 汇贴或汇缴办法：填制缴款书或完税证缴税，以收据联代替印花贴于应税凭证上。适用于税额大（一份凭证应纳税额500元以上）或凭证多、贴花频繁的纳税人。

③ 委托代征办法：委托应税凭证发放或办理单位代为征收。如专利证书。

(2) 纳税地点。印花税一般实行就地纳税。对于全国性商品物资订货会（包括展销会、交易会等）上所签订合同应纳的印花税，由纳税人回其所在地后及时办理贴花手续；对地方主办、不涉及省际关系的订货会、展销会上所签合同的印花税，其纳税地点由各省、自治区、直辖市人民政府自行确定。

(3) 印花税处罚规定。

① 伪造印花税票的处罚：追究刑事责任。

② 未贴或少贴印花税票的处罚：补贴印花税票，再处以补贴印花税票金额3至5倍罚款。

③ 重用印花税票的处罚：处5倍或2 000至10 000元的处罚。

④ 已用印花税票未注销的处罚：处以1至3倍罚款。

(三) 教育费附加

教育费附加是对缴纳增值税、消费税、营业税的单位和个人，就其实际缴纳的"三税"税额为计算依据而征收的一种附加费。教育费附加是为加快地方教育事业的发展，扩大地方教育经费而征收

的一项专门用途的基金

1. 征收范围及计征依据

教育费附加对缴纳增值税、消费税、营业税的单位和个人征收,并以其实际缴纳的"三税"税额为计征依据,分别与增值税、消费税、营业税同时缴纳。

2. 计征比率

现行教育费附加的征收比率为3%。但对生产卷烟和烟叶的单位减半征收教育费附加。

3. 计算

教育费附加的计算可分为两种情况:一是一般单位和个人;二是卷烟和烟叶生产单位。

(1)一般单位和个人应纳教育费附加的计算:

应纳教育费附加=实纳增值税、消费税、营业税×征收比率

(2)卷烟和烟叶生产单位应纳教育费附加的计算:

应纳教育费附加=实纳增值税、消费税、营业税×征收比率×50%

4. 减免规定

(1)对海关进口的产品征收的增值税、消费税,不征收教育费附加。

(2)对由于减免增值税、消费税和营业税而发生退税的,可同时退还已征收的教育费附加。但对出口产品退还增值税、消费税的,不退还已征的教育费附加。

案例分析

地处县城的某建筑工程公司具备建筑业施工(安装)资质,2012年发生经营业务如下,计算该建筑工程公司应缴纳的税费。

总承包一项工程,承包合同记载总承包额9 000万元,其中建筑劳务费3 000万元,建筑、装饰材料6 000万元。又将总承包额的三分之一转包给某安装公司(具备安装资质),转包合同记载劳务费1 000万元,建筑、装饰材料2 000万元。

建筑工程公司承包工程应缴纳的营业税=(3 000-1 000)×3%=60(万元)

建筑工程公司承包工程应缴纳的城市维护建设税=60×5%=3(万元)

建筑工程公司承包工程应缴纳的教育费附加=60×3%=1.8(万元)

建筑工程公司承包工程应缴纳的营业税和城市维护建设税及教育费附加=60+3+1.8=64.8(万元)

(四)城市维护建设税

相关链接

国务院:统一内外资企业个人城市维护建设税

自2010年12月1日起,外商投资企业、外国企业及外籍个人适用国务院1985年发布的《中华人民共和国城市维护建设税暂行条例》和1986年发布的《征收教育费附加的暂行规定》。1985年及1986年以来国务院及国务院财税主管部门发布的有关城市维护建设税和教育费附加的法规、规章、政策同时适用于外商投资企业、外国企业及外籍个人。

城市维护建设税是国家为了加强城市维护建设、扩大和稳定城市维护建设资金而开征的一种特定目的税。它以缴纳增值税、营业税和消费税（简称"三税"）的单位和个人为纳税人，以其缴纳的"三税"税额为计税依据。

1. 纳税人

凡缴纳增值税、消费税、营业税的单位和个人，都是城市维护建设税的纳税义务人。但外商投资企业和外国企业除外。

2. 计税依据

城市维护建设税以纳税人应缴纳的增值税、消费税、营业税税额为计税依据，分别与增值税、消费税、营业税同时缴纳。

3. 税率

纳税人所在城市（包括省辖市和县级市）市区的，税率为7%；纳税人所在地县城和省人民政府下放批准的建制镇的，税率为5%；纳税所在地不在城市市区、县城、建制镇的税率为1%。

但是对下列两种情况，按缴纳"三税"所在地的规定税率就地缴纳城建税：

（1）由受托方代征代扣"三税"的单位和个人，其代征代扣的城建税按受托方所在地的规定税率就地缴纳城建税。

（2）无固定纳税地点的单位和个人，按经营所在地的规定税率就地缴纳城建税。

4. 计算

城市维护建设税的应纳税额的计算公式为：

应纳税额＝计税依据×税率＝企业实际缴纳的增值税、消费税、营业税之和×税率

注意：①城建税是一种附加税，其计税依据是纳税人实际缴纳的"三税"不包括非税款项。

②海关对进出口代征的增值税、消费税，不征收城建税。

案例分析

设在某县城的旅行社6月份组织4次国内旅游团，收取旅游费60 000元，其中替旅游者支付其他单位各项费用30 000元，改由其他旅游企业接待2个团，转付旅游费20 000元。该旅行社应纳城建税为多少？

【解析】以应纳营业税为计税依据

应纳营业税税额＝(60 000－30 000－20 000)×5%＝500(元)

应纳城建税＝500×5%＝25(元)

（五）车辆购置税

1. 概念

车辆购置税是以在中国境内购置规定车辆为课税对象、在特定环节向车辆购置者征收的一种税。其特点为：（1）征收范围单一；（2）征收环节单一；（3）税率单一；（4）征收方法单一；（5）征税具有特定目的；（6）价外征收，税负不发生转嫁。其作用为：（1）有利于合理筹集建设资金；（2）有利于规范政府行为；（3）有利于调节收入差距；（4）有利于配合打击走私和维护国家权益。

2. 纳税义务人

车辆购置税的纳税人是指在我国境

内购置应税车辆的单位和个人。购置是指购买使用行为、进口使用行为、受赠使用行为、自产自用行为、获奖使用行为以及拍卖、抵债、走私、罚没等方式取得并使用的行为。

3．征税对象与征税范围

车辆购置税以列举的车辆作为征税对象，未列举的车辆不纳税。其征税范围包括汽车、摩托车、电车、挂车、农用运输车。车辆购置税的征收范围，由国务院决定。

4．税率

实行统一的比例税率，税率为10％。

5．计税依据

（1）购买自用应税车辆的计税依据。

购买自用应税车辆的计税依据，为纳税人购买应税车辆而支付给销售方的全部价款和价外费用。

（2）进口自用应税车辆的计税依据。

进口自用应税车辆的计税依据为组成计税价格，其公式为：

组成计税价格＝关税完税价格＋关税＋消费税

（3）其他自用应税车辆计税依据的确定。

（4）纳税人自产自用、受赠使用、获奖使用和以其他方式取得并自用的应税车辆一般以国家税务总局核定的最低计税价格为计税依据。

6．车辆购置税应纳税额的计算

应纳税额＝计税依据×税率

7．税收优惠

车辆购置税的减免规定：

（1）外国驻华使馆、领事馆和国际组织驻华机构及其外交人员自用的车辆免税；

（2）中国人民解放军和中国人民武装警察部队列入军队武器装备订货计划的车辆免税；

（3）设有固定装置的非运输车辆免税；

（4）对纳税人自2010年1月20日至2010年12月31日期间购置的排气量在1.6升及以下的小排量乘用车，暂减按7.5％的税率征收车辆购置税。经国务院批准，该政策于2010年12月31日到期后停止执行，自2011年1月1日起，对1.6升及以下排量乘用车统一按10％的税率征收车辆购置税。

（5）有国务院规定予以免税或减税的其他情形的，按规定免税或减税。

8．车辆购置税的退税

纳税人已缴纳车辆购置税但在办理车辆登记手续前，因下列原因需办理退还车辆购置税的，由纳税人申请，征收机构审查后办理退还车辆购置税手续。

（1）公安机关车辆管理机构不予办理车辆登记注册手续的，凭公安机关车辆管理机构出具的证明办理退税手续。

（2）因质量等原因发生退回所购买车辆的，凭经销商的退货证明办理退税手续。

案例分析

1. 国产自用车车辆购置税的计算

李某购买一台国产私家车 150 000 元,手续费 10 000 元,包装费 6 000 元,应缴纳车辆购置税 14 188.03 元。计算过程为:

A. 车辆购置税计税价格 =(150 000+10 000+6 000)÷(1+17%)= 141 880.34(元)

B. 车辆购置税应纳税额 =141 880.34×10%=14 188.03(元)

2. 进口自用车车辆购置税的计算

吴某 2006 年 1 月 8 日进口一辆小轿车,到岸价格 400 000 元,已知关税税率 50%,消费税税率 8%,吴某应纳车辆购置税 65 217.39 元。计算过程为:

A. 应纳关税 = 关税价格×关税税率 =400 000×50%=200 000(元);

B. 计税价格 = 关税完税价格+关税+消费税 =(到岸价格+关税)÷(1-消费税税率)=(400 000+200 000)÷(1-8%)=652 173.91(元)

C. 应纳税额 =652 173.91×10%=65 217.39(元)

【任务拓展】

我国距离遗产税有多远?

遗产税,对于很多人或许还是个陌生的词。遗产税,顾名思义,就是针对财产所有人去世以后遗留下来的财产而征收的一种税。近代的遗产税制度由荷兰创建,此后欧美大部分国家相继开征了遗产税。目前这个税项在我国大陆地区还没有实行。

但 2012 年底,深圳提出将在 2013 年全面启动收入分配制度改革。与之相伴的,深圳将"开征遗产税"的传言甚嚣尘上,很多人坐不住了,通过购买人寿保险的方式,希望能够规避税收。

但是深圳市长许勤明确表态:深圳不会在近期开征遗产税。虽然谣言被击破,但记者发现,半个月来,深圳多家保险公司的人寿保险业务却异常火爆,在这其中,不少办理者有借人寿保险"避税"的打算,看来他们是白忙了一场。

虽然市长表态,但这是不是意味永远不收呢?这会不会导致富有人群纷纷移民避税呢?普通老百姓也要交遗产税吗?

纵观世界各国,遗产税征收非常普遍。尽管各国普遍存在,国内反对征收遗产税的声音始终存在,比较集中的观点认为,中国的国情不适合征收遗产税。情况是否如此呢?遗产税的征收主要原因并不在于它可以为政府取得多少收入,而在于它所具有的财富再分配功能。也就是说,遗产税从来都是作为调节或拉近贫富差距的手段而存在的。遗产税的开征与否,应当主要取决于我们是否需要遗产税担当起调节或拉近贫富差距作用的重任。征收遗产税,不仅使财政税收更多造福中低收入人群,对于鼓励创业、激励创新也有明显的好处。

现在不征收不等于永远不征收,而且遗产税也是均衡、培育创新能力,培育创业的激情,均衡社会财富的一个非常好的方法。在发达国家,他们的遗产税征收还是有比较完整的经验可以供我们借鉴的。但是现在普遍征收确实还没有这个条件,我们现在财产还没有公开,也没有实行申报制度。所以现在实行遗产税的话,财产转移出去之后,遗产税还是征收不上来。所以现在技术条件,包括理念上都还存在比较大的问题。

征收遗产税,有人担心会引发富有人群向国外转移。叶檀认为,富裕人群是否移民,不仅在于是否征收遗产税,关键在于国家的保障措施和创业条件是否对他们有吸引力,并不是所有征收遗产税的国家,财富全都跑光了,富人全都逃走了。因为通常来说征收遗产税的地方,它还会有一些配套措施的。比如说它的治安会比较好,制度会比较公平,安全性比较高,富人他就权衡,他有可能还是会在征收遗产税的这些国家继续生活。如果这个国家在征收遗产税之后,当地创业条件很好,制度环境非常有优势,那么还是会有很多人会过去的。

中国人民大学财政金融学院教授朱清则认为,即便未来我国开征遗产税,普通人也不必过分担心,他认为遗产税的起征点会比较高,会起到调节贫富差距的作用。

【任务反馈】

购买二手房涉及哪些相关税种?

释疑:买方要交纳契税和印花税;卖方要交纳个人所得税、营业税和印花税。

◆项目评价

【知识评价】

①税收的征收主体都有哪些?

②在同等税率条件下,全额累进税率是否比超额累进税率负重?

③税务机关在征税过程中,是否可视纳税人的态度酌情减免税?

④提供加工、修理修配劳务是否征收营业税?

⑤营业税的纳税人是否包括我国境内的外商投资企业和外国企业?

⑥个人转让住宅如何交纳营业税?

⑦从事交通运输业的营业税纳税人发生混合销售行为如何计税?

⑧如何区分居民纳税人和非居民纳税人?两者在税务上的处理有什么不同?

⑨对于劳务报酬的"次"应该如何定义?

⑩自行申报的个人所得项目有哪些?

⑪税法对企业亏损弥补的规定有哪些?

【实训演练】

列举现行旅游企业实际发生哪些营业税,并选择一个计算题让学生分别计算营业税,并分析。根据班级学生的多少将学生分为不同的小组,每组三五人,选出组长一名。操作过程如下:

①教师列举现行企业实际发生的几个项目(包括酒店、景区、旅行社等)。

②分小组让学生计算项目的营业税。

③教师分析营业税计算过程中可能出现的一些问题。

④学生计算营业税后分析并判断可能出现的问题,然后进行自评和互评并总结如何维护国家的税收政策。

⑤最后教师评价。

⑥分组进行成果展示,让小组学生代表发言。

【项目链接】

酒店餐饮企业的营业税

根据税法规定,酒店餐饮企业兼营不同税目应税行为的,应当分别核算不同税目的营业额,然后按各自的适用税率计算应纳税额;未分别核算的,将从高适用税率计算应纳税额。具体有以下两种行为:

(1) 混合销售行为。一项销售行为如果既涉及应税劳务又涉及货物的,为混合销售行为。从事货物的生产、批发或零售的企业、企业性单位及个体经营者的混合销售行为,视为销售货物,不征收营业税;其他单位和个人的混合销售行为,视为提供应税劳务,应当征收营业税。涉及旅店、饮食、旅游等业务,根据混合销售规定的处理原则,比较容易确定征税范围。在其他服务业中,情况也比较复杂。例如某酒店开设的照相馆在照结婚纪念照的同时,附带也提供镜框、相册等货物,此种混合销售行为就应按其他服务业征收营业税。这是因为这项销售业务是以提供劳务为主,同时附带销售货物,这种情况下的混合销售行为应当征收营业税。

(2) 兼营应税劳务与货物或非应税劳务行为。纳税人兼营应税劳务与货物或非应税劳务行为的,应分别核算应税劳务的营业额与货物或非应税劳务的销售额。不分别核算或者不能准确核算的,其应税劳务与货物或非应税劳务一并征收增值税,不征收营业税。餐饮行业,在提供饮食的同时,附带也提供香烟等货物,就应按饮食业征收营业税。另外一种经营形式是饮食业自制食品,即可对内又可对外销售货物的兼营情况。如某饭店在大门口设一独立核算的柜台,既对店内的顾客提供自制食品(如月饼、生日蛋糕、快餐等),又对外销售,这种情况属于兼营行为。在划分混合销售或是兼营行为时都要严格区分两者的概念。

拓展路径

[1] 广州市地方税务局课题组,罗与洪.从广州市服务业税收视角看我国服务业发展[J].税务研究,2007(8).

[2] 刘建民,王鑫.我国生产性服务业税收政策研究[J].财经理论与实践,2008(4).

[3] 苏彦.酒店财务管理中的税务筹划[J].财会通讯,2009(23).

[4] 黄朝晓,唐婧妮,王结玉.发展服务业税收政策探讨[J].特区经济,2010(4).

[5] 贵州财经学院课题组,陈焰,黄静、黄兰,李汉文,蒋琳.现代服务业税收政策研究[J].涉外税务,2011(4).

[6] 马伟,杨国良,张海波.浅析生产性现代服务业税[J].涉外税务,2011(4).

[7] 蒋琳.借鉴国际经验完善现代服务业税收政策[J].涉外税务,2011(1).

项目四　旅游企业的财务分析

◆项目目标

对于学生,仅仅了解结算知识、税务知识和基本的财务知识是不够的,还需要有更高层次的目标即能够看懂财务报表的基本项目并且能根据报表之间的勾稽关系分析其中的趋势变化,对已有的经营成果做出评价,对未来的经营过程和经营结果做出预测,提供决策。

【行业要求】

旅游从业人员应了解资产负债表的概念和特点,掌握资产负债表的列示内容;了解利润表的概念和特点,掌握阅读利润表的基本方法和技巧;了解现金流量表的概念,掌握阅读现金流量表的基本方法和技巧;掌握比率分析的方法。

【学习目标】

学生应在掌握旅游企业的相关财务分析知识的基础上,提高实践能力,使知识的学习与运用更好地结合,为后续学习和工作奠定基础。

◆项目任务

本项目通过旅游企业经营管理过程中发生的资产、负债、利润以及现金流量的相关案例分析,使学生认识并学会运用旅游企业资产负债表、利润表以及现金流量表三大报表,并了解如何分析旅游企业各项财务指标。

任务一　了解旅游企业资产负债表

【任务目标】

资产负债表是企业对外提供的主要会计报表之一,反映企业某一特定日期资产、负债、所有者权益等财务状况的会计报表。本任务要求学生学会看懂并分析资产负债表并且能了解企业的基本情况,如规模、资金构成、固定资产构成等等。

【案例聚焦】

某旅游企业的经理王某,正在清点自己家庭的财产,试图搞清楚当前的家底。家里至2012年7月18号只有现金500元,储蓄存款100 000元,购买股票45 000元,亲戚借走10 000元,家具14 000元,家用电器30 000元,服装及饰品8 000元,房产400 000元,汽车150 000元,根据清点结果,王某编制了如表4-1所示的家庭财产清单。

表 4-1 当前家庭财产清单

金额单位:元

项目	金额
现金	500
银行存款	100 000
股票投资	45 000
应收账款	10 000
家具	14 000
家用电器	30 000
服装及饰品	8 000
房产	400 000
汽车	150 000
财产合计	757 500

王某虽然列出了自己的家产但想想这些并不完全都是自己的，还有借来的钱，接着王某又把自己所欠的债务列出了清单，如表 4-2。

表 4-2 当前家庭负债清单

金额单位:元

项目	金额
购房贷款	250 000
购车贷款	40 000
借父母款	30 000
负债合计	320 000

由上面两个清单可见：

王某的自有财产为 437 500（财产合计 757 500 元，负债合计 320 000 元），其余部分的财产是用借来的钱购买的。

最后，王某得出结论：我的家庭现有家产共花掉人民币 757 500 元，买这些家产的资金一部分来自借债，共 320 000 元；其余的 437 500 元是花自己的钱。

从上述例子我们可以看出，王某家里的资产为 757 500 元，负债为 320 000 元，（自己的钱）所有者权益为 437 500 元。如果我们把家庭看成是一个小型企业的话，则也可以根据上述情况编制资产负债表。那么到底何谓资产负债表？它又具有什么样的作用呢？

【任务执行】

一、资产负债表概述

（一）资产负债表的概念

资产负债表是根据资产、负债和所有者权益之间的相互关系，按照一定的分类标准和一定的顺序，将企业在某一特定日期的资产、负债和所有者权益各项目予以适当排列，并根据会计账簿日常记录的大量数据浓缩整理后编制而成。通俗地说，资产负债表可以清楚地反映企业的资产量、负债量、净资产量，以及它们的组成结构。在对财务报表的学习中，资产负债表是一个很好的开端，因为它体现了企业的财务结构和状况。它反映的是某一会计期间经营活动静止后企业拥有和控制的资产、需偿付的债务及所有者权益的金额，也就是那一时点企业的财务状况。所以资产负债表是一张静态报表，它只描述了当时的状况，即信息具有时效性。

资产负债表由两部分组成：一部分为资产及其构成，它表明企业拥有或控制的各类经济资源，说明资金运用到何处去，是企业投资的结果；另一部分为负债、所有者权益及其构成，它表明企业现时的偿债义务及自有资本的实力，说明企业的资金来自何处，是企业筹资的结果。该表不仅利于读表人了解企业拥有或控制的经济资源和需要偿还债务，正确地识别企业的变现能力和偿债能力，而且还有助于其分析了解企业的财务实力和资本结构。

资产,是指过去的交易、事项形成并由企业拥有或控制的资源,该资源预期会给企业带来经济效益。它包括流动资产、固定资产、无形资产和其他资产等。负债,是指过去的交易、事项形成的现时或潜在义务,履行该项义务预期会导致经济利益的流出。它包括流动负债和长期负债等。所有者权益,是指所有者在企业资产中享有的经济利益,其金额为资产减去负债后的余额。它包括实收资本(或股本)、资本公积、盈余公积和未分配利润等。

（二）资产负债表的作用

从资产负债表的功能上说,主要有四个方面的作用：

1. 反映资产及其分布状况

资产负债表能够反映企业在特定时点拥有资产的总额及其结构,表明企业在特定时点拥有或控制的资源和分布情况。即：有多少资源是流动资产、有多少资源是长期投资、有多少资源是固定资产等。

2. 表明企业所承担的债务及其偿还时间

资产负债表能够表明企业在特定时点所承担的债务、偿还时间及偿还对象,表明企业未来需要用多少资产或劳务清偿债务,即：流动负债有多少、长期负债有多少、长期负债中有多少需要用当期流动资金进行偿还等。如果是流动负债,就必须在1年内偿还;如果是长期负债,偿还期限就可以超过1年。因此,从负债表可以清楚地知道,在特定时点上企业欠了谁钱,欠了多少钱,以及什么时候偿还。

3. 反映净资产及其形成原因

资产负债表能够反映在特定时点投资人所拥有的净资产及其形成的原因。净资产其实是股东权益,或者是所有者权益的另外一种叫法。在某一个特定时点,资产应该等于负债加股东权益,因此,净资产就是资产减负债。应该注意的是,可以说资产等于负债加股东权益,但绝不能说资产等于股东权益加负债,它们有着根本性的区别。因为会计规则特别强调先人后己,也就是说,企业的资产首先要用来偿还债务,剩下的不管多少,都归投资人所有。如果先讲所有者权益,就是先己后人,这在会计规则中是不允许的。

案例分析

甲、乙、丙三人共同投资开公司。2012年6月21日,他们决定到工商局去注册一家旅游公司。注册时,甲入股50万元,乙入股55万元,丙入股35万元,共同投入到公司的资金是140万元。公司运营一段时间后,他们发现资金不够,于是决定向银行贷款。12月20日,他们用公司的房产作抵押,向商业银行贷款60万元。

旅游公司拥有和控制的资产总额是200万元,投资人投入了140万元,向银行借款60万元。实际上就是负债60万元加股东权益140万元。净资产是资产200万元减负债60万元。净资产是怎么形成的呢？投资者入股的时候,注入企业资金,它会形成所有者权益。企业赚了钱也应该归股东所有,它也叫所有者权益。

4. 反映企业财务发展状况趋势

资产负债表能够反映企业财务发展状况的趋势。当然，孤立地看一个时点数，也许反映的问题不够明显，但是如果把几个时点数排列在一起，企业财务发展状况的趋势就很明显了。例如企业的应收账款，第1年是10万元，第2年是20万元，第3年是30万元，第4年是40万元。如果把这4年的时点数字排在一起，就很容易发现，这个企业的应收账款呈逐年上升的趋势。应收账款逐年上升的趋势表明，或者销售环节没有管好应收款，或者说明企业做好了，市场扩大了，相应的应收账款也增加了。例如拍电影时，摄影师只能一个个镜头的拍摄，每个镜头仅仅是一幅静态的画面。但是，如果把每一个镜头有机地连起来，就会构成一部生动形象的动态电影。从这个角度来说，如果一个企业的管理者能够关注每一个时点的状况，就会对企业的财务状况有一个比较全面的了解；反之，不注重捕捉时点数，将会给企业的管理造成比较大的失误。

（三）资产负债表的格式

1. 编制的基本原理

《企业会计准则——财务报表列报应用指南》中给出了资产负债表格式。除格式中不存在的项目外，企业应当按照该指南规定的格式进行列报。不管资产负债表的项目有多少，其大项目只有三个：资产、负债、所有者权益，而这三个项目的数字之间内在的数量关系就是资产等于负债加所有者权益。资产是企业资源变化的一个结果，引起这种结果变化的根本原因主要有两方面：一是负债的变化，二是所有者权益的变化。既然资产等于负债加所有者权益，那么资产的增减变化量应该等于负债的增减变化量加所有者权益的增减变化量，即：

资产＝负债＋所有者权益

资产负债表是按照"资产＝负债＋所有者权益"会计平衡公式编制的。

2. 资产资产表编制的格式

目前世界各国主要有两种资产负债表格式：一是账户式表格，二是报告式表格。下面则主要为大家介绍账户式表格。

资产负债表要披露三大数字：一是此时此刻有多少资产，二是此时此刻有多少负债，三是此时此刻拥有多少所有者权益。如果把这三个数字及其内容分左右排列，左边列示企业拥有的资产，右边列示企业的负债及所有者权益，很像账户，所以人们称其为账户式的资产负债表。我国会计制度规定的参考格式是账户式，一般商店里出售的也是账户式表格。债权人对资产有第一索偿权，因此，所有者权益显示在各项负债之下，以强调负债比资产有更高的或优先的索偿权。由此可见，债权人和股东对企业的资产都拥有权利，债权人债权之外的资产归股东所有。假设企业的资产总计为100万元，如果债权人拥有40万元，剩下的60万元就应该归股东所有。于是，企业的资产实质上包括两部分：一部分可以归债权人所有，另一部分归股东所有。这也和"资产＝负债＋所有者权益"平衡公式相吻合。当然，在企业存续期间，不可能把资产划分为哪些属于债权人，哪些属于股东。

资产负债表采用左右两边的格式，有利于使用者通过左右两边的对比，了解企业的财务状况。

3. 资产负债表中各项目的排列

资产负债表中各项目的排列大体上遵循各项目的紧急性和流动性（或稳定性）顺序。紧急性是从处置的时间紧急程度考虑的，紧急程度高的排在上面，以引起人们的注意。资产负债表中右边的项目基本上是按照偿还的紧急程度排列的。流动性（或稳定性）则是从项目自身的流动性（或稳定性）考虑的，流动性强或者说稳定性小的排在上面。资产负债表中左边的项目基本上是按照流动性（或稳定性）排列的。

4. 资产负债表编制的时间和记录的期初、期末余额

资产负债表是在某一期间（年度、月度等）的最后一天经营结束时编制的。例如，2012年12月31日的资产负债表就在2012年12月31日的晚上12点编制。资产负债表记录的金额就是那一瞬间的企业资产、负债与所有者权益及其各具体项目的余额。

你必须记住资产负债表并不记录一定时期内资产、负债与所有者权益的总的流入和流出量，它只记录一定时期的期初、期末余额。例如，80 000元，你能说出本年总的货币资金流入流出量吗？不能，从资产负债表中是无从得知的。但是，从资产负债表中我们可以观察到各个项目在前后会计期间的变化金额。财务数据之所以对企业管理具有重要价值，往往就是利于管理人从数据的变化中发现契机的。

（四）如何通过资产负债表了解企业状况

从以上案例可发现王某对家底状况做了清晰透彻了解，对他日后的理财是非常有益的，对于一个企业来说这也同样很重要。当你想了解企业的家底状况时，也可以采用像个人家庭同样的方法，分别列出企业全部的财产、所欠债务和企业主（股东）投入的资金的清单。从而对企业做更进一步的了解，方便于日后的经营管理与投资。

从上面王某列出的家底状况我们可以看出，其财产并不是按实物的数量表示的，而是使用货币进行计量的。对企业来讲，所有的财产制表时也都是采用货币进行计量的。例如，某水果店有200元的现金，100箱桃子和20箱的苹果，假设桃子每箱的采购成本是30元，苹果每箱的采购成本是20元，桃子和苹果的库存成本是3 400元，加上200元现金，该水果店的财产应该是3 600元。因此货币计量是一项重要的会计假设，会计是采用货币作为计量单位记录、反映企业的经营情况的。

按照王某的方法，我们来了解一下他所在旅游企业的家底状况。

2012年12月31日，该旅游企业共有如下财产：保险柜存有现金55 000元，开户银行存款余额100 000元，产品赊销客户尚未付款940 000元，根据以往收款情况，估计有64 000元可能收不回来，库存的各种原材料311 000元，生产过程中半成品占压资金65 000元，库存产品215 000元，购买原材料预付给供应商40 000元，预付单身职工宿舍房租5 000元，土地和建筑物账面价值1 250 000元，各种机器设备账面价值10 000元，计算机和办公设备价值8 000元，向另一家企业投资301 000元。根

据上述列出旅游企业的财产清单,如表4-3所示。

表4-3　旅游企业财产清单

2012年12月31日　　　金额单位:元

项目	金额
现金	55 000
银行存款	100 000
客户欠款	940 000
估计坏账	(64 000)
客户欠款净值	876 000
原材料	311 000
半成品	65 000
产成品	215 000
预付货款	40 000
预付房租	5 000
土地和建筑物	1 250 000
机器设备	10 000
计算机和办公设备	8 000
对外投资	301 000
财产总计	3 236 000

企业资金的来源有两方面:一方面是来自股东的投资,即所有者权益;另一方面来源于借款,即负债。该旅游企业的资产也同样来源于这两方面,下面则分别列出该旅游企业的欠款和所有者权益的清单。

旅游企业有如下欠款:欠银行流动资金借款52 000元,购买原材料供应商货款475 000元,欠职工工资57 000元,欠交税款54 000元,应付商业汇票150 000元,其他欠款31 000元,因建造生产装置5年到期的银行贷款500 000元。债务清单表如表4-4所示。

表4-4　旅游企业债务清单

2012年12月31日　　　金额单位:元

项目	金额
流动资金借款	52 000
欠供应商货款	475 000
欠职工工资	57 000
欠交税款	54 000
应付商业汇票	150 000
其他欠款	31 000
长期借款	500 000
负债合计	1 319 000

所有者权益一般来自两个方面:一个是股东拿来资金(现金或其他形式的财产)投入到企业,另一个是企业历年经营活动赚的钱。经营活动赚的钱应该属于股东所有,股东可以用这笔钱分红利,也可以把它留在企业用于经营周转。留在企业周转的部分叫做留存收益。下面我们了解一下该旅游企业的所有者权益情况:股东投入资金1 800 000元;历年累计留存收益117 000元。因此,我们可以列出旅游企业的所有者权益清单,如表4-5。

表4-5　旅游企业所有者权益清单

2012年12月31日　　　金额单位:元

项目	金额
股东投入资金	1 800 000
累计留存收益	117 000
所有者权益合计	1 917 000

我们暂且把旅游企业全部财产称为资产,那么,该公司2012年12月31日,共有资产3 236 000元,这说明旅游企业的资产占用了3 236 000元的钱(资金)。

旅游企业的资产占用的 3 236 000 元资金中,来自股东投入 1 800 000 元,来自企业历年的盈利 117 000 元,来自债权人 1 319 000 元。

在制作会计报表的时候,列出三张表格不仅费时费力,更不方便阅读和及时地了解财务情况,所以下面将它们三者合一,列示一张汇总表,如表 4-6:

表 4-6 该公司资产、负债与所有者权益汇总表

2012 年 12 月 31 日　　　　　　　　　　　　　　　　　　金额单位:元

资产		负债	
现金	55 000	流动资金借款	52 000
银行存款	100 000	欠供应商货款	475 000
客户欠款	940 000	欠职工工资	57 000
其中:估计坏账	(64 000)	欠交税款	54 000
客户欠款净值	876 000	应付商业汇票	150 000
原材料	311 000	其他欠款	31 000
半成品	65 000	长期借款	500 000
产成品	215 000	负债合计	1 319 000
预付货款	40 000	所有者权益	
预付房租	5 000	股东投入资金	1 800 000
土地和建筑物	1 250 000	累计留存收益	117 000
机器设备	10 000	所有者权益合计	1 917 000
计算机和办公设备	8 000	负债及所有者权益	3 236 000
对外投资	301 000		
资产总计	3 236 000		

这张列示资产、负债、所有者权益的汇总表,整体地反映了旅游企业 2012 年 12 月 31 日的财务状况,说明了该公司资产占用了多少资金,这些资金又来自哪里。这张汇总表构成了资产负债表的雏形。我们在此基础上按照会计的准则进行排列就形成了正式的资产负债表。资产负债表就是一家企业经过整理后的家底情况或财务状况,从表中我们可以看出资产等于负债与所有者权益之和,资产负债表就是按照资产等于负债与所有者权益之和的形式来列示的。

二、资产负债表列示内容

我们把在上文中列出的旅游企业汇总表 4-6 按正式的资产负债表格式列出,如表 4-7。

表 4-7 旅游企业资产负债表

2012 年 12 月 31 日　　　　　　　　　　　　　　　　　　　　　金额单位：元

资产		负债	
流动资产		流动负债	
货币资金	155 000	短期借款	52 000
应收账款	876 000	应付账款	475 000
存货	591 000	应付工资	57 000
		应交税费	54 000
		应付票据	150 000
		其他应付款	31 000
预付账款	40 000	流动负债合计	819 000
		非流动负债合计	
流动资产合计	1 662 000	长期借款	500 000
固定资产原价	2 240 000	负债合计	1 319 000
减：累计折旧	972 000	所有者权益	
固定资产净值	1 268 000	实收资本	1 800 000
长期投资	301 000	留存收益	117 000
长期待摊费用	5 000	所有者权益合计	1 917 000
资产总计	3 236 000	负债与权益总计	3 236 000

注：留存收益包括盈余公积和未分配利润两个方面。

为了更好地让学生了解资产负债表的情况，下面将详细分析资产负债表中各项要素及其主要内容。

（一）资产项目分析

资产项目由流动资产、长期投资、固定资产、无形资产和其他资产组成。

1. 流动资产

简而言之，流动资产就是现金可以在短期内（通常为一年或超过一年的一个营业周期内）变为现金的资产。流动资产在资产负债表上是按变现能力（流动性）的大小列示的。变现能力（或者流动性）指变换为现金的能力。下面列出比较典型的流动资产项目。

（1）货币资金。货币资金是所有资产中最具流动性的资产，并且总是资产负债表中最先列出的项目。它一般包括企业存放的以备日常使用的现金和企业存入银行或其他金融机构的各种款项和银行汇票等。货币资金虽然流动性最强，但其盈利性却最弱。因此，一般说来，货币资金的存量不宜过大。

（2）短期投资。短期投资是指能够随时变现并且持有时间不准备超过一年的投资，包括短期股票投资、短期债券投资和其他短期投资。因为短期投资具有易变现、持有时间短、盈利与亏损难以把握等特点，因此，短期投资在报表中的表现具有金额经常波动、投资收益与亏损易变等特点。如果报表中短期投资金额跨年度长期不变,投资收益较固定,则有可能企业故意将长期投资的一部分人为地划分为短期投资,以改善流动资产状况。

(3)应收账款。企业总有一些在未来可以收回的债权,这些债权在资产负债表上分为应收账款、应收票据和其他应收款等项目。在正常情况下,企业的各种应收款项经过一段时间会转化为现金。

应收账款是由于赊销商品或劳务引起的,是尚未收回的销售收入。应收账款包括由于销售产品或提供劳务应向客户收取的全部款项,其他与销货或提供劳务无关的应收款项不包括在应收账款项目中。应收账款既不计利息,也不对客户的特定财产具有要求权。企业一般要求客户在较短(几个月内)的时间内偿还货款。在经济不景气的时候,经常可以看到那些现金出现问题的客户很难及时还款,这可能会导致收款期长达一年以上。有的客户甚至会恶意欠款,使得应收账款无法收回,形成坏账。当然,乍看资产负债表时不太容易看得出这一点。有些情况下,客户会签发商业汇票承诺在一定时期内付款,而不是取得无担保赊欠的特权。商业汇票是一种载有一定付款日期、付款地点、付款金额和付款人的无条件支付流通证券,也是一种可以由持票人自由转让给他人的债权凭证。我国的商业汇票是由收款人或付款人(或承兑人)签发,由承兑人承兑,并于到期日向收款人或被背书人支付款项的票据。它是交易双方以商品购销业务为基础而使用的一种信用凭证。企业收到的商业汇票不是在应收账款项目中反映,而是单独设立(应收票据)项目。通常应收票据要比应收账款的还款期要长。在有些情况下,客户在应收账款到期无力支付时,就要签发一张票据,代替应收账款。

(4)坏账准备。赊销虽然促进了销售,却把坏账的风险都转嫁到了企业身上,长此以往会导致企业越来越难以经营。企业的各项应收款项,可能会因债务人拒付、破产和死亡等原因而无法收回。这类无法收回的应收款项就是坏账,因坏账而遭受的损失叫做坏账损失。

如果在应收款项中包括了实际上不能收回的金额,就会使企业真正拥有的资产的价值言过其实了。因此,企业应采用一定的方法按期估计坏账损失,计入当期费用。在实际工作中,会计不是从应收款项中直接减去估计不能收回的部分,而是建立"坏账准备"账户,把估计不能收回的部分进行登记,待坏账实际发生时,冲销已提的坏账准备和相应的应收款项。

(5)存货。存货指的是企业购入的原材料、商品、包装物、低值易耗品或者企业自己生产的产成品以及尚处于生产过程中的在产品和半成品等。

一项资产如果被归类为存货,就必须是在正常经营情况下最终要被销售出去,或在产品生产过程中被使用或被消耗掉,并最终转换为现金。在不同的企业中,存货的范围有所不同。在商品流通企业中,购买存货主要是为了销售给客户,其存货主要是各种商品;在工业企业中,为了销售通常需要自己生产产品,因此其存货主要包括各种原材料、包装物、在产品、自制半成品和产成品等。备品备件和维修设备通常也被确认为存货。

①原材料。原材料是外购的直接用于产品生产并构成产品的一部分的生产资料。原材料的成本一般包括购买价款、相关税费、运输费、装卸费、保险费以及其他可归属于原材料采购成本的支出。

②在产品(主要指工业)。在产品是正在生产尚未完工的产品的生产成本,它已经不是原材料,但也不是产成品。在产品的成本包括原材料成本、直接生产人员的人工成本以及一部分费用(车间间接费用),如租金、折旧、间接人工费用和维修费、检测费等。

③产成品(主要指工业)。产成品是彻底加工完成待售给客户的库存商品。产成品成本也包括原材料成本、直接人工成本和一部分间接费用。

(6)预付款项。预付款项是在使用劳务或获得商品之前付出的现金,它是准备在一个会计年度内或一个营业周期内消耗的流动资产。由于预付款已经支付,并且在未来不会获得现金,但保持了现金的用途(换回货物或服务),因此它不同于其他流动资产。这种预付款使以后阶段受益,包括预付的货款和预付的费用。实际支付了多少钱,不一定就确认为支付当期的费用,应该将它分摊到以后几期去,在以后每个受益期间逐渐转化为费用。

(7)其他流动资产。它包括预付账款、应收补贴款、其他应收款、应收股利、应收利息等。其中,其他应收款号称企业会计报表的"垃圾桶",包括企业除应收票据、应收账款、预付账款以外的各种应收、预付款项,如应收的各种赔款、各种罚款、存放的保证金、应收出租包装物的租金、预付给企业内个人或单位的备用金、应向职工个人收取的各种垫付款项等。

2. 非流动资产

非流动资产指的是超过1年时间才能转换为现金或长期占用现金的资产。它主要包括长期投资、固定资产、无形资产和其他资产等。

(1)长期投资。长期投资是指不可能或不准备在一年内变现的投资,包括长期股权投资、长期债权投资和其他长期投资。其方式分为两种:一种是直接投资,即企业作为投资者与其他投资者协议投资,创办一个新企业,通过签订协议规定各方权利义务,共享利润、共担风险。可以采用现金和实物资产、无形资产作价投入。另一种是间接投资方式,即长期证券投资,包括长期股权投资、长期债权投资。资产负债表中长期投资项目的金额,在很大程度上代表企业长期不能直接控制的资产流出,其投资方案是否合理,关键看能否获得较高收益,是否可分散风险,企业的安全性如何。

(2)固定资产。固定资产是指使用期限较长、单位价值较高并在使用过程中保持其实物形态基本不变的资产项目。它是企业长期偿债能力的直接物资保证。除一小部分流动资产外,长期负债物资保证的绝大部分为固定资产。固定资产的数量、结构、完整和保值都制约着企业的长期偿债能力。固定资产质量好坏的关键在于看它是否能给企业带来未来的经济利益,是否具有增值潜力。

(3) 无形资产。无形资产是指企业长期使用而没有实物形态的资产。它包括可辨认无形资产和不可辨认无形资产,可辨认无形资产包括专利权、商标权、著作权、土地使用权、特许经营权和转让技术等,不可辨认无形资产为商誉。无形资产的质量,主要体现在特定企业内部的利用价值和对外投资或转让的价值上。

(4) 长期待摊费用和其他长期资产。长期待摊费用是指不能全部计入当期损益,应当在以后年度内分期摊销的各项费用,包括开办费、租入固定资产改良支出、固定资产大修理支出、筹建期汇兑净损失等。其他长期资产是指企业正常使用的固定资产、流动资产等以外的,由于某种特殊原因,企业不得随意支配的资产。这种资产一经确定,未经许可,企业无权支配和使用,但仍应加强管理,单独核算。它主要包括特种储备物资、银行冻结存款和冻结物资以及涉及诉讼中的财产。

(二) 负债项目分析

为了便于分析企业的财务状况和债偿能力,防范企业的财务风险,企业的负债应当按其距离偿还日期的长短,划分为流动负债和非流动负债两大类。

1. 流动负债分析

流动负债指的是企业预计将在一年或者超过一年的一个营业周期内偿还的所有债务。偿还流动负债主要靠流动资产转换为现金来实现。流动负债主要包括短期借款、应付票据、应付账款、应付职工薪酬、其他应付款和预收款项等内容。

(1) 短期借款。短期借款属于流动负债。为了维持企业正常的生产经营,扩大企业的资金来源并投入更多的经营资金以使企业赚取更多的利润,或者为了应付季节性经营对资金的需要,企业往往向银行或其他金融机构等借入期限在1年以下的各种款项。短期借款应当按照借款本金和确定的利率按期计提利息,计入当期费用。短期借款往往是为了解决流动资金的问题,其最大的风险是到期无法偿还,或者企业没有准备长期的流动资金,而要用短期的流动资金借款去支撑整个企业的经营。企业对于短期借款的管理水平,体现了企业的理财水平。如果短期借款公司暂时不用,就要提前归还,以便少付利息。

(2) 应付票据。它是反映企业为了抵付货款等而开出、承兑的尚未到期付款的一种票据,包括银行承兑汇票和商业承兑汇票。应付票据可以带息,也可以不带息。应付票据的利率一般比银行借款的利率低,所以应付票据的融资成本低于银行借款的成本。但是应付票据到期必须归还,如若延期便要交付罚金,因而风险较大。

(3) 应付账款。应付账款包括所有尚未清偿的、欠供应商和劳务提供商的债务。应付账款实际上是企业从供应商那里借入一笔资金,从而增加了可以用于自己企业经营活动的资金。同时,这种商业信用借款不用支付利息,是可以免费使用的资金。因此,应付账款在一定程度上反映了企业的竞争力强弱。应付账款项目反映的是本企业运用其他企业资金的多少,它会影响企业今后的现金流量,因此要特别关注。管理者要关注这个项目时一是看金额大小,二是看欠了谁的钱,三是看欠债权人多长时间。

(4)预收款项。在提供产品或劳务之前向客户收取的款项称为预收款项,包括预收的货款、工程款和租金等。对于企业来讲,预收款项相当于向客户借用资金后用货物、劳务等抵押。

2. 长期负债分析

长期负债是指偿还期在一年或超过一年的一个营业周期以上的债务,包括长期借款、应付债券、长期应付款等。由于长期负债的偿还期较长,受货币时间价值影响较大,长期负债的价值一般应根据合同或契约规定的在未来必须支付的本金和所付利息之和按适当贴现率折现后的折现值来确定。

(1)长期借款。长期借款是企业向银行或其他金融机构借入的期限在一年以上的各项借款,主要用于购建固定资产和满足长期流动资金占用的需要。具有长期融资需求的企业可能会选择期限尽可能长的贷款,从而能够有时间赚取足够的资金以方便还款。

(2)应付债券。应付债券是企业为筹集长期资金而发行的债券的本金和利息,反映企业发行的尚未偿还的各种长期债券的本息。债券是企业为筹集资金而发行的,用以记载和反映债权债务关系的有价证券。由企业发行的债券称为企业债券或公司债券。这里所说的债券,指的是期限超过一年的公司债券,其发行目的通常是为建设大型项目筹集大笔资金。

(3)长期应付款。反映企业除长期借款和应付债券以外的其他各种长期应付款。如应付引进设备款、融资租入固定资产应付款等。

(三)所有者权益项目分析

所有者权益是指企业的投资者对企业净资产的要求权,亦称净权益。根据所有者权益的永久性程度一般将其分为投入资本和留存收益两大类。其中投入资本是指企业所有者实际投入企业的资本,包括实收资本和资本公积。而留存收益是指通过企业的生产经营活动而形成的资本,即经营所得净收益的积累。它包括盈余公积和未分配利润两部分。

1. 投入资本分析

(1)实收资本。实收资本是指股份有限公司以外的企业投资者实缴的并经注册的出资额,也称资本金。对股份有限公司而言,实收资本即股本,表现为已投入企业的资本中相当于股票面值或设定价值的部分。我国的资本金制度从法律上明确了建立企业必须有合法投资者最低限额的资金。

(2)资本公积。资本公积包括股本溢价、接受捐赠的资产价值、法定财产重估增值等项目。它是指由投资者投入但不能构成实收资本,或从其他特定来源取得,由股东共同享有的资金,简单地说,这些钱已确定是股东或投资人的,但没有明确说明哪个股东或投资人应该分多少,可以把它看成是还没有最后分配到股东或投资人自己账上的公共的钱,共有的钱。

案例分析

甲、乙、丙共同投资,2012年4月20日,到工商局注册了一个旅游企业有限公司。注册时,甲入股35万元,乙入股60万元,丙入股25万元,共同投入到公司的资金是120万元。但他们到工商局只注册100万元,如果问旅游企业有限公司此时此刻一共有多少资产?回答是120万元。但如果把120万元一分为二,在工商局注册的那笔钱,叫实收资本100万元,超过注册资本那部分,叫资本公积金20万元。其实120万元都是投资者入资注入进来的,但是把它一分为二,就便于和我国注册资本政策保持一致。

2. 留存收益分析

(1) 盈余公积。盈余公积是一种已拨定的留存收益,指从累计的税后利润中已指定用途、不可随便分配给所有者的部分。盈余公积按其提取的法定性和用途的不同,又可分为法定盈余公积和任意盈余公积。企业的盈余公积主要用途为:①弥补亏损。企业弥补亏损的渠道大体上有三条:一是用税前利润弥补,二是用税后利润弥补,三是用盈余公积弥补。②增加资本或股本。经股东会议决议,企业可将盈余公积转增为资本,但此时应注意以下三点:一是要先办理增资手续;二是要按股东原有股份比例结转,股份有限公司,可采用发放新股或增加每股面值的方法增加股本;三是法定盈余公积金转增股本时,在转增后留存的此项公积金应不少于注册资本的25%。

(2) 未分配利润。未分配利润是企业实现的净利润,在提取盈余公积和分配利润后的余额。它是一种未拨定的留存收益,既未指定用途,也未分配给所有者。同时,它也是所有者权益的重要组成部分,是资产负债表与利润表(或利润分配表)联系的桥梁。

三、资产分布结构对经营策略影响

企业拥有和控制的经济资源,包括流动资产、固定资产及其他资产。这些经济资源(资产)的分布结构能对企业的经营策略产生重大影响。

(一) 货币资金存量和存货量多少

一般说来,货币资金的存量不宜过大。货币资金存量的大小因企业经营的方式不同而不同。比方说,贸易公司可能存量资金比较大,制造型企业可能会小一些。这同时又跟企业的淡季和旺季有关。

存货量的多少,反映资金有多少被压在仓库或生产部门中。我们常说的减少资金占用,加速资金周转,主要就是指减少存货的金额。这个项目金额越少,说明企业在这个环节积压的资金就越少,资金周转就可能越快,但这个金额的大小,也要看是什么样的企业,企业的生产方式不一样,这个项目有可能会有不同的特点,例如,按库存生产的企业存货就可能比按订单生产的企业要多。存货对企业经营活动(销售收入)的变化具有特殊的敏感性,存货通常是一个多发问题领域,管理者必须使存货数量与企业经营规模保持平衡。如果旅游企业能在生产经营时随时购入所需的原材料，或者旅游企业能在销售时随时购入该项商品，就不需要存货。但实际上，企业总有储存存货的需要，并因此占用或多或少的资金。

(二) 应收账款余额大小

企业发生应收账款的原因主要是由于商业竞争，竞争机制的作用迫使企业以各种手段扩大销售。除了依靠产品质量、价格、售后服务、广告等外，赊销也是扩大销售的手段之一。在同样的产品价格、类似的质量水平、一样的售后服务的情况下，实行赊销的产品或商品的销售额将大于现金销售的产品或商品的销售额。这是因为客户将从赊销中得到好处，也就是说取得了不用付息而免费使用的资金。出于扩大销售的竞争需要，企业不得不以赊销或其他优惠方式招揽客户，于是就产生了应收账款。如果企业应收账款余额与同行相比特别高，往往意味着企业产品具有较低的市场竞争能力。

应收账款（应收票据）是企业的一项资金投放，是为了扩大销售而进行的投资。有经验的经理人员都清楚，在赊账销售这一问题上，过分慷慨地使用赊账这种手段来刺激销售可能是非常危险的一件事件。这种做法的直接后果就是占压经营活动的大量资金，造成企业资金周转困难。

案例分析

一位富有想象力的高级经理出任一家业绩平平的旅游涉外饭店的总经理。为了扭转饭店的局面，他推出了一个非常大胆的市场营销计划，在收账款平均占用额以非常优厚的销售条件、十分宽松的付款期限来吸引饭店的消费者。果然如这位经理所料，饭店的销售势头迅猛上升，一时间顾客盈门，但是，饭店的应收账款却升高到一个难以想象的比例，饭店的流动资金越来越少，生产越来越困难。最终由于资金无法周转，饭店最后只好宣布破产。

(三) 固定资产和流动资产比例不同

企业的固定资产和流动资产的比例不同，会使得企业的生产成本结构不一样。固定资产比例较大的企业，由于折旧费用较高，因此其产品生产成本中包含较多的折旧费。折旧费总额是不随生产的产量而变动的。

固定资产投资较大的行业，很容易引发价格战，因为降价可能促使销售增加，由此带来产量的增加，产量的增加则会使单位产品生产成本下降的幅度大过降价的损失，就能够使企业受益，但许多行业中的企业都采取这样的行动，就不仅不能达到降价增量增效的目的，反而导致整个行业价格下跌、效益下降，甚至导致整个行业的崩溃。在我国曾经发生的彩电企业价格大战，使所有彩电企业都陷入困境之中，他们在盘点当年的战绩时发现，亏损额少则 3 亿元，多的达 8 亿元、10 亿元。同时，巨大的库存和越来越多的应收账款也使这些企业背上了沉重的负担。

对于流动资产(主要存货)占资产总额比例较大的企业,如劳动密集型和高材耗的生产企业,其产品生产成本中往往直接材料的比例较大。单位产品成本中直接材料成本是不随产量的变化而变化的,因此产量的高低对其单位产品成本的影响较小,这些企业盈利的关键是单耗控制,加强现场管理,降低物料和工时的损耗,加快流动资产的周转速度。这要求企业具有较高的经营管理水平。

由此可见,两种不同的资产分布结构会影响到企业的利润增长点,会导致企业经营的业态不一样,经营的策略不一样,竞争的时候产生的后果也不一样,企业管理者应该下工夫加以认真研究。

在关注资产分布结构时也应该考虑资产的质量,如表 4-8。

表 4-8 关注资产质量

主要项目	关注内容
(1)应收账款	收回的比率有多大?
(2)存货	市价是多少?状况如何?数字可靠吗?
(3)固定资产	可收回金额多少?
(4)长期投资	可收回金额多少?
(5)待处理财产损失	报表中有该项目吗?
(6)短期投资	市值是多少?
(7)在建工程	是否减值?
(8)无形资产	可收回金额多少?
(9)其他资产	有多大?

【任务拓展】

默多克是世界著名的报业巨子,他的报业王国共有 146 家债主,债务共有 24 亿美元。在 1990 年,默多克报业王国仅仅因为 1 000 万美元的债务而差点翻船。起因是美国匹兹堡有家小银行,贷给默多克 1 000 万美元。默多克原以为这笔短期贷款,到期可以付息转期,延长贷款限,因而在到期前未加防银行催款。但这家银行由于听信谣言,认为默多克的支付能力不佳,通知默多克这笔贷款到期必须收回。

默多克向美国的银行家借钱,始料不及的是美国的银行家像是联手跟他过不去,都婉言推辞。商业信用将决定一个企业的生死存亡,如果这 1 000 万美元无法到期偿还,将引发连锁反应,到时 145 家银行会像群狼一样,成群结队地来索还借款。具有最佳债务偿还能力的大企业也经受不了债权人联手要钱,这样一来,默多克的报业王国就得清盘。

后来,默多克找到了花旗银行,花旗银行是默多克报业集团的最大债主,投入资金大 14 亿美元之多,如果默多克失败,花旗银行的损失最高。花旗银行的一位副经理在对其报业集团作了充分的分析后,建议由花旗银行牵头,所有贷款银行都待在原地不动,谁也不许退出贷款团,以免一家银行退出,采取收回贷款的行动,引起连锁反应。至于匹兹堡的那家小银行,由花旗银行出面,对它施加影响和压力,要它到期续贷,不得收回贷款。在最后一刻,默多克终于渡过了这一关,但他在支付能力上的弱点已暴露在资金市场上。此后的半年里,他仍然处在生死攸关的财务困境之中。

从默多克的债务危机案例中得到启示,企业一定要重视负债的风险管理,企业不但要保持足够的偿债资金,而且还要保证有一定流动资金以应对突如其来的事件,避免由于一个小石头摔一跤从此就爬不起来了。同时,企业要保持良好的信誉和企业形象,同银行保持良好的信誉关系是明智之举。在企业不需要钱的时候,应当让银行了解自己的财务情况和现金流预测,为自己今后的借款建立基础。一旦真正需要借款,便有可能按正常的条件借到所需要数量的款项。所以,企业应该对负债风险的可控程度进行提前管理,这是控制风险的关键要素。

【任务反馈】

应收账款是不是越低越好?

释疑:应收账款是被客户占用的企业流动资金,如果应收账款数额较大,超过企业的承受能力,将严重影响企业的短期偿债能力,资产运营效果下降,甚至因此资不抵债而导致企业破产。但是也并非就是说应收账款越低越好,如果过低会影响企业的销售收入和市场占有率,不利于股东财富最大化的财务目标。因此每个企业都有一个应收账款的最佳持有量,可以根据最小成本法或者最大收益法求得。

任务二 掌握旅游企业利润表

【任务目标】

利润表又称收益表或损益表,是总括反映企业在一定期间内(月度、年度)利润或亏损实际形成情况的会计报表。本任务不仅要求学生能够掌握营业利润、利润总额及净利润、每股收益的构成,而且掌握分析利润表的基本技巧和方法。

【案例聚焦】

某旅游企业王某为早日归还贷款,9月份将100 000元存款提出获得银行利息2 000元,当月结清利息后王某又将100 000元存款投资建一个小型快餐店,快餐店房屋租金每月5 000元,购置家具及经营器具30 000元,经营一个月后,9月底计算获得收入600 000元,支付水电煤气等费15 000元,原材料成本400 000元,人员工资50 000元,交税金30 000元,各种消耗品20 000元,支付环保费用1 300元,门前三包300元,根据经营成果王某编制了如表4-9所示的费用支出清单:

表4-9 王某费用支出清单

金额单位:元

项目	金额
房屋租金	5 000
家具及经营器具	30 000
水电气费用	15 000
原材料成本	400 000
人员工资	50 000
税金	30 000
各种消耗品	20 000
环保费用	1 300
门前三包	300
费用合计	551 600

同时王某又计算了9月份的所有收入为:银行利息2 000元加9月的经营收入600 000元,总计收入602 000元。所以王某得出结论:9月份共取得收入602 000元,费用支出合计为551 600元,因此王某开店一个月净赚了50 400元。

项目四 旅游企业的财务分析

从上述例子我们可以看出，王某经过一个月的经营获得净利润为50 400元，如果我们把家庭看成是一个小型的企业，也可以根据上述情况编制利润表。那么到底何谓利润表？它又具有怎样的作用呢？

【任务执行】

一、利润表概述

（一）利润表的概念

资产负债表虽然涵盖了企业发生的全部交易事项，但是并没有反映企业发生全部交易事项引起的所有财务效应，而是只记录了一部分效应。因此，仅有资产负债表是不够的，它不能反映企业的全部经济信息，没能体现管理者获取收入和控制费用的过程，我们还需要利润表来揭示企业的财务成果状况。

利润表将一定时期的营业收入与同一会计期间相关的营业成本和费用进行配比，将"收入－费用＝利润"的公式用一目了然的表格形式表现出来。利润表实际上是对企业的经营情况所做的一段录像，这段录像有起点和终点，而利润表所要描述的就是从起点到终点这个过程，因此利润表是张动态报表。在这个过程当中要记录的并不是所有的内容，要记录的是这一期间发生了多少收入和多少费用，这段时间企业是盈利还是亏损，这是利润表所要讲述的基本内容。

利润表包括两个方面：一是反映公司的收入及费用，说明公司在一定时期内的利润或亏损数额，据以分析公司的经济效益及盈利能力，评价公司的管理业绩；二是反映公司财务成果的来源，说明公司的各种利润来源在利润总额中占的比例，以及这些来源之间的相互关系。利润表中的收入、费用等情况反映了企业生产经营的收益和成本耗费情况，表明企业生产经营成果，利润表提供的不同时期的比较数字（本月数、本年累计数、上年数），可用于分析企业今后利润的发展趋势及获利能力，了解投资者投入资本的完整性。由于利润是企业经营业绩的综合体现，又是进行利润分配的主要依据。因此，利润表是会计报表中的主要报表。

（二）利润表的基本格式

利润表分为表头和表体两个基本部分。表头部分包括表名、编制单位、编制时间和货币计量单位四个要素。编制时间应为时期数：某月份、某季度、某年度。表体部分可有两种形式：一种是单步式利润表，另一种是多步式利润表。

1. 单步式利润表

单步式利润表是将当期的所有收入加在一起，然后将所有的费用、支出加在一起与所有收入相抵减，一次计算损益。根据收支配比的一般原则，企业的利润应该是其各种收入（包括直接收入和间接收入）与各种支出（包括直接支出和间接支出）相抵后的余额，收大于支为实现利润，反之则为亏损。单步式利润表就是根据这一原则编制的。如果按此方法编制利润表，虽然也能计算出损益，并比较直观、简单、编制方便，但不能提供较为详细的分类利润信息，不利于各期相应项目的比较和利润各组成部分的结构分析，因而满足不了报表使用者的需要，不便报表使用者进行分析判断，也不利于同行业企业间报表的比较评价。

2. 多步式利润表

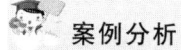

案例分析

企业的利润构成

刚刚毕业于某财经大学会计专业的王明应聘到一家开办了两年的私营酒店，他发现这家企业的经营状况很不稳定，每月的盈利变化很大，他决定对该公司的盈利状况进行分析。通过分析本月的财务报表，他发现：

本月公司共取得利润1 254 656.23元，其中来源于餐饮的利润264 860.59元，来源于住宿的收入约156 960.61元，其他收入大多来自公司购买股票取得的收益，而公司上个月购买的股票竟然是亏损的。

再对餐饮和住宿进行了解，竟发现这两个部门每月的资金投入都是供不应求，导致经常缺货，有时竟然无法接待客人。

王明找到了酒店老板王经理，建议他把手上的股票全部卖掉，王经理很是不理解："我这个月仅仅股票投资就赚了80多万，为什么要卖掉？"王明用会计知识对他进行了分析，王经理越听越开心，终于决定卖掉手中的大部分股票，用于饭店餐饮和住宿部的投资。

分析思考：
① 你认为王明对王经理说了些什么？
② 酒店的盈利由哪些内容构成的？
③ 王经理应如何改善经营，提高酒店的利润？

多步式利润表实际上是运用会计原则中的配比原则，即把收入和为了取得收入所支出的费用，按照管理的要求进行搭配，并且按照利润的性质，分层次计算利润的一种利润表。这种报表通常采用上下加减的报告式结构，在这种结构下，净利润的计算分解为多个步骤，通过多个步骤完成利润的计算过程，以提供有关形成最终净利润的中间性信息。由于行业间生产经营特点的区别，各行业中这种步骤的划分并非完全一致，按照《企业会计准则》的规定，我国企业的利润表采用多步式，一般分为五个层次，各层次的关系及计算如下：

第一层次，营业收入。它是由主营业务收入和其他业务收入组成。

第二层次，营业利润。它以营业收入为基础，计算公式为：

营业利润＝营业收入－营业成本（主营业务成本＋其他业务成本）－营业税金及附加－销售费用－管理费用－财务费用－资产减值损失＋公允价值变动收益＋投资收益

第三层次，利润总额。它以营业利润为基础，计算公式为：

利润总额＝营业利润＋营业外收入－营业外支出

第四层次，净利润。它以利润总额为基础，计算公式为：

净利润＝利润总额－所得税费用

第五层次，每股收益。它包括基本每股收益和稀释每股收益。

多步式利润表可以提供比较详细的中间利润指标,便于对企业生产经营情况进行分析,有利于不同企业之间进行比较,以正确评价企业的经营业绩和获利能力,有利于预测企业今后的经营趋势和获利能力。由于多步式利润表比单步式利润表能够提供更为有用的信息,其结构更为科学,因此各个国家或地区使用较为普遍的是多步式利润表。我国企业的多步式利润表的一般格式如表4-10所示。

表4-10 利润表

编制单位:××企业　　　　年度　月　　　　　　　　单位:元

项目	行次	本期金额	本年累计金额
一、营业收入	1		
减:营业成本	2		
营业税金及附加	3		
销售费用	4		
管理费用	5		
财务费用	6		
资产减值损失	7		
加:公允价值变动收益(损失以"-"填列)	8		
投资收益(损失以"-"号填列)	9		
其中:对联营企业和合营企业的投资收益	10		
二、营业利润(亏损以"-"号填列)	11		
加:营业外收入	12		
减:营业外支出	13		
其中:非流动资产处置损失	14		
三、利润总额(亏损总额以"-"号填列)	15		
减:所得税费用	16		
四、净利润(净亏损以"-"号填列)	17		
五、每股收益:			
(一)基本每股收益			
(二)稀释每股收益			

(1)计算列示营业收入。表4-10中,第一步是计算企业的营业收入,反映企业经营主要业务和其他业务所取得的收入总额。本项目应根据"主营业务收入"和"其他业务收入"科目的发生额分析填列。营业收入的计算方法为:

营业收入＝主营业务收入＋其他业务收入

①主营业务收入。它指反映企业在销售商品、提供劳务及让渡资产使用权等日常活动中所产生的收入。每一个企业都有自己的主营业务收入，工业企业是指"产品销售收入"；交通运输企业指"主管业务收入"；建筑企业指"合同成本收入"；批发零售贸易企业指"商品销售收入"；房地产企业指"房地产经营收入"；其他企业指"经营（营业）收入"，这些收入统称为主营业务收入。

案例分析

如果一家制药企业与客户签订一项销售10件，实际结算单位为每件5 000元的药品销售合同时，企业需要向客户收取50 000元的账款。当这些账款拿到公司之后，公司财务部门是如何处理的呢？

首先，财务部门根据税法的规定，将其中的17％的增值税扣除准备交给国家，然后将剩下的部分作为公司的销售收入，计入主营业务收入账户。计入公司主营业务收入的准确数字为：50 000÷（1＋17％）＝42 735.04元。因此我们所见到的公司利润表上的主营业务收入都是扣除17％的增值税后的数字，而不是公司实际与客户结算的总金额。理解这一点，对于大家在阅读报表时，领会主营业务收入项目的数字十分有用。

上面我们提到的销售收入是扣除17％增值税后的42 735.04元，其中你可能会有一个疑问：为什么不是50 000元的总货款减去50 000元的17％即41 500元（50 000－50 000×17％）呢？41 500元相比42 735.04元少计销售收入1 235.04元，相当于2.89％，如果一年销售一个亿，那么将少计销售收入约289万元。正确的理解是，我国的增值税是"价外税"，是在价的基础上征收17％的增值税。所谓的"价"，就是我们计算销售额的数字，假设销售额为42 735.04元，在此基础上征收17％的税为7 264.96元（42 735.04×17％），价税合计为50 000元（42 735.04＋7264.96），这就是前面企业向客户收取的货款总额。

②其他业务收入。其他业务收入是用来核算企业确认的除主营业务活动以外的其他经营活动实现的收入，包括销售材料物资、出租无形资产、出租固定资产、出租包装物和商品等实现的收入。

（2）计算列示营业利润。营业利润以营业收入为基础，它的计算方法为：

营业利润＝营业收入－营业成本（主营业务成本＋其他业务成本）－营业税金及附加－销售费用－管理费用－财务费用－资产减值损失＋公允价值变动收益＋投资收益

①主营业务成本。主营业务成本是指企业因销售商品、提供劳务或让渡资产使用权等日常活动而发生的实际成本，主要包括原材料、人工成本（工资）和固定资产折旧等。对于工业企业而言，主营业务成本就是产品的生产成本，而流通企业的主营业务成本则是企业的商品销售成本。比如花10元买一件商品，

然后12元卖掉,那么12元就是该商品的主营业务收入,而其中的10元则是它的主营业务成本。

②其他业务成本。其他业务成本是用来核算企业确认的除主营业务活动以外的其他经营活动所发生的支出,包括销售材料的成本、出租固定资产的折旧额、出租无形资产的摊销额、出租包装物的成本或摊销额等。

工业企业在卖产品的同时,又需要买材料,如果买材料买多了,就需要把多余的材料卖掉,即工业企业既可以卖产品,也可以卖材料。但是工业企业卖材料肯定不是主营业务。如果一个工业企业或者工厂,把卖材料当作主营业务,那么工业企业、工厂就变成了商场。所以对工业企业来说,卖产品是主营业务,而卖材料则属于其他业务。在其他业务活动当中,卖材料的收入叫其他业务收入,而买材料的成本,为其他业务成本。

③营业税金及附加。营业税金及附加是用来核算旅游企业经营活动发生的营业税、消费税、城市维护建设税、资源税及教育费附加等相关税费。这些税金及附加,一般根据当月销售额或税额,按照规定的税率计算,于下月初缴纳。

旅游企业的营业税是根据营业额和规定的税率计算的。其计算公式为:

应纳税额＝营业额×税率

对于不同的经营业务,营业税的计税依据是各不相同的。饭店、美容、照相、娱乐等服务业应按营业收入的一定比例计算缴纳营业税;旅行社应按营业收入净额,即营业收入扣除代收代付的房费、餐费、交通费等费用后计算应纳的营业税。

营业收入类别不同,其适用税率也不相同,餐饮业、旅店业和其他服务企业的营业收入应缴纳的营业税适用税率为5％;歌舞厅、台球、高尔夫球及游艺活动等娱乐业的营业收入应缴纳的营业税适用税率为5％～20％不等。

城市维护建设税根据企业所在地的不同,按市、县、镇规定的不同税率计算,并与营业税、增值税等同时缴纳。其计算公式如下:

城市维护建设税＝(应交营业税＋应交增值税)×适用税率

按照国家规定企业需要交纳流转税,如工商企业交纳的增值税、服务行业交纳的营业税等。以工商企业为例,企业交了增值税,还必须按照交纳增值税的一定比例,计算这一时期应该交纳多少城市维护建设税、多少教育费附加等。我国有一个基本的规定,所交纳流转税的7％计算应交城市维护建设税,按所交纳流转税的3％计算应交教育费附加。

④销售费用。销售费用是指企业在销售商品和材料、提供劳务的过程中发生的各种费用。它包括保险费、包装费、广告费、展览费、商品维修费、预计产品质量保证损失、运输费、装卸费等,以及为销售本企业商品而专设的销售机构(含销售网点、售后服务网点等)的职工薪酬、折旧费、业务费等经营费用。

⑤管理费用。管理费用是指企业行政管理部门为了组织和管理生产经营活动所发生的费用。具体项目包括:行政企业在筹建期间内发生的开办费、董事会和行政管理部门在企业的经营管理中发生的或者由企业统一负担的公司经费(包括行政管理部门职工工资及福利费、物料消耗、低值易耗品摊销、办公费和差

旅费等)、工会经费、董事会费(包括董事会成员津贴、会议费和差旅费等)、聘请中介机构费、咨询费(含顾问费)、诉讼费、业务招待费、房产税、车船使用税、土地使用税、印花税、技术转让费、矿产资源补偿费、研究费用、排污费等。在一个规模比较大的企业,销售费用和管理费用划分起来比较容易。但如果企业的规模比较小,则人员划分比较困难,经常会出现销售费用、管理费用相互交叉的问题。

⑥财务费用。它指企业在生产经营过程中为筹集资金而发生的各项费用,包括企业生产经营期间发生的利息支出(减利息收入)、汇兑净损失(有的企业如商品流通企业、保险企业进行单独核算,不包括在财务费用)、金融机构手续费,以及筹资发生的其他财务费用如债券印刷费、国外借款担保费等。但在企业筹建期间发生的利息支出,应计入开办费;与购建固定资产或者无形资产有关的,在资产尚未交付使用或者虽已交付使用但尚未办理竣工决算之前的利息支出,计入购建资产的价值;清算期间发生的利息支出,计入清算损益。企业发生的财务费用,虽为取得营业收入而发生,但与营业收入的实现没有明显的因果关系,不宜将它计入生产经营成本,只能作为期间费用,按实际发生额确认,计入当期损益。

⑦资产减值损失。资产减值损失反映企业各项资产发生的减值损失。本科目应根据"资产减值损失"科目的发生额分析填列。

⑧公允价值变动收益。公允价值变动收益反映企业按照相关会计准则规定应当计入当期损益的资产或负债公允价值变动净收益。如为净损失,以"－"号填列。本项目应根据"公允价值变动收益"科目的发生额分析填列。

⑨投资收益。投资收益是指企业进行投资所获得的经济利益,是企业在一定的会计期间对外投资所取得的回报。投资收益包括对外投资所分得的股利和收到的债券利息,以及投资到期收回或在到期前转让债权得款项高于账面价值的差额等。投资活动也可能遭受损失,如投资到期收回的或到期前转让所得款低于账面价值的差额,即为投资损失。如为投资损失,则金额以"－"号填列。

(3) 计算列示利润总额。利润总额是在营业利润计算的基础上进行的。利润总额的计算公式是:

利润总额＝营业利润＋营业外收入－营业外支出

①营业外收入。营业外收入来自于企业偶然的交易和事项,并不是来自于企业日常经营活动所获取的收入,营业外收入是企业发生的与生产经营无直接关系的各项收入。它主要包括非流动资产处置利得、政府补助、盘盈利得、捐赠利得等。同样是无形资产带来的收入,如果是偶然性的交易带来的,它属于营业外收入,如果是经常性的,它就属于其他业务收入。这样划分的目的就是要考察该企业是否具有永久性盈利能力。

②营业外支出。营业外支出来自于企业偶然的交易和事项,并不是来自于企业日常经营活动所产生的支出,营业外支出是企业发生的与生产经营无直接关系的各项支出。它主要包括非流动资产处置损失、公益性捐赠支出、非常损失、盘亏损失等。

(4) 计算列示净利润。净利润以利

润总额为基础,计算公式为:

净利润＝利润总额－所得税费用

所得税费用以所得额为征收对象,所得多的多征,所得少的少征,无所得的不征。旅游企业的经营所得和其他所得,依照有关所得税暂行条例及其细则的规定需要缴纳所得税。其计算公式如下:

所得税＝应纳税所得额×所得税税率

企业所得税通常采用25%的比例税率。税法规定,国家需要重点扶持的高新技术企业,按15%的税率征税;对年度应纳税所得额不超过30万元,从业人数不超过100人,资产总额不超过3 000万元的工业企业以及年度应纳税所得额不超过30万元,从业人数不超过80人,资产总额不超过1 000万元的其他企业,减按20%的税率征收企业所得税;对其他上述未包含的企业或机构,按25%的税率征收企业所得税。

(5)列示每股收益。每股收益包括基本每股收益和稀释每股收益,应根据每股收益准则的规定计算填列。

(三)利润表的作用

利润表所提供的会计信息,对于财务报表的使用者来说,具有以下几个方面的重要作用。

1. 反映企业在一定期间内的经营成果,有助于管理者进行经济决策

利润表可以反映企业在一定期间内的经营成果,或者说它可以告诉企业,这段时间是赚钱还是赔钱。企业管理者通过分析利润表各项目的关系,可以了解企业各项收入、费用与利润之间的消长关系及变动趋势,发现企业在生产经营活动的各个环节中存在的问题,并针对问题分析原因,找出差距,采取改善措施,以做出正确的经营决策。

2. 可据以分析和评价企业的经营成果和获利能力

企业的经营成果是指企业在其所拥有或控制的经济资源上取得的报酬,它直接体现为企业一定会计期间的利润总额。通过当期利润表数据可以反映企业当期的经营成果,一个企业具有持久的盈利能力,主要看主营业务利润或营业利润。如果一个企业主营业务利润多或营业利润多,则企业具有盈利能力;如果企业的营业外收入很多,可以认为企业能够创造利润,但不能判断企业具有盈利能力。

获利能力则是指企业运用一定经济资源获取经营成果的能力,它一般通过相对指标进行反映,如资产利润率、净资产利润率、成本利润率等。将利润表数据与资产负债表数据相结合,股东和管理部门可评价和预测企业的获利能力,对是否投资或追加投资、投向何处、投资多少等做出决策。读表人通过比较和分析同一企业不同时期利润表中的数据,分析和比较同时期不同企业的利润表数据,可以评价企业某一时期经营成果的好坏和获利能力的高低,并可预测未来的发展趋势。

3. 评价和预测企业的偿债能力,为筹资决策提供依据

偿债能力指企业以资产清偿债务的能力。企业的偿债能力不仅取决于资产的流动性和资产结构,也取决于获利能力。获利能力不强甚至亏损的企业,通常其偿债能力不会很强。债权人通过分析和比较利润表的有关信息,可以评价和预测企业的偿债能力,尤其是长期偿

债能力,对是否继续向企业提供信贷做出决策。财务部门通过分析和比较利润表的有关信息和偿债能力可以对筹资的方案和资本结构以及财务杠杆的运用做出决策。

4. 可据以评价和考核企业的经营业绩

按照企业所有权与经营权分离的要求,所有者将有关经济资源交付给管理者进行管理,管理者则应履行受托经济责任,运用受托管理的经济资源获取更多的经济利益。利润表中的各项数据,体现了企业在生产经营、融资投资等活动中的管理效率及经济利益,是对企业经营业绩的综合反映。通过比较前后各期利润表上各种收入、费用和利润的增减变动情况,并分析发生差异的原因,可以据以评价和考核企业各职能部门和管理人员的业绩,为考核和奖励管理人员做出合理的决策。

5. 可据以分析和预测企业未来的现金流量

财务报表的使用者为了进行有关的经济决策,都十分关注企业未来现金流量的来源、金额、时间及不确定性,而企业过去和现在的获利能力及利润水平,与未来的现金流量存在一定的关系。财务报表使用者根据企业提供的利润表,通过比较分析同一企业不同时期、不同企业同一时期的利润数据和获利能力,了解企业利润增长或减少的规模和趋势,预测企业未来现金流量及其不确定性程度,进而做出合理的经济决策。

6. 可为企业经营成果的分配提供重要依据

现代企业是不同利益的集合体,不同的利益集团之所以向企业提供经济资源或参与企业的活动,目的就在于分享企业的经营成果。利润表直接反映了企业经营成果的形成及经营成果各部分的具体数,在一定的经济政策、法律法规和企业分配制度下,利润额的多少决定了各利益集团的分享额,如国家的税收收入、股东的股利、经营者的年薪、员工和管理人员的奖金等,企业在进行利润分配时,无论是提取盈余公积还是制定股利分配政策,都必须以利润表所提供的数据作为重要依据。

二、阅读利润表的基本方法和技巧

(一)检查经营成果

检查经营成果有三个步骤,分别为:

(1)把握结果——赚了多少钱?

(2)分层观察——在哪里赚的钱?是来自日常活动还是偶然所得?

(3)项目对比——满意吗?

①与上期比——满意吗?

②与预算比——满意吗?

1. 把握结果

看利润表时,首先看的是最后一行净利润,然后是利润总额。这就是检查经营成果的第一步:把握结果。其目的是要看一看企业是赚钱还是赔钱:如果净利润是正数,说明企业在赚钱;如果净利润是负数,说明企业在赔钱。

2. 分层观察

检查经营成果的第二步是分层观察。其目的就是要让企业明白到底在哪儿赚钱。通过计算利润总额中各组成部分的比重,能够说明企业利润是否正常合理。通常情况下,企业的主营业务利润应是其利润总额的最主要的组成部分,其比重应是最高的,其他业务利润、投资收益和营业外收支相对来讲比重不应很高。如果出现不符常规的情况,那就需要多加分析研究。比如,其他业务利润比重超过主营业务利润比重,是否表明企业目前的主营业务有被其他业务替代的可能?而企业的其他业务是否有其发展前景?再比如,当企业的投资收益比重很高时,就需了解企业的投资结构如何?各种投资项目的风险程度如何?是否存在某些看似投资效益良好但却冒有较大风险从而可能危及企业长远利益的项目等等。通过这些分析,并根据企业历年来的结构变动情况对比,读表人就能对企业的总体经营成果做出自己的评价。

3. 项目对比

检查经营成果的第三步是项目对比。项目对比通常是与两个目标进行比较:第一个是将企业的全年利润与以前利润比较,能够评价企业利润变动情况的好坏;第二个是与年初所定的目标(预算目标)相比。通过与这两个目标的比较,在某种程度上企业管理者才能确定对本年度业绩是否满意。

(二)关注人的因素对利润的影响

1. 成本的结转方法

企业成本的结转方法会对利润产生影响。所以,阅读利润表的公司管理者,一定要关注人的因素对利润表的影响。例如买同一件商品,第一次买的时候是10元一个,第二次买的时候是12元一个,当想让利润多的时候,就按10元转为成本,所选用的成本结转方法是先进先出法,这样成本小了,利润就多了;当想让利润少的时候,就把12元转为成本,所选用的方法是后进先出法。方法的变更使费用可大可小,导致的结果就是利润可以增加也可以减少。

2. 折旧的计算方法

在采用平均年限法中,比如企业可以是5年到10年计提折旧,企业可以选择5年,也可以选择10年。当企业想让利润增多的时候,可以将折旧期限加长,把原来的5年改成10年;当企业想让利润减少的时候,可以将折旧年限缩短,把10年缩短到5年。

采用加速折旧法后,在固定资产使用的早期多折旧,后期少提折旧,其递减的速度逐年加快。这样在前期由于提折旧所产生的费用就会明显比较多,而在后期费用就会明显减少。这样通过折旧方法的变更,有时候费用可以人为的操纵,从而对利润产生影响。

3. 八项减值准备的计提

财政部于2000年12月29日颁布的《企业会计制度》规定:企业应当定期或者至少于每年终了,对各项资产进行全面检查,并根据谨慎性原则的要求,预计各项资产可能发生的损失,对可能发生的各项资产损失计提资产减值准备。与《股份有限公司会计制度》比较,扩大了计提资产减值准备的范围,由原来的"四项"准备金扩大到"八项"准备金,即:坏账准备、存货跌价准备、短期投资跌价准备、长期投资减值准备、委托贷款减值准备、固定资产减值准备、无形资产减值准备、在建工程减值准备。

提取八项减值准备的时候,费用就会增加,利润就会下降,而当冲减减值准备的时候费用就会减少,利润就会增加。然而现在有些上市公司,第1年企业亏它不怕,第2年亏它也不怕,有时要让第2年的亏要亏足,要铆足力气把第2年的减值准备提足,到了第3年他不再提准备,而通过冲销各种准备增加企业的盈利。用这种途径来应付中国证监会,在一些上市公司这种事情还是经常出现的。按照新的会计准则,除坏账准备和存货跌价准备以外,其他的减值准备一经计提不得转回,只有在资产处置时才能转销。

4. 借款利息

以固定资产借款利息为例,假定某企业固定资产借款利息是1年3 000万元,而这3 000万元的借款利息,按照会计规则有的可以做费用,有的不能做费用。有些企业可能采取这样一种方法:当企业想要利润多的时候,就把该借款利息加入固定资产成本中,不计入费用;当企业想让利润少的时候,让借款费用全部计入财务费用,这样利润就下降了。

总之,当企业遇到某种情况,确实需要变更会计方法的时候是可以变更的。我们在阅读利润表的时候,却不太容易判断哪些应该变,哪些不应该变。会计方法与自然科学是不一样的,在自然科学当中很多东西对就对,错就是错,而会计方法则一直在追求合理和真实,但永远也没有达到过合理,也就是说我们很难用对和错,对这个问题加以判断。但是我们应该关注,当会计方法发生变更的时候,对利润的影响有多大。方法的变更我们可以假定它都是合理的,但是必须清楚当方法变更以后利润增加或者减少了多少。当了解了这一因素以后,就会重新认识企业到底赚了多少钱。

(三) 借助相关财务比率

在利润表中,可通过有关财务比率指标的计算,来说明企业的盈利能力和投资报酬,透视经营成果。如资产净利率、净值报酬率、毛利率、每股收益、市盈率等。

1. 毛利率

"毛利率"的概念是建立在"毛利"概念的基础之上的。毛利是"净利"的对称,又称"商品进销差价",是商品销售收入减去商品进价后的余额。通过对企业毛利率的计算,能够从一个方面说明企业主营业务的盈利能力大小。其计算公式如下:

毛利率=(主营业务收入－主营业务成本)÷主营业务收入×100%

毛利率=(不含税售价－不含税进价)÷不含税售价×100%

案例分析

已知某商品不含税进价13.5元,不含税售价15元,请问该商品的毛利率是多少?

毛利率=(不含税售价－不含税进价)÷不含税售价×100%
　　　=(15－13.5)÷15×100%=10%

一个企业的毛利率较高或者适中,通常认为这个商品的竞争能力比较强。也就是说毛利率高,哪怕是暴利,只要市场能够接受,这个商品的获利能力和竞争能力应该是比较强的,或者说明企业生产经营管理具有一定的成效,同时,在企业存货周转率未减慢的情况下,企业的主营业务利润应该有所增加。如果一个企业的商品毛利率很低,甚至到了微利的程度,那么这个商品的获利能力就比较差,企业赚钱就比较困难,则应对企业的业务拓展能力和生产管理效率多加考虑。

2. 每股收益

这一指标反映企业普通股每股在一年中所赚得的利润。其计算公式为：

每股收益＝(税后利润－优先股股利)÷发行在外的普通股平均股额

上列公式中,根据我国目前上市公司发行股票主要为普通股以及每股面值为 1 元的情况,可直接以税后利润除以平均股本总额来计算,此时,这一指标即为"股本净利率"。

每股获利额常被用来衡量企业的盈利能力和评估股票投资的风险。如果企业的每股获利额较高,则说明企业盈利能力较强,从而投资于该企业股票风险相对也就小一些。应该指出,这一指标往往只用于在同一企业不同时期的纵向比较,以反映企业盈利能力的变动,而很少用于不同企业之间的比较,因为不同企业由于所采用的会计政策的不同会使这一指标产生较大的差异。

3. 价格—盈利比率

即所谓的市盈率,这是一个被用来评价投资报酬与风险的指标,作为对每股获利额指标不足的一种弥补。其公式如下：

市盈率＝普通股每股市价÷每股获利额

假定某企业普通股每股市价为 10 元,每股获利额为 0.40 元,则其市盈率＝10÷0.40＝25。它表示该种股票的市价是每元税后利润的 25 倍,其倒数则表示投资于该种股票的投资报酬率。将市盈率和每股获利结合运用,可对股票未来的市价做出一定的估计。比如,通过对企业每年利润增长 30%,如果这个估计是比较正确的话,则次年的每股获利额可达 0.52 元(即 0.04×130%),此时,即使市盈率不上升,未来的股价将为 13 元(即 0.52×25 倍),从而投资者就可据此对这种股票的买卖做出决策。

市盈率是不是高就绝对好,低就绝对不好呢？对于市盈率也要具体情况具体分析。不同的国家或地区,股票的现行价格与其所赚的钱之间有一定的内在联系：如果市盈率在正常范围内,股票的市盈率高,说明投资者对它充满信心；如果股票的市盈率低,说明投资者对企业将来获利能力信心不足。但是要特别注意,过高的市盈率对投资者来说风险是很大的,因为股票的价格既受经济因素的影响,还受其他因素的影响,比如受政治因素的影响。

4. 股利发放率

股利发放率这一指标反映企业的股利政策,其计算公式如下：

股利发放率＝每股股利÷每股获利额

这一指标的评价,很大程度上取决于投资者是作为短期投资还是中长期投资而定。一般地,若作为短期投资,则应选择股利发放率比较高的股票；若作为中长期投资,则应选择股利发放率不是很高的股票,因为这预示着该企业正在把资金再行投入企业,从而将使其未来的利润增长具有较大的动力,并将使未来的股票价格上涨。

5. 股利实得率

这是一个反映股票投资者的现金收

益率指标,其计算公式为:

股利实得率＝每股股利÷每股市价

这一指标往往为那些对股利比较感兴趣的投资者所注意,对这些人而言,股利实得率较高的股票自然具有较强的吸引力。

6. 销售净利率

销售净利率是企业实现净利润与销售收入的对比关系,该指标反映每一元销售收入带来的净利润的多少,表示销售收入的收益水平。这就要求企业在提高销售收入的同时,必须更多地增加净利润,才能提高销售净利率。其计算公式如下:

销售净利率 ＝ 净利润÷主营业务收入×100%

7. 资产净利率

资产净利率是公司净利润与平均资产总额的百分比。其计算公式如下:

资产净利率 ＝ 净利润÷资产总额×100%

把公司一定期间的净利与公司的资产相比较,可表明公司资产利用的综合效果。这个指标越高,表明资产的利用效率越高,说明公司在增加收入和节约资金使用等方面取得了良好的效果,否则相反。

8. 净值报酬率

净值报酬率是指普通股投资者获得的投资报酬率,其基本内容是投资人每存放企业100元资产,可以给他带来多少回报,即回报率。净值报酬率高,投资者的投资回报率就高;这个比率低,投资者的投资回报率就低。其计算公式为:

净值报酬率 ＝ 净利润÷平均股东权益×100%

【任务拓展】

利润分配表

(一)利润分配表的概念

利润分配表是利润表的附表,是用来反映企业实现利润的分配情况和年末未分配利润结余情况的会计报表。利润分配表是对企业的盈利分配内容做出描述的一张报表,通过利润分配表,可以了解企业可供分配利润的来源、企业利润分配的具体情况、期末未分配利润的情况。

在一个企业中,企业的利润分配一般来说是1年进行一次,利润分配表是一个年度报表,它反映的是公司如何对盈利进行分配。为了便于读表人对本年的利润分配情况和上年的利润分配情况做比较,通常设置两个栏目:第一个栏目是本年数,即告诉读表人本年的利润是如何分配的;第二个栏目是上年数,即告诉读表人上年的利润是如何分配的。有本年数,也有上年数的报表,业内人士把它们称为比较报表。

(二)利润分配表的基本格式

根据《企业会计制度》的规定,我国企业利润的分配是分三步进行的:

第一步:计算可供分配利润

可供分配利润＝净利润＋年初未分配利润

第二步:计算可供投资者分配的利润

可供投资者分配的利润＝可供分配的利润－提取盈余公积－提取公益金

第三步:计算未分配利润

未分配利润＝可供投资者分配的利润－应分配给股东的现金股利－分配给

投资者的利润

我国利润分配表的一般格式如表4-11所示。通过表4-11的利润分配表可以看出,可供企业分配的利润来源有两项,分别是净利润和年初未分配利润。如果企业赚取了净利润,先弥补企业以前年度亏损,再提取盈余公积和公益金,最后剩下的可以由投资者决定应该如何进行分配。那么投资者有权利决定这笔钱不分配,留在企业里壮大企业的实力,投资者也有权利把它作为利润的分配内容来安排。

表4-11 利润分配表

编制单位:××企业　　　　年度　　　　　　　　　单位:元

项目	行次	本年数	上年数
一、净利润	1		
加:年初未分配利润	2		
二、可供分配利润	3		
减:提取盈余公积和公益金	4		
三、可供投资者分配的利润	5		
减:应付股利和利润	6		
四、未分配利润	7		

(三)利润的分配顺序

1. 弥补公司以前年度亏损

对于上年度的未弥补亏损在本年度应按照任意盈余公积、法定盈余公积的顺序补亏,但弥补亏损后的法定盈余公积不得低于注册资本的25%。若任意盈余公积、法定盈余公积仍不足以弥补亏损,再用资本公积中的接受现金捐赠、拨款转入、外币货币资金折算差额等非准备项目弥补亏损。但资本公积中的股本(或资本)溢价、接受捐赠非现金资产准备、股权投资准备等项目不得用于弥补亏损。若上述项目仍不足以弥补亏损,则用计提法定盈余公积和法定公益金前的本年度利润弥补亏损。

2. 提取法定盈余公积

法定盈余公积是企业按照一定比例从税后利润中提取的用于生产经营的资金。它既是保全企业资本、防止因滥分利润而损害债权人的需要,也是企业为了扩大再生产而通过内部积累资金的需要。具体而言,法定盈余公积金的用途为弥补亏损和转增资本金。法定盈余公积按照税后利润的10%提取,当其累计金额已达注册资本的50%以上时,可不再提取;转增资本金以后,其余额不得低于注册资本的25%。

3. 提取公益金

公益金是企业按照规定从税后利润的5%至10%提取的用于职工福利设施支出的资金。该比例有一个弹性的区间,即提取的比例只要在5%到10%的范围内都是属于合法的,企业可以自行决定提取比例。这笔钱不能分,因为企业提取5%到10%的公益金的权利仍然是投资人的,并不是职工的。这是鉴于企业的利润创造与企业全体员工的努力和奉献密切相关,并且企业经营效益的进一步提高也有赖于人力资源的再生产考虑的。根据我国目前的实际情况,有必要从税后利润中提取一部分资金,用于改善企业职工的集体福利条件。但是,随着我国政治经济体制改革的深化,以及社会保障制度的建立和完善,这项分配支出不应再由企业负担。

4. 支付优先股股利

在可分配的利润中扣除按规定提取的法定公积金和法定公益金后即是可供投资者分配的利润。如果企业有优先股股东的话,股东们要优先考虑依法支付给优先股股东优先股的红利,即股利。优先股股利是指企业按优先股发放章程的有关规定,按约定的股息率或金额发放给优先股股东的报酬。从优先股股票的性质来讲,它既有债权的性质,又有股票的性质,一般来讲他们有优先权。由于优先股股东拥有股息分配的优先权,因此,普通股股东分派股利时,要以付清当年或积欠的优先股股利为条件。

5. 提取任意盈余公积

任意盈余公积是指企业出于未来发展的需要,或基于比较谨慎的财务策略,从税后利润中提取的资金。相对于法定盈余公积而言,任意盈余公积没有规定的提取比例,不受外力强制,体现了自愿性。也就是说,计提与否及计提多少可以根据企业的具体情况而定。然而,这并不意味着财务人员可以随心所欲地计提任意盈余公积。任意盈余公积的提取必须按照公司章程的有关规定,或根据公司董事会及股东大会决议进行。任意盈余公积的提取比例较灵活,但其性质属于已拨定用途的资金,这样就减少了对普通股股利分配的数额,起到控制向普通股股东分配股利及调整各年股利分配波动的作用。而对普通股股利分配的这种限制来自企业管理部门,目的是为了使企业在未来能更好地发展,其意义是重大的。

6. 支付普通股股利

普通股股利是指企业按照董事会提交股东大会审议批准的股利率或每股股利金额,向普通股股东发放的投资报酬。普通股股利的实质是企业财富中属于普通股股东的那一部分盈余收益。因此,股利的来源是企业的盈利,即会计账面上必须要有税后盈余,这是股利分配的前提。根据我国股份制企业的规定,若企业当年无利润,一般不得向股东分配股利。但是,企业盈余弥补亏损后,经股东大会决议,可以按股票面值的较低比率用盈余公积金支付股利,以维护企业信誉,避免股价发生大幅度波动。

【任务反馈】

企业为什么要计提八项减值准备呢?

释疑:减值准备是指资产的账面价值超过其可收回金额,判断资产是否减值,应依据资产可能已经发生减损的某些迹象,如果存在任何一种迹象,企业应对其可收回金额进行正式估计,根据最新的估计计提减值准备。这样做是源于会计的基本原则,因为如果不计提准备首先不能及时反映资产目前的价值,违反及时性原则;其次对于可以预见的损失如果不予确认不符合会计一向的谨慎性原则。

任务三 熟知旅游企业现金流量表

【任务目标】

对于企业来说,其生命线不是利润而是现金,因此描述企业现金流量的现金流量表也作为最常见的三大财务报表之一需要学生深入了解。本任务不仅要求学生学会看懂现金流量表,而且掌握分析现金流量表的基本技巧和方法。

【案例聚焦】

我们先从一个故事谈起,从前,有一个孤儿,整日靠讨饭谋生。有一天,一个好心的商人见他十分可怜,就对他说:"我借给你100元作为本钱,你像我这样做点小生意赚点钱,你的钱会越来越多,你就可以不再讨饭了。"孤儿听了商人的话,接过100元钱,到集市上花90元钱买了两只羊,准备第二天到城里卖掉。第二天,孤儿把羊带到城里以110元卖给了一家肉铺,肉铺答应他晚几天再来取款。孤儿对自己第一笔生意就赚了20元钱兴奋不已,想到自己从今以后不用再挨饿受冻,过上幸福生活感到十分得意。随之走进一家酒馆花掉剩下的10元钱,喝了个大醉。

我们可以以孤儿编制第二天的财务报表(见表4-12和表4-13)。

表4-12 孤儿第二天的资产负债表

金额单位:元

项目	期初	期末	项目	期初	期末
现金	10	0	负债	100	100
应收账款	0	110	所有者权益	0	10
存货	90	0			
资产总计	100	110	负债与权益总计	100	110

表4-13 孤儿第二天的利润表

金额单位:元

项目	金额
销售收入	110
销售成本	90
销售费用	10
利润	10

从孤儿第二天的利润表可以看出,孤儿在第二天取得了好的经营业绩,净赚了10元。

但从资产负债表来看,在第二天结束时,孤儿的财务状况却十分糟糕,虽然他的资产增加了10元,但现金已经变为零,他手头上已经分文没有。尽管他的生意能够赚钱,但是他不能再继续下去他的生意了,只好背着100元的债务和他"望梅止渴"的利润重新踏上讨饭的征程。如果这时商人逼他还钱的话,他只有跳河自尽这条路可走了。

孤儿做生意的经历,给我们一个重要的启示:赚了钱不等于有钱。增加了自己的财产,却可能使自己手头上资金变得更加困难,甚至有可能被迫停业破产。据统计,国际上破产企业中,有

80%是盈利企业。

假设孤儿不是买两只羊,而是花50元买一只羊以58元的价格卖给肉铺的话,他还是花掉10元钱吃饭。那么,第二天的生意他就净赔了2元。虽然赔了钱,但他手中仍然有40元现金可以继续把生意做下去。如果他用这40元去做卖青菜的生意,每天赚2元,他的业务就能持续下去,手中的钱就会越来越多,慢慢地就会富裕起来。这说明,虽然亏损,但企业的资金如果比较充足,那么经营活动就能够持续下去。

【任务执行】

一、现金流量表概述

(一)现金流量表的编制基础

现金流量表的编制基础为现金和现金等价物。

1. 现金

 案例导入

现金和利润

假如你正处在一个沙漠的中心地带,由于体力有限,你必须抛弃背包里两样东西中的一样,它们是水和面包,你会留下什么呢?一定是水。水好比现金,而面包好比利润。

再打个比方,如果你是一家公司的总经理,公司现在的情况是:银行存款几乎为零,明天需要支付给税务局一笔已经拖得不能再拖的70万元税款。这时有个客户来买东西,他提出了两种条件:第一,当场付款,但此单120万元货款必须打个6折(72万元);第二,90天后全额付款。你会选择哪一种?前者意味着现金,后者则是利润。如果你选择后者,你就必须另想办法去找70万元的现金,不然的话,等待公司的将是清算程序,90天后你的公司就不存在了!

对于一个健康的财务机体来说,现金的流动性从一个方面也验证了企业的活跃性与生命力。企业管理者把现金当作一个企业的血液来看待,说明了现金在企业管理中有着重要的地位。在某种意义上,现金比利润更有价值,良好的财务状况对于企业的生存发展具有许多人意识不到的意义。在东南亚地区爆发金融危机以后,企业界提出了"现金为王"的口号。没有现金流,企业就无法生存。谁有现金,谁的抗风险能力就强。现金获得的能力决定了企业未来的竞争力。全球除了两家最大的国际商业银行外,微软是现金储备量最大的企业,具备了700亿美元的现金储备。为什么呢?众所周知,高科技的知识型企业最宝贵的就是人,而人员具有高度的流动性,所以,知识型企业一旦出现危机,不会像传统型的企业那样可以保有大量资产来抵抗风险。因此,知识型的企业应该比传统型的企业在现金流的管理上更保守,因为它们经不起现金流短缺的考验。

会计上所说的现金是企业的库存现金,而现金流量表中的现金是指企业库存现金以及可以随时用于支付的存款,它不仅包括"现金"账户核算的库存现金,还包括企业"银行存款"账户核算的存入金融企业、随时可以用于支付的银行存款,也包括"其他货币资金"账户核算的外埠存款、银行汇票存款、银行本票存款和在途货币资金等其他货币资金,实际相当于会计上的货币资金。应注意的是,银行存款和其他货币资金中有些不能随时用于支付的存款,不应作为现金。有些旅游企业将定期存款和大额存款单视为现金,那是因为提前通知金融企业便可支取的定期存款,也是应包括在现金范围内。

货币资金是企业所拥有的处于货币形态的经营资金,是企业流动资产的重要组成部分,在所有资产中,是流动性最强的。货币资金按其存放地点和用途不同,分为库存现金、银行存款和其他货币资金。

(1) 库存现金,即企业放在保险柜里的钱。

(2) 银行存款,即企业存放在银行和其他金融机构的那部分货币资金,其收支需经过银行结算,包括人民币存款和外币存款两部分。它的支付范围,主要是支付进货款、包装物和低值易耗品购置款,支付各项费用,缴纳税金和利润等。银行存款的收支如同现金出纳业务一样,也是由出纳人员负责经管。银行存款的收入和支付范围,必须按照规定办理,并由企业财会部门及时加以反映,以保证贯彻现金管理制度和合理运用资金。

(3) 其他货币资金是指除现金、银行存款以外的其他各种货币资金。其他货币资金包括外埠存款、银行汇票存款、银行本票存款、信用卡存款和信用证存款等。例如,企业到异地采购商品,由于不便随身携带现金,只能采用汇票的形式。把现金汇往异地,这笔钱虽不在保险柜里,也不在本地存款账户里,但是它仍然是货币资金,像处于此类情况的并且其所有权仍归企业的货币资金统称为"其他货币资金"。

2. 现金等价物

现金等价物是指企业持有的期限短,流动性强,易于变化为已知金额的现金、价值变动风险很小的投资。按照国际惯例,现金等价物特指期限在3个月内的短期债券投资。在现实生活中,期限在3个月内的债券投资风险比较小。现金等价物虽然不是现金,但其支付能力与现金相近,因此也成为现金流量表的编制基础。

(二) 现金流量表的分类

现金流量是现代理财学中的一个重要概念,是指企业在一定会计期间按照现金收付实现制,通过一定经济活动(包括经营活动、投资活动、筹资活动和非经常性项目)而产生的现金流入、现金流出及其总量情况的总称。即:企业一定时期的现金和现金等价物的流入和流出的数量。简单地说,现金流量是指企业现金流动的数量,在会计上有3个指标对现金流量进行追踪,即现金流入量、现金流出量、现金净流量。现金流入量即进入到企业里的现金量。现金流出量即从企业里支出的现金量。现金净流量(也称为现金净额)是现金流入量与现金流出量的差值。即:现金净流量=现金流入量-现金流出量。

现金流量能够使报表阅读者清楚地明白企业在一定期间内,现金的来龙去脉及现金余额变动的会计信息。它可以告诉读表人现金曾经从何处来,又曾经用到何处去,期间结束时还结余多少现金。如果现金净流量是正值,说明进来的多而出去的少,称为增加的现金量;如果是负值,说明进来的少而出去的多,称为负增加额或者叫现金减少额。

(三) 企业经济活动的分类

我国现行会计制度把企业的所有活动分成了三大类,即经营活动、投资活动和筹资活动。

1. 经营活动

经营活动是指企业投资活动和筹资活动以外的所有交易和事项。经营活动的范围很广,就工商企业来说,其经营活动主要包括提供劳务、销售商品、经营性租赁、购买商品、接受劳务、广告宣传、缴纳税款等。

2. 投资活动

投资活动是指企业长期资产的购建和不包括现金等价物范围内的投资及其处置活动。主要包括取得和收回投资、购建和处置固定资产、无形资产和其他长期资产等。按投资的方向,可将其分为对内投资和对外投资两类。

对内投资是指把资金投向企业内部,形成各项流动资产、固定资产、无形资产和其他资产的投资。资产负债表中的固定资产、在建工程、无形资产等方面的投资属于对内投资。如果一个公司对内投资的现金流出量大幅度的提高,往往意味着该公司正面临着新的发展机会或新的投资机会,公司股票的成长性一般会很好。对内投资是把资金投放在企业内部,用来购置各种生产经营资产。

所谓企业对外投资就是企业在其本身经营的主要业务以外,以现金、实物、无形资产方式,或者以购买股票、债券等有价证券方式向境内外的其他单位进行投资,以期在未来获得投资收益的经济行为。买股票,不管是短期持有,还是长期持有,都是对外投资。企业和其他单位搞联营,企业把钱投出去了,这种投资也属于对外投资。对外投资是相对于对内投资而言的,企业对外投资收益是企业总收益的组成部分。如果一个公司对外投资的现金流出量大幅度的提高,则说明该公司正常的经营活动没有能充分吸纳其现有的资金,而需要通过投资活动来寻找获利机会。股民在分析投资活动产生的现金流量时,应联系筹资活动产生的现金流量进行综合分析。如果一个公司经营活动产生的现金流量未变,公司投资活动大量的现金净流出量是通过筹资活动大量的现金净流入量来解决的,说明公司正在扩张。另外,企业购买债券也属于对外投资。对外投资其实主要是股权投资和债权投资。

3. 筹资活动

筹资活动是指企业根据生产经营、对外投资及调整资金结构的需要,通过一定的渠道,采取适当的方式获取所需资金的一种行为。它是导致企业资本及债务规模和构成发生变化的活动。由于企业的资金主要来自借款和入资两个方面,因而企业的筹资活动也包括两部分。

(1) 借款。企业借款时,无论是短期借款还是长期借款,还是发行债券,都属于现金流入;到了还本付息时,企业就有现金的流出。这是筹资活动中的第一个组成部分。借款又可细分为长期借款和短期借款。短期借款是指企业向银行或其他金融机构等外单位借入的、还款期限在一年或一年以下的各种借款。长期借款是指企业向银行或其他金融机构借入的期限在一年以上(不含一年)的各项借款。按照付息方式与本金的偿还方式,可将长期借款分为分期付息到期还本长期借款、到期一次还本付息长期借款、分期偿还本息长期借款;按所借币种,可分为人民币长期借款和外币长期借款。

(2)入资。投资者把现金注入到企业里时,就会形成现金的流入。如果企业的投资者要求依法撤资,就会导致现金的流出。这是筹资活动的第二个组成部分。

现金流量表明在一定时期内企业曾经进来过多少钱,在一定时期内又曾经花掉了多少钱,到期末时企业增加或减少了多少现金。当把经济活动分成三类后,可以通过分别对企业的经营活动、投资活动、筹资活动曾经进来过多少钱,又曾经花掉过多少钱,各种活动给企业增加或减少了多少现金,这样来对企业的财务进行披露。总之,把企业的所有活动分成三类后,对企业信息的了解就更加具体。我国把现金流量表中所反映的活动分成三类,而有的国家分成四类或五类,分的类别越多,编表的难度就越大,我国选择的是分类比较简单的一种。

(四)现金流量表的概念

这个概念强调的是"一定期间内",期间就应该包括起点和终点,例如年初和年末两点。我国现行的会计制度规定,现金流量表一年编一次。实际上现在很多企业的现金流量表已经不再只是一年编一次,而是改成一个月编一次。其目的就是让管理者能够随时捕捉到现金流量的信息,以便更加及时地了解企业的各业务活动,从而提升企业的管理水平。由此不难看出,现金流量表在企业中发挥着较大的作用。

(五)现金流量表的基本格式

现金流量表以"现金来源－现金运用=现金净流量"这一公式为基础来进行结构的设计。通过对经营活动、投资活动和筹资活动的现金流量,采用账户式结构,最终计算并填列本期现金净流入量。现金流量表分为主表和补充资料两部分。

1. 现金流量表主表

从编报需要出发,按照影响现金流量的因素不同,现金流量主表的内容主要有五项:一是经营活动产生的现金流量,主要包括销售商品、提供劳务、购买商品、支付工资、交纳税款等等;二是投资活动产生的现金流量,主要包括取得和收回投资,购建和处置固定资产、无形资产和其他长期资产等等;三是筹资活动产生的现金流量,主要包括吸收投资、发行股票、分配利润和借入款项等等;四是汇率变动对现金的影响;五是现金及现金等价物净增加额。现金流量表的格式如表4-14所示。

表 4-14　现金流量表

编制单位：　　　　　　　　　年度　　　　　　　　　　　　单位：元

项目	行次	本期金额	上期金额
一、经营活动产生的现金流量			
销售商品、提供劳务收到的现金	1		
收到的税费返还	3		
收到的其他与经营活动有关的现金	8		
现金流入小计	9		
购买商品、接受劳务支付的现金	10		
支付给职工以及为职工支付的现金	12		
支付的各项税费	13		
支付的其他与经营活动有关的现金	18		
现金流出小计	20		
经营活动产生的现金流量净额	21		
二、投资活动产生的现金流量			
收回投资所收到的现金	22		
取得投资收益所收到的现金	23		
处置固定资产、无形资产和其他长期资产所收回的现金净额	25		
收到的其他与投资活动有关的现金	28		
现金流入小计	29		
购建固定资产、无形资产和其他长期资产所支付的现金	30		
投资所支付的现金	31		
支付的其他与投资活动有关的现金	35		
现金流出小计	36		
投资活动产生的现金流量净额	37		
三、筹资活动产生的现金流量			
吸收投资所收到的现金	38		
借款所收到的现金	40		
收到的其他与筹资活动有关的现金	43		
现金流入小计	44		
偿还债务所支付的现金	45		
分配股利、利润或偿付利息所支付的现金	46		
支付的其他与筹资活动有关的现金	52		

续表

项目	行次	本期金额	上期金额
现金流出小计	53		
筹资活动产生的现金流量净额	54		
四、汇率变动对现金的影响	55		
五、现金及现金等价物净增加额	56		

2. 补充资料

补充资料是用会计上的专业语言来具体描述现金流量和有关指标之间的关系。现金流量表的补充资料有三项：一是将净利润调节为经营活动产生的现金流量；二是不涉及现金收支的投资和筹资活动；三是现金及现金等价物净增加情况。现金流量表的格式如下表4-15所示。

表4-15 补充资料

补充资料	行次	本期金额
1. 将净利润调节为经营活动现金流量：		
净利润	57	
加：计提的资产减值准备	58	
固定资产折旧	59	
无形资产摊销	60	
长期待摊费用摊销	61	
待摊费用减少（减：增加）	64	
预提费用增加（减：减少）	65	
处置固定资产、无形资产和其他长期资产的损失（减：收益）	66	
固定资产报废损失	67	
财务费用	68	
投资损失（减：收益）	69	
递延税款贷项（减：借项）	70	
存货的减少（减：增加）	71	
经营性应收项目的减少（减：增加）	72	
经营性应付项目的增加（减：减少）	73	
其他	74	
经营活动产生的现金流量净额	75	
2. 不涉及现金收支的投资和筹资活动：		

续表

补充资料	行次	本期金额
债务转为资本	76	
一年内到期的可转换公司债券	77	
融资租入固定资产	78	
3. 现金及现金等价物净增加情况：		
现金的期末余额	79	
减：现金的期初余额	80	
加：现金等价物的期末余额	81	
减：现金等价物的期初余额	82	
现金及现金等价物净增加额	83	

3. 主表与补充资料两者的关系

（1）基本报表第一项经营活动产生的现金流量净额与补充资料第一项经营活动产生的现金流量净额，应当核对相符。

（2）基本报表中的第五项与补充资料中的第三项存在勾稽关系，金额应当一致。

（3）基本报表中的数字是现金流入与现金流出的差额，补充资料中的数字是现金与现金等价物期末数与期初数的差额，其计算依据不同，但结果应当一致，两者应核对相符。

（六）现金流量表主表项目释义

1. 经营活动产生的现金流量

经营活动中包括现金流入量、现金流出量和净额三个指标。现金流入量和现金流出量又包括许多项目。

（1）现金流入量。现金流入量是指投资项目增加的现金收入额或现金支出节约额。现金流入量包括许多项目，经营活动的现金流入小计，就是把这些项目加总在一起。这些指标主要是下列一些项目：

①销售商品和提供劳务收到的现金。简单地说，就是企业卖东西时收回的现金。

②收到的税费返还。例如所得税，在我国通常是按季预交，年终清算，多退少补。一旦企业的所得税多交了，在该年度内要退回，对于企业来讲，这笔钱也属于现金流入。

③收到的其他与经营活动有关的现金。在现金流量表中，重要的项目必须有一个名称，不重要的项目一般归纳为收到的其他与经营活动有关的现金。

（2）现金流出量。现金流出量是指投资项目增加的现金支出额。现金流出量包括许多项目，经营活动的现金流出量小计，就是把这些项目加总在一起。这些指标主要是下列一些项目：

①购买商品和接受劳务所支付的现金。这个指标是指企业在采购环节花了多少钱，包括本期采购付款和本期为上期采购还债，还包括本期为下期采购预付的款项。

②支付给职工以及为职工支付的现金。企业支付给职工的现金主要是工资和奖金,工资、奖金、劳保、福利等方面的支出,不管是哪个时期的,只要钱在本期花出去的就算本期的流出指标。

③支付的各项税费。依据国家的现行法律和制度规定,企业在经营活动中必须依法交纳各项税费。比如企业所得税、流转税、增值税、营业税、城建税、教育费附加等等。

④支付的其他与经营活动有关的现金。这项现金是指除了前面提到的项目之外的指标。

⑤付现成本费用,是指与投资项目有关的以现金支付的各种成本费用。

(3)净额。净额即经营活动的总流入量减去经营活动的总流出量,就是经营活动给企业带来的最终结果。如果净额是正的,说明这个企业现金增加;如果是负的,表示从期初到期末这个企业不但没有增加现金,反而减少了现金。

2. 投资活动产生的现金流量

企业的投资活动包括对内投资和对外投资。投资活动中也包括三个指标,即流入量、流出量和净额。

(1)现金流入量。现金作为资产主要功能是进行交换时首先要求必须有现金流入。

①收回投资所获得的现金。收回投资所收到的现金这个指标是指企业投资到期时拿回了多少钱。例如,某企业和另外一个企业联营,投资到期清算时拿回的钱。再比如企业购买股票,股票抛售出去后拿回的钱。

②取得投资收益所获得的现金。取得投资收益所收到的现金这个指标是指企业投资期间拿回了多少钱。例如某一个企业搞联营,联营期限是20年,每年企业从联营中拿回的钱,即取得投资收益所收到的现金。

③处置固定资产、无形资产和其他长期资产所收回的现金净额。现金流量表在披露时要遵循一个事实重要性原则,对于重要的业务要披露它的过程,对于相对不太重要的业务,只需告诉结果。固定资产、无形资产和长期投资等业务在企业当中不算是主要业务,因此,报表的设计者对于这些项目只需告诉结果而不需要告诉过程。

案例分析

某旅游企业,通过提供场地给某媒体召开发布会,从中受益10万元,而又由于为其提供设施又花费1万元。那么我们确定该企业从中获利则是9万元。而这项业务并非该旅游企业的主要业务,因此报表中就无须表明已经进来10万元,又流出1万元的过程了,只需告诉一个结果通过营业外收入给企业增加9万元的金额即可。

(2)现金流出量。用流入的现金购买生产经营的人、财、物,于是就产生了现金流出。

①购建固定资产、无形资产和其他

长期资产所支付的现金。购建固定资产、无形资产和其他长期资产所支付的现金,属于对内投资所付出的现金。固定资产投资支出,即厂房、建筑物的造价、设备的买价、运费、设备基础设施及安装费等。

②投资所支付的现金。投资所支付的现金,包括对内投资和对外投资所付的现金。对外投资包括买股票、债券和进行企业联营等活动。

③支付的其他与投资活动有关的现金。除了上面两项现金之外的投资就是这项投资。

(3)净额。投资活动的现金流入量减去投资活动的现金流出量,所得到的结果就是投资活动给企业增加的现金量,即净额。

3. 筹资活动产生的现金流量

(1)现金流入量。

①吸收投资所收到的现金。例如投资者入资,对于投资者来讲是投资,而对于企业来讲就是吸收投资所收到的现金。

②借款所收到的现金。借款收到的现金主要是企业通过负债的方式取得。

③收到的其他与筹资活动有关的现金。不属于吸收投资者入资,也不属于借款但属于筹资活动的,就是收到的其他与投资活动有关的现金。

(2)现金流出量。

①偿还债务所支付的现金。这个指标是指偿还债务的本金部分花了多少钱。比如偿还短期借款或长期借款的本金部分。

②分配股利或偿付利息所支付的现金。把利息单独列为一个指标是有必要的,读表人获得的信息会更加详细些。

③支付的其他与筹资活动有关的现金。除了上面两项现金之外的筹资就是该项现金。

(3)净额。用筹资活动的流入量总和减去流出量总和,就得到了筹资活动产生的现金流量净额。

案例分析

王某2011年8月看到股票行情涨幅较大,于是将自己的股票卖掉,收回本金45 000元,获取股票收益9 000元,交纳税金540元。同时王某支付购房贷款利息15 000元,汽车贷款利息2 000元,利息支付后感到自己经济压力较大,为了能维持正常生活,王某看到自己买的房子附近出租行情较好,于是与妻子商量将房产简单装修,装修费用60 000万元,当月需支付装修费用20 000元,其余待装修完后支付,装修后将房子出租获得租金30 000元/年,交纳税金1 500元。除了以上王某家庭居家过日子还要支付电话费500元,汽油费600元,停车费200元,日常生活费1 700元,物业费300元。同时9月底王某收回外借款10 000元,还父母亲30 000元,汽车贷款40 000元,房屋贷款250 000元,请同学们计算王某最后还有多少钱?

(七)现金流量表指标的计算基础

在会计核算中,有两种计量基础,即权责发生制和收付实现制。

利润表是以权责发生制作为计量基础。权责发生制又称应收应付制,是指收入和费用的确认以收入和费用是否实际发生作为确认计量的标准。根据权责发生制的要求,凡是当期已经实现的收入和已经发生或应当负担的费用,无论款项是否收付,都应当作为当期的收入和费用;凡是不属于当期的收入和费用,即使款项已经在当期收到或付出,也不应当作为当期的收入和费用处理。简言之,凡是企业收入都要反应到利润表中,而不管企业是否已经把款收回;凡是属于本期的费用,都应该作为企业的费用,而不管企业是否把钱花出去了。实行这种制度有利于反映各期的费用水平和盈亏状况。

相关链接

权责发生制将费用与其经营活动匹配起来

在 Amalgamated 公司(该公司通过模仿驼鹿的鹿角来制造帽架)交付帽架时,即使没有马上收到货款,也会马上确认该笔订单给公司带来的收入。同样,如果 Amalgamated 公司从一家合同供应商那里收到了 2 000 个铜钩,这些铜钩的费用也不是一次确认的。它们是在每个帽架的基础上加以确认的:如果生产一个帽架需要 5 个铜钩,则在交付每个帽架时就确认 5 个铜钩的费用。

现金流量表的计量基础是收付实现制。收付实现制是与权责发生制相对应的一种会计基础,又称现金制或实收实付制(现收现付制),是指以收到或支付的现金作为确认收入和费用的依据。按照收付实现制,收入和费用的归属期间将与现金收支行为的发生与否,紧密地联系在一起。换言之,现金收支行为在其发生的期间全部记作收入和费用,而不考虑与现金收支行为相连的经济业务实质上是否发生。

收付实现制是以款项的实际收付为标准来处理经济业务,确定本期收入和费用,计算本期盈亏的会计处理基础。在现金收付的基础上,凡在本期实际以现款付出的费用,不论其应否在本期收入中获得补偿均应作为本期应计费用处理;凡在本期实际收到的现款收入,不论其是否属于本期均应作为本期应计的收入处理;反之,凡本期还没有以现款收到的收入和没有用现款支付的费用,即使它归属于本期,也不作为本期的收入和费用处理。例如,某工厂 2013 年 3 月份收到 2012 年应收销货款 50 000 元,存入银行,尽管该项收入不是 2013 年 3 月份创造的,但因为该项收入是在 3 月份收到的,所以在现金收付基础上也作为 2013 年 3 月份的收入。这种处理方法的好处在于计算方法比较简单,也符合人们的生活习惯,但按照这种方法计算的盈亏不合理、不准确,所以《企业会计准则》规定企业不予采用,它主要应用于行政事业单位和个体户等。

案例分析

收到或支出现金时确认交易的收付实现制

利奥是一位自由作家,他在自己的业务中使用的是收付实现制。目前这一年到现在为止,他赚取了丰厚的收入,但是他担心如果被归为高税率的纳税人,他将要上交大量的所得税。但是他知道有两种方法可以减少这一年的纳税额:

(1)将应该在这个纳税年度收到的现金推迟到下一个纳税年度,(2)增加本纳税年度的可以免税的现金费用。

由于12月马上就要过去了,因此利奥决定将两位客户的支票推迟到12月下旬收取,这样一来,他将在下一个纳税年度的1月中旬收到这笔收入。他也想到了所有计划在未来数月购置的与业务有关的物品:邮票、新计算机、办公用品、参考资料等。他在12月31日之前购置了这些物品。这些支出成为他目前这一年的现金费用,这进一步降低了他的应税收入。

在现金收付基础上,会计在处理经济业务时不考虑预收收入、预付费用以及应计收入和应计费用的问题,会计期末也不需要进行账项调整,因为实际收到的款项和付出的款项均已登记入账,所以可以根据账簿记录来直接确定本期的收入和费用并加以对比以确定本期盈亏。它的特点是特别注重现钱,只要钱进入企业,就是现金流入,只要钱出去,就是现金流出,而根本不考虑现金的发生是否在当期。按照这种制度,核算工作比较简化,但对正确反映各期的收益和费用水平有一定影响。

案例分析

2012年8月,甲公司的销售收入为现金100万元,这100万元中有50万元是本期销售产品的收入,属于本期的流入,另外的50万元是乙公司偿还的2011年的欠款,这笔钱也应该算本期的现金流入。丙公司购买甲公司的处理设备,甲公司预收丙公司的款项50万元,这50万元的预收账款,也作为本期的流入。甲公司8月份补交7月份的税款10万元,8月份为7月份所交的税款也算做本期的流出。8月份甲公司偿还购买原材料的钱30万元,这是本期的流出。甲公司发现丁公司的原材料比较紧俏,向丁公司预付60万元,预定了市场紧缺材料,钱款预付出去也作为本期的流出。从收付实现制的角度考虑,只要钱在本期进来就算本期的现金流入,不用考虑是否是本期的应收款项。只要钱支付出去,就算作现金流出,也不用考虑这笔钱是否是本期的应付款。

因此,有的情况下,在一个企业中有两张利润表:一张利润表是权责发生制的利润表,以权责发生为标准来计算;另一张利润表则是现金流量表,以收付实现制为计量基础。

收付实现制在实际操作中表现为：在经营活动产生的现金流量中，销售商品和提供劳务获得的现金，即企业卖东西拿回的钱就应该属于本期流入量这个指标。本期收回的上期欠款和预收别人的货款也属于本期流入量这个指标。本期购货付款、本期的上期购货还债和下期购货预付都属于本期流出量指标。

（八）现金流量表主表的勾稽关系

勾稽关系是会计在编制会计报表时常用的一个术语，它是指某个会计报表和另一个会计报表之间以及本会计报表项目的内在逻辑对应关系（指标和指标之间的关系），如果不相等或不对应，这说明会计报表编制得有问题。

举个简单的例子：在编制资产负债表时，固定资产净值要等于固定资产原值扣除累计折旧，这就叫做对应关系或叫勾稽关系。资产负债表的未分配利润和损益表的净利润它们之间也有对应关系，即用资产负债表中未分配利润的期末数扣除年初数，应该等于损益表的净利润的累计数。还有现金流量表中的"现金和现金等价物的净增加额"，应该等于资产负债表的货币资金的期末数扣除期初数（假定没有现金等价物的数额）。这些都叫对应关系、逻辑关系和勾稽关系。

在现金流量表主表中，有如下几个关系：

1. 第一个勾稽关系

经营活动所产生的现金净额＝经营活动所产生的现金流入小计－经营活动所产生的现金流出小计。如果净额是正值，表示这个企业增加了现金；如果是负值，就表示这个企业减少了现金。

2. 第二个勾稽关系

投资活动产生的现金净额＝投资活动现金流入小计－投资活动现金流出小计。如果所得的值是正的，表明企业增加了现金；如果是负的，表明企业减少了现金。

3. 第三个勾稽关系

筹资活动产生的现金净额＝筹资活动现金流入小计－筹资活动现金流出小计。如果算出的结果是正值，表示企业增加了现金；如果是负值，表示企业减少了现金。

4. 第四个勾稽关系

现金及现金等价物净增加额＝经营活动产生的现金净额＋投资活动产生的现金净额＋筹资活动产生的现金净额＋汇率变动对现金的影响。在这个勾稽关系中，计算现金及现金等价物净增加额时，已考虑了汇率变动对现金的影响。

5. 第五个勾稽关系

汇率变动对现金的影响＝现金及现金等价物净增加额－经营活动产生的现金净额－投资活动产生的现金净额－筹资活动产生的现金净额。

如果企业没有外币，事情就会变得很简单。一个企业到底增加了多少现金，只要把经营活动增加的现金加上投资活动增加的现金，再加上筹资活动增加的现金，就是所有活动增加的现金总额。如果出现外币，情况就复杂了。

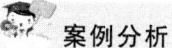
案例分析

甲公司出口一批电子产品,收款100万美元,如果收到美元的时候,市场的汇率是1比6.82,按人民币计算,就是682万元。假定没有流出量,此时甲公司经营活动所产生的现金净额就是682万元。如果没有投资活动和筹资活动,那么从过程来考察,就可以说A公司增加现金682万元人民币。可是按照会计制度的规定,在年末企业会计应该把外币按照12月31日的汇率重新折算。折算时假定也没有利息,这100万美元12月31日的汇率是1比6.83,此时就相当于人民币683万元。如果年初的现金是零,年末就变成683万元人民币。如果别人问,公司从年初到年末增加多少现金?用人民币来计算,就增加了683万元。但是从过程来考察,告诉别人的是经营活动增加现金682万元,而不是683万元。1万元的差额是如何产生的呢?因为汇率从6.82变到了6.83,所以产生了一个差额,这个差额反映在报表中就是汇率变动影响。

(九)现金流量表的作用

现金流量表为会计报表使用者提供企业一定会计期间内现金和现金等价物流入和流出的信息,以便于报表使用者了解和评价企业获取现金和现金等价物的能力,并据以预测企业未来的现金流量。具体来讲,现金流量表可以起到五个方面的作用:

1. 说明企业现金流入流出的原因

现金流量表能够提供企业在一定期间内,现金的来龙去脉及现金余额变动的会计信息。它能很好地向报表使用者反映现金的来源与去处。

(1)企业现金的来源渠道。企业的现金来源主要有三个渠道:经营活动现金流入、投资活动现金流入和筹资活动现金流入。企业不可能长期依靠投资活动现金流入和筹资活动现金流入维持和发展。良好的经营活动产生的现金流入才能增强企业的盈利能力,满足长短期负债的偿还需要,使企业保持良好的财务状况。此外企业的发展也不能仅依赖外部筹资实现,厚实的内部积累才是企业发展的基础。一旦企业经营活动现金流入出现异常,其账面利润再高,财务状况依然令人怀疑。

(2)企业现金使用的主要方向。在公司正常的经营活动中,现金流出的各期变化幅度通常不会太大,如出现较大变动,则需要进一步寻找原因。投资活动现金流出一般是购建固定资产或对外投资引起的,此时就要视企业经营者决策正确与否而定。筹资活动的现金流出主要为偿还到期债务和支付现金股利。债务的偿还意味着企业未来用于满足偿付的现金将减少,财务风险随之降低。但如果短期内,筹资活动现金流出占总现金流出比重太大,也可能引起资金周转困难。

案例分析

2012年某旅游企业通过运营增加了1 000万元的现金。在企业的现金流量表中反映,企业的经营活动增加了300万元,投资活动增加了300万元,筹资活动增加了400万元,三项活动的总资金是1 000万元。企业的经营活动项表明,企业提供服务的回收款是100万元,企业上一年交税交费50万元,给企业退回20万元。企业购买旅游设备资源支付50万元,又支付员工工资67万元。因此,借助于现金流量表可以知道,现金曾经从何处来,曾经用到何处去,这是现金流量表最基本的作用,也是最基本的功能。

企业当期从银行借入200万元,偿还利息1万元,在现金流量表的筹资活动产生的现金流量中分别反映借款200万元,支付利息1万元。因此,通过现金流量表能够反映现金流入和流出的原因,即现金是从哪里来,流到哪里去。这些信息是资产负债表和利润表所不能提供的。

2. 规划和预测企业在未来产生现金的能力

通过现金流量表,读表人不但可以了解企业当前的财务状况,还可以预测企业未来的发展情况。一般来说,如果现金流量表中各部分现金流量结构合理,现金流入流出无重大波动,则企业的财务状况基本良好。另外,企业最常见的失败原因、症状也可在现金流量表中得到反映,例如,从投资活动中流出的现金、筹资活动流入的现金和筹资活动流出的现金(主要是利息支出)中,可以分析企业是否过度扩大经营规模;通过比较当期净利润与当期净现金流量,可以看出非现金流动资产吸收利润的情况,评价企业产生净现金流量的能力是否偏低。

3. 分析净利润与现金流量差异的原因

现金流量表最大的功能就是具有透视的功能。借助现金流量表提供的信息,读表人可以分析企业净利润与相关现金流量产生差异的原因。钱是赚回来的,利润是算出来的,我们可以用现金流量表加以透视利润和现金之间到底有多大的差距。

相关链接

1993年,戴尔公司面对严重亏损时,总裁戴尔反省说:"我们和许多公司一样,一直把注意力放在利润表的数字上,却很少讨论资金周转的问题。这就好像开着一辆车,只晓得盯着仪表板上的时速表,却没有注意到油箱里面已经没有油了。"因此,他宣称:"戴尔新的运营顺序不再是'增长、增长、再增长',取而代之的是'现金流量、获利性、增长',依次发展。"

4. 分析财务状况和经营成果的可靠性

借助现金流量表提供的信息，报表的使用者可以分析和判断企业财务状况和经营成果的可靠性。资产负债表能提供企业一定日期财务状况的情况，它所提供的是静态的财务信息，并不能反映财务状况变动的原因，也不能表明这些资产、负债给企业带来多少现金，又用去多少现金；利润表虽然反映企业一定期间的经营成果，提供动态的财务信息，但利润表只能反映利润的构成，也不能反映经营活动、投资活动和筹资活动给企业带来多少现金，又支付多少现金。现金流量表提供一定时期现金流入和现金流出的动态财务信息，表明企业在报告期内由经营活动、投资活动和筹资活动获得多少现金，企业获得这些现金是如何运用的，更能够说明资产、负债、净资产变动的原因，对资产负债表起到补充说明的作用。现金流量表是连接资产负债表和利润表的桥梁。

案例分析

某企业1年增加近1 000万元，投资活动基本上持平，进出保持平衡，而筹资活动假定增加了200万元，经营活动增加了800万元。企业对增加1 000万元的现金感到满意，就是对经营活动创造了现金800万元感到满意，因为这个财务状况是可靠的。

5. 分析和判断企业的偿债能力及未来获取现金的能力

借助现金流量表提供的信息，可以分析和判断企业的偿债能力。例如，某企业增加的现金1年是1 000万元，而经营活动增加了900万元。与其说是企业对1 000万元的现金量满意，不如说企业感到欣慰的是企业创造现金的能力比较强。靠自身创造的现金来偿还债务的能力强，说明企业自身的免疫力强。

通常情况下，报表阅读者比较关心企业的获利情况，并且往往以获得利润的多少作为衡量的标准，企业获利多少在一定程度上表明了企业具有一定的现金支付能力。但是，企业一定期间获得的利润并不代表企业真正具有偿债或支付能力。在某些情况下，虽然企业利润表反映的经营业绩很可观，但企业同时又财务困难，不能偿还到期债务；还有些企业虽然利润表上反映的经营成果并不可观，但却有足够的偿付能力。产生这种情况有诸多原因，其中会计核算采用的权责发生制、配比原则等所含的估计因素是其主要原因之一。现金流量表完全以现金的收支为基础，消除了由于会计核算采用的会计政策等所产生的获利能力和支付能力的差异。通过现金流量表，读表人能够了解企业现金流入和流出的构成，分析企业偿债和支付股利的能力，增强投资者的投资信心和债权人收回债权的信心。同时，通过现金流量表使投资者和债权人了解了企业获取现金的能力和现金偿付的能力，为筹资提供了有用的信息，也使有限的社会资源流向最能产生效益的地方。

二、阅读现金流量表的基本方法和技巧

(一) 透视经营活动

1. 经营活动产生的现金流量应该是正数

在企业中,作为一个健康的财务机体,现金要具有流动性,企业才有造血功能。一个企业的经营活动到底有没有造血功能,可以用现金流量表的经营活动产生的现金净额的正负来判断。

经营活动所产生的现金净额,等于经营活动的现金流入量减经营活动的现金流出量。正数表明企业具有造血功能;相反,如果是负数,就表明企业不具有造血功能。企业在正常经营时,现金流量应该是正数;企业过度扩张,现金流量就可能是负数。如果一个企业过度扩张,企业流出的现金就会大于流入的现金。企业的扩张应该有时间限制的,国外的财务专家认为,如果企业连续过度地扩张,而且现金流量连续两年都是负数,就说明企业在业务经营活动上不具有造血功能,企业不久将破产倒闭。

> **相关链接**
>
> 2001年,曾名列全球财富500强第16位、全美500强第7位的美国安然公司突然宣告破产。安然公司2000年的总收入高达1 000亿美元。过去10年来,它一直是美国乃至世界最大的能源交易商,掌握着美国20%的电能、天然气交易。安然堕落是从"巨额收入、巨额利润"开始的。经分析得知,在安然破产前6年,该公司的现金净流量已出现负数。

2. 对企业来说利润就是现金

利润即企业销售产品的收入扣除成本价格和税金以后的余额。在不同的社会条件下,利润的内涵不同,体现的社会关系不同。利润是算出来的,如果一个企业要做表面文章,就可以算出很多的利润来,但是如果这个企业不真抓实干,就不可能创造出很多的现金。对企业来讲,利润就是现金,而利润和现金之间确实会存在一定的差距。现金流量表可以检验企业的利润和现金之间的差距,可以检验企业利润质量的高低。

对于利润的透视,通常要算一个指标,即经营现金指数。经营现金指数的基本计算方法是用经营活动所产生的现金净额除以利润表中的营业利润。而营业利润的计算方法,就是营业收入减营业费用。计算公式为:

经营现金指数=经营活动产生的现金净额÷营业利润

如果营业收入都伴随现金的增加,假定利润表中的营业收入就是经营活动所产生的现金流入量,如果企业的营业费用必须用现金支付,则营业费用就是经营活动所产生现金的流出量,那么营业利润其实就变成了经营活动所产生的现金净额。如果这个关系成立,那么经营现金指数应该是1。

如果一个企业的经营现金指数很接近1,那么这个企业的盈利质量是比较高的;如果经营现金指数大大的低于1,说明企业的盈利质量低,企业有一部分

的现金被其他的单位占用,而没有收回来。

3. 应保持适度的销售收现率

在任何一个企业,销售和收款都应该有一个适度的比率,这个比率就是销售收现率。计算公式为:

销售收现率＝销售商品提供劳务收到的现金÷主营业务收入×100%

企业销售环节管理的好,销售收现率呈上升趋势,企业销售环节管理不好,销售收现率呈下降趋势。一个企业的销售收现率到底是朝着一个好的方向发展,还是朝着差的方向发展,可以通过计算这个企业的销售收现率来了解。

假定利润就是现金,企业发生亏损时,销售收现率这个指标的计算就比较困难,此时就只能考虑企业销售过程的收现率是朝好的方向发展,还是朝差的方向发展,应该更多的关注企业经营的过程,而不是结果。

4. 现金流量最大化是企业充满活力的具体表现

阅读现金流量表更应该关注经营活动的流入量和流出量。如果企业有相当大的流入量和流出量,说明企业在持续经营,业务活动在正常开展。企业现金流量的最大化,是企业充满活力的具体表现。经营活动所产生的现金流量中,给职工支付的现金,也是一个非常重要的指标。这个指标可以透视企业的经营环境,可以透视企业的业务做得如何。如果一个企业给职工支付的现金呈逐年下降趋势,不仅说明企业业务在萎缩,企业要压缩规模,要裁减职工,还说明这个企业不能留住该留住的人。

(二) 评估投资活动

1. 关注投资的目的、方向和规模

企业除了将资金用于自身正常的生产经营活动之外,还可以将一部分资金用于对外投资。当然,对外投资是建立在企业资金满足正常的生产经营活动需要还有暂时闲置的前提下,为了发掘这部分闲置资金的潜力,企业有必要将这部分资金对外投资,以便为企业带来更大的经济效益。

企业对外投资往往有不同的目的,其主要目的可概括为以下几个方面:

(1) 有效的利用闲置资金。企业若将闲置的资金存在银行,不作任何使用,除了获得很少一部分利息外,没有任何收益;另外,闲置的资金如果长期得不到有效利用,造成资金沉淀,以至资金的贬值。为此,企业就有必要为正常经营中多余的资金寻找出路,用暂时闲置的资金购入各种可随变现的证券或其他资产,以取得一定的收益。

(2) 对主要原材料供应企业投资,以间接支持本企业的经营发展。为了保证本企业的正常生产有足够的原材料或零配件的供应,对这些供应企业进行投资,其目的不仅仅取得投资收益,还有稳定原材料供应来源之意。

(3) 控制或影响其他企业的经营决策。如购入并持有某相关企业的大部分股票,以配合本企业自身的经营需要,同时还取得投资收益。

(4) 积累资金用于扩大企业生产经营规模或清偿长期债务。在企业做长期决策时,如扩大企业的经营规模,事先将一笔资金对外投资,若干年后,用于对外投资的资金本息就能满足企业扩大规模的需要。

企业对外投资主要有上述几个目的,实际上可以归结为一个目的,即有效地使用企业暂时闲置的资金,为企业带来更大的经济效益,也就是取得更多的投资收益。

2. 检查投资活动是否符合公司发展战略

任何一个公司都应该有自己的发展战略和长远目标,例如企业的5年规划,公司年度计划和预算等。公司发展战略决定了本年度的资金投放,投资活动应该符合公司发展战略。投资活动不能用数字的正负去评论,因为当一个企业需要投资的时候,就需要花钱,此时的流出量就会大于流入量。但在投资的回报季节,流入量就会大于流出量。因此投资活动的正负并不重要,关键的是企业的投资符不符合公司的战略发展方向,符不符合公司的年度经营计划和年度预算。

3. 评估投资风险

虽然投资符合企业的发展战略,符合企业发展方向,但还要注意评估企业投资的风险。不同的投资方向,企业所承担的投资风险是不尽相同的。企业买固定资产的对内投资与买股票的对外投资,两者的风险就不一样,固定资产的风险明显小于买股票的风险。企业对内投资当中,买固定资产的风险明显低于买无形资产的风险。

案例分析

在甲公司的现金流量表中有一个很关键的数字,即在公司的投资活动所产生的现金流出量中,购买固定资产的数字是2亿元,其他长期投资却是20亿元。不重要的投资项目才统称为其他长期投资。可是这笔不重要的其他长期投资却占了20亿元。如果想和这个企业打交道,或者是自己的企业,读表人就必须要把20亿元的资金搞清楚,也许这个企业的最大地雷就在这个20亿元。根据2+2法则,2+2虽然多数时候等于4,但有时等于3,有时等于5。这20亿元很可能仅仅是表上的资产,而不是真实的资产,转眼之间它可能变成零。所以对这样的数字给予充分的关注,搞清楚这个数字给企业到底带来多么大的风险,即对投资活动多关注。

(三) 评估筹资活动

1. 关注筹资方式

读表人阅读现金流量表时,要关注企业的筹资方式。企业的资金主要来自借款和投资者入资两个途经,此外还有普通股融资、优先股融资、可转换证券融资、购股权证融资等筹资方式。企业的借款包括向银行取得短期借款或长期借款以及向社会上发行债券等方式,借款是现金的流入,还本付息是现金的流出。投资者入资是现金的流入,投资者依法撤资是现金的流出。

当投资者把资金注入到企业后,通过企业的经营活动赚了钱,此时也会增加企业的现金流入,这也是企业的一个筹资方式。当然,这种现金流入已经反映到经营活动里了,并不会反映在筹资活动表中。

需要说明的是,对于筹资活动所产生的现金流量,也不能以正负来加以判断。因为当企业需要钱的时候,就得借款或需要投资者入资,这时现金的流入量就会大于流出量;当企业还本付息时,现金的流出量就会大于流入量。

2. 评估筹资风险

对企业是靠负债增加的现金,还是靠投资者入资增加的现金,应该给予充分的关注。因为不同的筹资方式,给企业带来的风险是不一样的。如果企业是靠负债来增加现金,负债水平就会上升,资产负债率就会上升,这个企业的风险就会加大。如果企业的资金主要是投资者注入的,那么企业的负债水平会下降,企业的安全系数会增强,而股东的风险会增加。

3. 评估筹资量与企业发展规模是否相适应

企业非常缺乏效率的表现就是现金剩余过多,一个企业所拥有的现金应该与一个企业的发展规模相适应。一个企业现金剩余过多,实际上是把钱存在银行,企业获得的仅仅是银行的利息,而投资人入资的目的是为了获得比银行利息高得多的利润,如果对企业的投资无利可图,投资者就会毫不犹豫地撤资。

【任务拓展】

关注沃尔玛

沃尔玛由于不断强化营运资金管理,使其经营活动现金流量的增长速度高于利润的增长速度。沃尔玛2005年的利润为102.67亿美元,2006年利润为112.31亿美元,增长了9.39%。相对地,2005年的经营活动现金流入为150.44亿美元,2006年经营活动现金净流入为176.33亿美元,增长了17.21%。沃尔玛经营活动现金流量的增长率之所以远高于净利增长率,其主要原因就在于:

(1) 在销售快速增长的同时,控制应收账款的增长。沃尔玛2006年的营业收入比上年的营业收入增长约272亿美元,但应收账款却仅增加9.47亿美元,这说明大部分的销售增长额都已收回现金,反映在经营活动现金流入里面。对于一个成长型企业来说,这是十分难得的业绩。

(2) 存货增长控制得当。2006年存货增长率为8.2%,营业收入增长率为9.54%,存货增长率低于营业收入增长率。这说明相对于营业收入来说,存货占用资金的比例降低了。

(3) 应收账款大幅增长。2006年应付账款增长率为15.4%,大大高于9.45%的营业收入增长率,增加了对供货商资金的运用力度。

与沃尔玛的情况相反,国内某上市企业,2004年获利为3.3亿元人民币,经营活动现金净流入为6 300万元人民币;2005年,净利倍增为6.5亿元人民币,但是经营活动现金流量却是-3.2亿元人民币;2006年,净利润进一步增加到接近8亿元人民币,经营活动现金流量负数也高达27.3亿元人民币。这种显著的不正常现象,导致企业严重失血,终于在2007年亏损高达1 404亿元人民币。之所以出现这样的局面,正是该公司应收账款和存货暴增所致。利润增加,经营活动现金流量却大幅度衰退,这往往是企业风险增加的征兆,管理者必须十分警觉。当然,事情也不尽然。

有些企业的经营活动现金流量大量减少,也不见得就是负面现象,必须分析发生的原因。这些企业经营活动现金流量的减少,可能不是由于应收账款和存货的暴增所致,而是另有原因。例如,有些公司的本期经营活动现金流入良好,且对未来经营活动充满信心,它们可能大量偿还应付账款,以降低负债的比例,这实际上是合理的经营行为。

【任务反馈】

现金流量表和资产负债表、利润表对于企业的作用分别是什么?

释疑:我们至少应该从三个方面来了解企业。一个是企业财务状况,清楚本企业目前有多少钱和欠人家多少钱;二是企业的经营成果,清楚本企业这一段时间是赚了是赔了,如是赚了,赚多少,如果是赔了,赔多少;三是企业的现金流量,清楚这一段时间从本企业手头上经手了多少实实在在的钞票,收进来多少钱,花出去了多少钱。

任务四 分析旅游企业的各项财务指标

【任务目标】

要想全面地了解旅游企业的财务状况,仅学会三大报表是不够的,还需要通过一些财务指标来解释财务报表。在本任务中,为了评价旅游企业的财务状况,我们首先说明用来进行比较的各种比率标准,其次要讨论通过比率分析解释财务报表的各种作用或目的以及不同比率的表述方法,最后大部分篇幅将致力于详细讨论饭店业中那些最常见的比率。

【案例聚焦】

沃尔玛2006年的流动比率只有0.9,戴尔在2000—2006年的流动比率维持在0.89~1.4之间,两个企业的流动比率指标都大大低于公认的标准,这是否意味着沃尔玛和戴尔存在不能偿付到期债务的风险呢?我们从两家企业现金流量中发现,它们都具有创造现金流量的强大能力,能够弥补流动资金储备不足的缺陷,他们虽然保持相当低的"存量",但却能够创造出卓越的"流量"。另外,它们能在快速增长下,控制应付账款和存货的增长速度,同时能够从供货商那里延长付款期限,导致流动资产的增长速度远较流动负债慢,流动比率恶化只是一种假象,它们不会发生财务危机问题。

【任务执行】

一、比率分析基础知识

(一)比率分析概念

由旅游企业发布的财务报表包含许多财务信息。对财务信息进行全面的分析,不仅仅是阅读报表,报表的使用者还要能对其中的事实做出解释,以发现企业的财务状况中各方面容易被忽视的问题,这一点可以通过比率分析来完成。比率分析就是财务报表上的相关事实和数字间的比较,是两个数字之间关系的数学表述,是通过一个数字除以另一个数字来计算的。通过将这两个数字结成比率从而产生了新的信息,这样比率分析就使财务报表上所报告的数字更有意义,信息量更大,也更加有用,特别是比率分析为评价旅游企业财务状况的不同方面提供了一个指示器。

比率分析能够向财务报表使用者提供以下问题的答案：

①有足够的现金偿付特定时期的负债吗？

②饭店经营的利润是合理的吗？

③与股东的投资额相比负债水平是可以接受的吗？

④存货的使用是适当的吗？

⑤根据赊账情况，应收账款是合理的吗？

⑥饭店有能力偿付债务吗？

（二）比率标准

比率分析常用来评估各种财务状况的有利方面或不利方面。然而，计算出来的比率本身并不能说明什么是好的，什么是坏的；什么是能接受的，什么是不能接受的；什么是合理的，什么是不合理的。比率本身是中性的，仅仅表示相关数据之间的数字关系。为了将比率作为衡量饭店运作成功与否的指示器，必须将计算出的比率与某种标准进行比较。只有这样，比率才变得有意义，也才能为财务报表的使用者提供评价财务状况的基础。在一定时期和一定经营状况下，对计算的比率进行评估的标准基本上有三种：过去一段时期的比率、行业平均值及预算比率。

1. 过去一段时期的比率

许多比率可以与上一时期内相应的比率进行比较，从而发现是否有重大变化。例如，可以将本年客房出租率与上一年的客房出租率相比较，以确定饭店这一年里客房的销售量是否比上一年有所增加。这一比较有助于评价饭店本年营销计划的效率如何。

2. 行业平均值

行业的平均值是另一种进行比较的有用标准。计算出一定资产的投资回报率后，投资者可能要将它与特定的行业中拥有相似资产的平均投资回报率进行比较。这样可以使投资者在与同行其他企业的比较中了解到有效使用资源为其获取利润的资产管理能力如何。此外，经理们可能要将本饭店的客房出租率或者食品成本率与行业平均值进行比较，以此评价与本行业其他饭店进行竞争的能力如何，已公布的行业平均比率是随时可以利用的资源。

3. 预算比率

在将比率与先前时期和行业平均值进行比较的同时，最好还要与计划的比率目标进行比较。例如，为了能够更有效地控制人工成本，管理部门可以制定当年人工成本率的目标，这一目标比前一年的水平略低一些。对较低的人工成本率的期望可以反映出管理部门改进计划程序和与人工成本相关的其他因素的种种努力。通过将实际人工成本率和计划目标进行比较，管理部门就能评价其为控制人工成本所做的努力是否有效。

将比率同这些不同的标准进行比较，可以得到不同的评价。例如，本期内食品成本率为33%，同上年度34%的比率相比以及和行业的平均值36%相比，可能是有利的，但与32%的经营计划目标进行比较，就可能是不利的。因此，用比率分析来评估经营业绩时必须谨慎从事，不仅要注意用什么标准去评价比率，还要注意比率分析的目的。

（三）比率表达的内容

为了了解在比率分析中使用各种比

率所传达的信息,学习者就必须了解表达财务信息所用的各种方式。对不同的比率,要用不同的方式去理解。

1. 用"百分率"表达的比率

以食品成本率为例,它用食品销售总额的百分比来表示售出食品的成本。如果某一年里的食品销售总额是430 000元,而已售的食品成本是135 000元,那么,食品成本除以食品销售总额的结果是0.314。因为食品成本率用百分数表示,所得小数乘以100%得出31.4%的食品成本率。另一个例子如客房出租率,是售出的客房数除以可供出售的客房数。假定一家饭店有100间可供出售的客房,仅卖出了其中的50间,于是50除以100得到0.5,再乘以100%就表示为百分数(50%)了。

2. 用"每单位"表示的比率

例如,每客平均早餐费就是一种用供应的每客早餐的价格表示的比率。用早餐销售总额除以早餐期间供应的顾客数就可以计算每客平均早餐费。这样,在某一天如果向100位客人供应早餐,而在早餐期间收入总额达490元,那么每客平均早餐费应是4.9元(490/100)。

3. 用周转率表示的比率

作为周转率就是这样一种比率,它由某一时期得到服务的客人人数除以餐厅的座位数来确定。在前述例子中,如果餐厅有40个座位的容量,那么,在这个供应了100位顾客的早餐期间内,座位周转率应该是2.5次(100/40)。这就意味着在早餐期间,这家餐厅使它的全部座位容量扩大了2.5倍。

4. 用所承担的倍数表示比率

这种比率的分母总是1,现在举一个这种比率表示法的例子,流动比率由流动资产除以流动负债来确定,它就是以所包括的倍数多少表示的一种比率。例如,如果某家饭店在某一时期里所报告的流动资产为120 000元,流动负债为100 000元,那么,这家饭店在资产负债表中的流动比率应是1.2∶1(120 000/100 000=1.2)。这就意味着这家饭店拥有足够的流动资产去承担它的流动负债1.2倍。换句话说,这家饭店每1元的流动负债就有1.2元的流动资产做后盾。

比率分析中所用的各种比率其表示方法是否恰当完全取决于具体的比率以及它所表示的两项相关事实之间重要关系的性质。表示不同比率的各种方式能使我们了解如何运用它们提供的信息。我们讨论饭店通常用的比率时,要密切注意每一种比率是如何表示的。

二、偿债能力比率

流动性比率能够揭示一家饭店偿还短期债务的能力。在评价饭店的财务状况时,流动负债的偿还能力是很重要的评价指标。表4-16为××饭店的资产负债表,在这张表上,我们可以看到2012年的流动负债为214 000元,那么当这笔负债到期时,××饭店能偿付吗?回答这个问题需要计算几个比率。

(一) 流动比例

表 4-16 资产负债表

编制单位：××饭店　　　　　　　　　　　　　　　　　　　　　　　　　　　　单位：元

	2010 年	2011 年	2012 年
资产			
流动资产			
现金	20 000	21 000	24 000
有价证券	60 000	81 000	145 000
应收账款（净值）	100 000	90 000	140 000
存货	14 000	17 000	15 000
预付款项	13 000	12 000	14 000
流动资产合计	207 000	221 000	338 000
长期股权投资	43 000	35 000	40 000
资产与设备			
土地	68 500	68 500	68 500
建筑物	810 000	850 000	880 000
家具与设备	170 000	190 000	208 000
	1 048 500	1 108 500	1156 500
减：累计折旧	260 000	320 000	381 000
瓷器、玻璃器皿、银器、针棉织品和工装	11 500	20 500	22 800
资产和设备合计	800 000	809 000	798 300
资产总额	1 050 000	1 065 000	1 176 300
负债与所有者权益			
流动负债			
应付账款	60 000	53 500	71 000
短期借款	30 000	32 000	34 000
应交税费	70 000	85 200	85 000
长期负债的本期到期额	25 000	21 500	24 000
流动负债合计	185 000	192 200	214 000
长期负债			
应收抵押款	425 000	410 000	400 000
递延所得税	40 000	42 800	45 000
长期负债合计	465 000	452 800	445 000
负债总额	650 000	645 000	659 000

续表

	2010 年	2011 年	2012 年
所有者权益			
普通股	55 000	55 000	55 000
股本溢价	110 000	110 000	110 000
留存收益	235 000	255 000	352 300
所有者权益合计	400 000	420 000	517 300
负债与所有者权益总额	1 050 000	1 065 000	1 176 300

最常用的流动性比率是流动比率，它是流动资产总额与流动负债总额的比率，并且表示为一定的倍数。使用表4-16的数字，可将2012年××饭店的流动比率计算如下：

流动比率＝流动资产/流动负债＝338 000/214 000＝1.58 倍或 1.58∶1

这一结果表示××饭店每1元的流动负债就有1.58元的流动资产相对应。这样，对于1元的流动负债说，就有0.58元的缓冲。在饭店发生存货与应收账款大量减少的情况下仍有可能支付它的流动负债。相比之下，饭店2011年的流动比率是1.15倍。在一年内流动比率从1.15倍增加到1.58是很可观的，无疑债权人会高兴。不过，1.58倍的流动比率是否能使所有利益相关各方都感到高兴呢？

因为从股东的观点来看，大多数流动资产投资要比非流动资产投资盈利少一些，因此，一般来说所有者或者股东宁愿流动比率低些而不是高些。由于股东主要是关心利润，所以他们喜欢相对较低的流动比率。

债权人一般喜欢比较高的流动比率，因为这将保证能从他们的客户（饭店）那里及时收到还款。债权人及资金的贷放人相信适当的流动比率是很重要的，因此常将最低的营运资本要求或最低的流动比率要求写入贷款合同中。违反这一合同条款，借款人就会要求全部偿还贷款。

管理者正好处于中间的位置上，既要设法满足所有者和借款人的要求，同时又要掌握足够的营运资金和保持足够的流动性，以确保饭店的顺利经营。管理者能采取措施影响流动比率。在××饭店的案例中，在2012年的最后一天卖出价值90 000元的有价证券，并把它付给债权人，流动比率就能够达到2倍。其他可能增加流动比率的措施包括：

①获取长期贷款；
②获取新的所有者权益资本；
③将非流动资产转换为现金；
④递延公布的股利，并将现金留在企业。

太高的流动比率可能意味着，由宽松的信贷政策或回款速度慢导致的应收账款太多，也可能意味着存货太多。由于比率是指示器，所以管理者必须通过分析追寻可能影响的因素。

（二）酸性试验比率

对流动性更有说服力的比率是酸性试验比率。酸性试验比率是通过对"速动资产"即现金和接近于现金资产的考查来评估流动性的。在确定速动资产总额时要将存货及预付费用从流动资产中扣除。在许多行业里，存货是很重要的，要将它们转换为现金可能需要几个月的时间。饭店业中情况恰恰相反。在某些饭店特别在快餐店里，食品存货一周可以周转两次。而在某些餐饮经营企业中某些酒水的存货可能3个月才周转一次。

流动比率和酸性试验比率之间的区别是与流动资产相关联的存货量的函数。在某些饭店里流动比率和酸性试验比率的差别较小，而在另外一些饭店里却可能很大。使用表4-16中的有关数据，可将××饭店在2012年酸性试验比率计算如下：

酸性试验比率＝（现金、有价证券、应收票据和应收账款）/流动负债＝(24 000＋145 000＋140 000)/214 000＝1.44倍

2012年的酸性试验比率告诉我们：每1元的流动负债对应的速动资产是1.44元。它比2011年的酸性试验比率增加了0.44倍，虽然2011年的酸性试验比率是1.0，但饭店并没有处于极其困难的财务困境中。许多饭店在酸性试验比率是1或者小于1时，仍能有效的经营，因为它们有着最小的存货量与最少的应收账款。

所有者、债权人和管理者对速动比率的观点和对流动比率的观点是类似的，那就是，饭店的所有者喜欢比率低些（一般小于1），债权人喜欢比率高一些，而管理者介于两者之间。

（三）应收账款周转率

表4-17 利润表

编制单位：××饭店　　　　　　　　　　　　　　　　　　　　　　　　　　　　单位：元

	2011年	2012年
总收入	1 300 000	1 352 000
客房		
收入	780 000	810 000
工资和相关成本	135 000	145 000
其他直接费用	62 500	60 000
部门利润	582 500	605 000
餐饮		
收入	430 000	445 000
销售成本	142 000	148 000
工资和相关成本	175 000	180 000
直接其他费用	43 400	45 000

续表

	2011 年	2012 年
部门利润	69 600	72 000
电话		
收入	40 000	42 000
销售成本	30 000	31 000
工资和相关成本	10 000	10 500
直接其他费用	5 000	4 500
部门利润	(5 000)	(4 000)
租金和其他利润收入	50 000	55 000
经营部门利润总额	697 100	728 000
未分配营业费用：		
行政管理费用	105 000	108 500
营销费用	51 500	55 000
资产运营与维修费	65 250	67 500
公用事业费	80 250	81 500
未分配营业费用合计	302 000	312 500
扣除未分配营业费用后利润	395 100	415 500
租金	20 000	20 000
财产税	20 000	24 000
保险费	5 500	6 000
利息	54 000	60 000
折扣	60 000	61 000
固定费用合计	159 500	171 000
税前利润	235 600	244 500
所得税	94 300	97 800
净利润	141 300	146 700

在给予客人信用不断扩大的饭店里，应收账款一般是最大的一项流动资产。因此，在考查企业流动性时，必须考虑它的应收账款的"质量"。

在一般的经营循环中，应收账款要转换为现金。应收账款周转率就是对转化速度进行的评估。应收账款转换为现金的速度越快，财务分析中的流动比率和速度比率就越可靠。

应收账款周转率是用收入除以应收账款的平均值来确定的。这一比率的精确算法在于只用赊账额作为分子。然而，企业外部的报表使用者（股东、可能的股东和债权人）常常得不到赊销数字。不论是用收入还是用赊销额作为分子，各个时期的计算都应该是一致的。应收账款平均值是期初与期末的应收账款总额之和除以2的结果。当饭店的销售有季节性波动时，较好的计算方法（在计算年应收账款周转率时）是把每个月月末的应收账款加总起来除以12来确定应收账款平均值。表4-17为××饭店的利润表，利用表4-16和表4-17的有关数据，该饭店2012年的应收账款周转率计算如下：

应收账款平均值＝（期初的应收账款＋期末的应收账款）/2＝（90 000＋140 000）/2＝115 000

应收账款周转率＝收入总额/应收账款平均值＝1 352 000/115 000＝11.76倍

应收账款周转率为11.76倍，它表明2012年的收入总额是平均应收账款的11.76倍，它比××饭店2011年的应收账款周转率13.68倍要低一些。管理者一般会调查研究这一差异，而研究结果可能揭示问题的原因要么是信用政策的变化，要么是收账程序的变化。

既然没有哪家饭店在他们的应收账款上收取利息，赊销的机会成本就是投资产生的利润。然而，为了增加销售，就要放宽信用条件。所以，理论上讲就应将信用政策放松到这样一点：每增加一位客人时坏账加上扩大信用的附加收账成本等于每增加一位客人时由于扩大信用所获得的额外利润。

所有者喜爱较高的应收账款周转率，因为这反映了在非生产性应收账款里的投资较少。然而他们知道紧缩的信用政策以及过分积极的收账努力可能会造成销售减少。此外，在其他一切均相同的情况下，应收账款周转率高表示对应收账款的管理较好。供应商，像所有者一样喜欢较高的应收账款周转率，因为这意味着饭店会有较多的可用现金支付给他们。长期债权人也将应收账款周转率高视为管理良好的表现。

管理者希望饭店的销售额最大化。提供信贷有助于实现销售额最大化，然而，管理者也意识到这样会造成更多的应收账款，并且可能销售给一些信用差的客人。因而一方面，管理者决定提供信用的结果是形成较低的应收账款周转率，另一方面，在管理者可能认为低应收账款周转率是高销售额的一个结果时，不能否认他也必须保持一定的经营现金流量这一事实——那就是说，必须有效收回信用销售额。

（四）平均收账期

应收账款周转率的一个变形就是平均收账期，它的计算方法是用365天（一年的天数）除以应收账款周转率。这种转换将周转率简化成一种更易理解的形式。对××饭店来说，2012年平均收账期如下所示：

平均收账期＝365/应收账款周转率＝365/11.76＝31（天）

31天的平均收账期意味着在整个2012年内，××饭店平均每隔31天就收回它全部的应收账款，它比2011年27天的平均收账期多出4天。

平均收账期应该是多长呢？一般来说，所允许的平均付款时间应当不超过销售条款的7天～10天。所以，如果销售条款是 n/30（全部金额在 30 天内到期），那么可以允许的平均收账期的最长限度应是 37 天～40 天。

以上的讨论是假设全部销售都是赊销。然而，许多饭店是既有现金销售又有赊销。所以，当应收账款周转率以收入而不是以赊销额作为分子时就必须考虑现金销售和赊销的组合问题，而这一点得在发生现金销售时才会出现。例如，假设现金销售和赊销各是 50%，那么，就应调整最大限度可允许的平均收账期。计算调整最大限度可允许的平均收账期的方法是将最大限度可允许的平均收账期乘以赊销在全部销售中所占的百分比。

在前面的例子中，最大限度可允许的平均收账期是 37 天～40 天，赊销额占 50%，则调整后的最大限度可允许的平均收账期是 18.5 天～20 天（37 天×0.5～40 天×0.5），这种调整一般只能由管理者做出，因为其他利益相关各方不知道销售的组合情况。

所有者、债权人和管理者对平均收账期的偏爱同他们对应收账款周转率的偏爱十分相似，因为平均收账期只是应收账款周转率的一个变形。所以，所有者和债权人喜欢较少天数的平均收账期，而管理者则喜欢较多的收账期天数（只要现金流足够）。

（五）偿债能力比率

当饭店的资产超过它的负债时，它就有偿债能力，因此，简单地说，偿债能力比率就是资产总额除以负债总额。根据表 4-16，××饭店 2012 年偿债能力比率的计算如下：

偿债能力比率＝资产总额/负债总额＝1 176 300/659 000＝1.78 倍

这样在 2012 年末，××饭店每 1 元的负债相应有 1.78 元的资产，或者说有 0.78 元的缓冲。该饭店的资产即使被折成 43.8%（0.78/1.78＝43.8%），但仍能完全支付债权人的债务。该饭店 2011 年末的偿债能力比率是 1.65 倍，从债权人的角度讲，2012 年的比率将会更为有利。

饭店运用的财务杠杆作用（用负债筹集资产）越大，它的偿债能力比率就越低。所有者为了使他们的投资回报最大化，更愿意利用财务杠杆作用。只要从债权人处筹集资金所赚取的利润超过企业借款成本，就会发生上述情况。而债权人则喜欢较高的偿债能力比率，因为这样饭店在经营亏损时就可以提供较大的缓冲。管理者必须同时满足所有者和债权人的要求，因此，他们希望举债投资购买资产，以便能最大限度地实现所有者投资的利润，同时又不过度削弱偿债的能力。

（六）负债—权益比率

负债—权益比率是偿债能力比率中最常见的一种，它是将企业的负债和它的净资产（所有者权益）相比而得。负债—权益比率显示饭店承受困境即偿付长期负债的能力。根据表 4-16，可以计算××饭店 2012 年的负债—权益比率：

负债—权益比率＝负债总额/所有者权益总额＝659 000/517 300＝1.27∶1

××饭店 2012 年度 1.27∶1 的负债—权益比率表示××饭店每获得 1 元的所有者净资产，就欠债权人 1.27 元。××饭店 2011 年的负债—权益比率是 1.54∶1。这样，相对于它的净资产来说,××饭店减少了2011年的负债。

所有者对负债—权益比率的观点和他们对偿债能力比率的观点相类似,那就是,他们希望使用财务杠杆获得最大投资回报。财务杠杆作用越大,负债—权益比率就越大。债权人倾向于低负债—权益比率,是因为相对于负债来说当净资产增加时,他们的风险会减小。管理者的态度与偿债能力比率相同,仍然采取介于债权人和所有者之间的中间态度。

(七)长期负债对资本总额的比率

这是另一种偿债能力比率,计算方法是将长期负债与通常称作资本总额的长期负债与所有者权益之和相比,其结果以百分数形式表示。这一比率类似于负债—权益比率,只是流动负债不包括在分子里,而且将长期负债加到负债—权益比率的分母里。不包括流动负债,是因为一般流动资产足以支付流动负债,故而他们不算入长期比率中。用表4-16中的数字计算××饭店2012年的长期负债对资本总额的比率如下:

长期负债对资本总额的比率=长期负债/长期负债与所有者权益之和=445 000/(445 000+517 300)=46.24%

××饭店2012年末的长期负债是它的资本总额的46.24%。这可以和2011年末的51.85%相比。当然,债权人喜欢较低的比率,因为这表示他们承担的风险较小。而所有者愿意接受较高的比率,因为他们希望通过使用财务杠杆获得高回报。

(八)已获利息倍数比率

已获利息倍数比率依据的是利润表的财务数字,它表示的是能够支付的利息费用的倍数。已获利息倍数越大,债权人就越安全。由于我们把利息扣除后再确定应税利润的,因此,将所得税额加到净利润和利息费用(息税前利润,缩写为EBIT)中作为分子,而利息费用作为分母。可以用表4-17中的数字计算出××饭店2012年度已获利息倍数比率:

已获利息倍数比率=EBIT/利息费用=(97 800+146 700+60 000)/60 000=5.08倍

这个5.08倍的结果表示××饭店能支付5倍以上的利息费用。而××饭店2011年已获利息倍数比率的数字是5.36倍。从债权人的角度来看。这两年的发展趋势说明风险有一点增大。然而,一般来说,已获利息倍数的数字大于4,就反映了饭店有足够的获利金额以负担它现有债务的利息费用。

所有当事人(所有者、债权人和管理部门)都喜欢比率相对高些。所有者一般比债权人较少关心这一比率,只要债务利息能及时付出,并且财务杠杆作用能发挥即可。然而,债权人尤其是贷款人希望这一比率更高些,因为这表示饭店能偿付它的利息支出。对于贷款人来说,这比率越高越好。管理者也喜欢该比率高些,但对所有者来说,极高的比率表示财务杠杆作用不能达到最优化,因此,管理者宁愿该比率比贷款人所希望的低一些。

三、其他比率

(一)营运性比率

营运性比率是衡量管理者使用各类资源效率性的标准。管理部门接受所有者委托,运用存货和固定资产(以及其他资产)为所有者创造效益的同时向客人提供产品和服务。由于大多数饭店的固定资产在其总资产中都占据很大的百分比,所以,有效地利用这些资产就至关重要。存货虽不是总资产中的重要部分,但管理部门必须适当地控制它,以求实现销售成本的最小化。

1. 存货周转率

在评价企业的商品和材料占用的资金效率时,可以使用存货周转率这个指标。存货周转率表明存货被耗用的快慢。在所有的情况都相同的条件下,一般来说,存货周转得越快越好,因为持有存货会使费用增加。存货成本包括储存场所、冷藏、保险、人工费和记录管理等方面的费用,当然还包括与存货相关的资金的机会成本。饭店所持有的存货是易盗品,所以必须小心控制。

案例分析

A公司花10万元购买一件商品,此时公司在商品上占用了10万元。A公司把商品以15万元的价格卖掉,卖掉后销售成本10万元又收回来,此时公司的销售成本是10万元。然后公司又拿10万元买商品,又以15万元的价格卖掉,此时公司的销售成本是20万元,而公司在商品上仅占用了10万元资金。如果公司1年只做了两次交易,那么这1年中10万元翻了两次本,就等于用10万元,做了20万元的买卖。这个例子说明A公司资产周转率越高,资产的运营效率就越高。相反,周转率越低,资产的运营效率就越低。

表4-18 餐饮部简明财务报表

编制单位:××饭店　　　　　　　　2012年度　　　　　　　　　　　　单位:元

	食品	饮料
销售额	300 000	145 000
销售成本		
期初存货	11 000	6 000
采购	120 000	28 000
减:期末存货	9 000	6 000
耗用的食品成本	122 000	28 000
减:员工餐	2 000	0
已售食品成本	120 000	28 000
毛利	180 000	117 000
费用		
工资和相关费用	135 000	45 000
其他费用	30 000	15 000
费用合计	165 000	60 000
部门利润	15 000	57 000

食品和饮料的存货周转率一般应分别计算。某些餐饮服务企业以可供销售的饮料类型为基础计算几类饮料的周转率。表4-18是××饭店2012年的餐饮部简明财务报表,分别列出了食品与饮料的财务数据。我们将用这一报表中的数字来说明食品与饮料周转率比率。

平均食品存货＝(期初存货＋期末存货)/2＝(11 000＋9 000)/2＝10 000

食品存货周转率＝耗用的食品成本/平均食品存货＝122 000/10 000＝12.2次

我们已经计算出,在2012年里,食品存货周转了12.2次,或者说,大约每月周转一次。食品存货周转的速度一般取决于餐饮服务企业的类型,快餐馆的食品存货周转一般要比高级餐馆快得多,事实上,快餐馆的食品存货周转率可能超过每年200次。按饭店业使用的标准来说,要求拥有若干个不同类型的餐厅和宴会厅的饭店的食品存货要每月周转4次。

虽然餐饮服务企业希望存货周转率高些,因为这意味着它在存货上的投资较少,但是太高的周转率也可能暗示会出现缺货问题。不能向客人提供所需的食品,不仅能立即使客人感到失望,而且如果这个问题继续存在的话,也可能导致自身的信誉不佳。存货周转率太低意味着食品库存过多,除了以前讨论过的存货成本之外,食品变质可能造成的费用也会成为一个问题。

平均饮料存货＝(期初存货＋期末存货)/2＝(6 000＋6 000)/2＝6 000

饮料周转率＝耗用的饮料成本/平均饮料存货＝28 000/6 000＝4.67次

同样,我们可以计算出,在2012年××饭店的饮料周转率为4.67次,意味着6 000元的饮料存货需要每隔78天左右进货一次。这是用一年365天除以4.67的饮料存货周转率得出的。并非所有品种的饮料周转率都是均等的,因此,某些品种饮料的进货会更频繁些。按饭店业使用的标准来说,要求拥有不同类型休息室和宴会厅的饭店的饮料存货要每月周转1.25次或者每年15次。只要不发生存货短缺现象,所有的相关者(所有者、债权人和管理者)都喜欢较高的存货周转率。最理想的情况是,最后的存货卖出时,货架上正在进货。

2. 资产和设备周转率

资产和设备周转率有时称固定资产周转率,它是用当期的总收入除以平均固定资产总额来计算的。更准确的计量方法应当是将只和固定资产使用相关的收入作为分子。然而,对许多财务分析师来讲不易取得这样的收入数据,所以,一般还是使用收入总额来计算。

这一比率衡量固定资产使用中的管理效率。周转率高说明饭店是在有效地使用它的固定资产来取得收入,而周转率低反映饭店没能有效地使用它的固定资产,这时应考虑处理掉部分固定资产。这一比率的局限性是:它把溢价加到在用的(已折旧)固定资产上,因为它们的账面价值低。而且,这一比率还受饭店所用的折旧方法的影响。例如,在所有其他因素相同的情况下,饭店使用加速折旧法比使用直线折旧法会得到更高的周转率。

根据表4-16和表4-17,我们可以计算出××饭店2012年固定资产周转率。1.68次的固定资产周转率揭示了收入是平均固定资产总额的1.68倍,××饭店2011年的固定资产周转率为1.62次,这0.06的变化虽然微小却看作是一种良好的趋势。

平均固定资产额＝(期初固定资产总额＋期末固定资产总额)/2＝(809 000＋798 300)/2＝803 650

固定资产周转率＝收入总额/平均固定资产额＝1 352 000/803 650＝1.68次

所有的当事人(所有者、债权人和管理者)都愿意固定资产周转率高。但是,管理者应当反对保留老旧且低效的固定资产,即使它们可以导致较高的固定资产周转率。资产回报率可以对这种情况进行部分检验。

3. 资产周转率

另一个衡量管理者使用资产有效程度的比率是资产周转率。它用总收入除以平均总资产来计算。前面所讲的两种比率,是占总资产较大百分比的存货周转率和固定资产周转率,而资产周转率检验的是与总收入相关的总资产使用情况。固定资产周转率的局限性在于这一比率不能表明固定资产占总资产的比例。对于大多数饭店特别是住宿企业来说,固定资产是饭店总资产的主要构成部分。

根据表4-16和表4-17,我们可以计算出××饭店2012年的资产周转率。1.21的资产周转率表示2012年中,每1元的资产产生了1.21元的收入。2011年,其资产周转率为1.23。这两年的资产周转率实际上并没有什么变化。

平均资产总额＝(初期资产总额＋期末资产总额)/2＝(1 065 000＋1 176 300)/2＝1 120 650

资产周转率＝收入总额/平均资产总额＝1 352 000/1 120 650＝1.21次

和固定资产周转率一样,所有相关当事人(业主、债权人和管理者)都愿意这一比率高些,因为高比率意味着管理者有效地运用了资产。

对于大多数饭店,特别是饭店与汽车旅馆来说,固定资产周转率都相对较低,这是由于饭店业高度依赖于固定资产,无力快速地增加产出来满足最大的需求。许多饭店和汽车旅馆由于供过于求,常常一周之中有4天接不到新的客人,其余3天则在产出极低的水平(小于50%)上营业。

对管理者有效运用资产的能力进行衡量的三个附加的指标是:客房出租率、每间客房的平均占用率以及倍数出租率。虽然这三个比率不是以财务信息为基础的,但是它们是衡量管理者对可售空间是否有效利用的好办法,不论可售空间是指住宿客房还是指餐饮服务的座位。

1. 客房出租率

客房出租率是管理者销售"产品"业绩的主要指标。它是用售出的客房数与饭店和汽车旅馆中可供出售的客房数相比的百分数来表示的。在餐饮服务企业中,它通常被称为座位周转率,它的计算方法是将服务的客人数除以可售的座位数。座位周转率通常是按用餐期来计算的。在绝大多数的餐饮服务企业中,不同的用餐期有不同的座位周转率。住宅设施的出租率以及餐饮服务设施的座位周转率是计量实施利用程度的关键指标。

应用表 4-19 的其他信息,可以将已租客房总数除以可租客房数来计算××饭店的年客房出租率。如果××饭店每天有 80 间客房可供出租,那么 2012 年其客房出租率的计算结果如下所示。

表 4-19 其他信息

	2011 年	2012 年
已租客房数	20 500	21 000
已付款的客人数	23 500	24 000
两人或两人以上占用的客房数	2 400	2 500
免费客房	150	160
在外流通的普通股份数	55 000	55 000
供应的餐数	55 000	56 000
食品销售额	280 000	300 000
饮料销售额	150 000	145 000

可供出租客房数＝每天可供出租客房数×365 天＝80×365＝29 200

客房出租率＝已出租的客房数/可供出租客房数＝21 000/29 200＝71.92%

可以看出,××饭店 2012 年客房出租率是 71.92%,比 2011 年的出租率有所提高。2011 年的客房出租率为 70.21%,共租出的客房数为 20 500 间。这个百分数并不是指每天租出可租房间数的 70.21%,只是指平均租出 70.21%。例如,星期一到星期四的出租率为 100%,星期五到星期日的出租率为 33%,两者结合的结果为 71.29%。

在住宿业里有许多因素影响客房出租率,例如区位、地理位置、季节性因素(每周的和每年的)、价格结构、住宿设施的种类等等。

2. 每间客房平均占用率

衡量管理者运用住宿设施能力的另一比率是每间客房平均占用率。用入住客人数除以租出的房间数就可计算这一比率。一般来说,当每间客房平均占用率增加时,房价也随之增加。

运用表 4-19 的数据能够计算出××饭店 2012 年每间客房平均占用率。

每间客房平均占用率＝入住的客人数/租出的房间数＝24 000/21 000＝1.14 名客人

××饭店 2012 年每间客房平均占用率是 1.14 名客人,2011 年每间客房平均占用率则略高,是 1.15 名客人。

度假村的每间客房平均占用率一般最高,能高达每间客房 2.0 名客人以上,比率最低的是暂住型饭店。

3. 倍数出租率

另一种用来衡量客房多倍出租情况的比率是倍数出租率,有时也粗略地称为"双倍出租率"。这一比率类似于每间客房平均占用率,是用双人或多人入住一间客房的客房数除以租出的客房数来计算的。

运用表4-19的数据,计算出××饭店2012年倍数出租率如下:

倍数出租率＝双人或多人入住一间客房的客房数/已租的客房数＝2 500/21 000＝11.9%

2012年××饭店的倍数出租率表示双人或多人入住一间客房的客房数占租出客房数的11.9%,2011年××饭店倍数出租率为11.71%,可见,两年内这一比率有所增长。

所有者、债权人和管理者都愿意出租率高,包括客房出租率、每间客房平均占用率和倍数出租率。出租率越高,设施的利用率就越高。人们认为这些比率是饭店经营水平的首要指标。出租率一般按日计算,并记录在每日经营报告上。

(二) 盈利能力率

盈利能力率反映了管理者所有经营管理领域的结果。流动性比率、偿债能力比率、营运性比率所传递的所有信息都影响着饭店的盈利能力。大多数饭店的主要目的是获取利润。所有者为了增加他们的财富而投资,通过股利和饭店股票价格的增加来实现这一目标。不论是股利还是股票价格在很大程度上都依赖于经营利润。债权人特别是贷款人,向饭店提供用于服务的资本,一般来说,未来利润将用来偿还这些贷款人。管理者对利润也极为关注,因为他们的业绩在很大程度上就是由饭店的净利来衡量的。优良的服务产生信誉、回头客和其他信誉,所有这些最终导致饭店盈利能力的增强。

1. 利润率

人们常常根据饭店在销售上获取利润的能力来对饭店进行评价。其关键性的比率—利润率由净利润除以收入总额来确定。它是对管理者创造收入与控制费用进而产生净利的全面衡量尺度。在这一比率中,净利润是指扣除了全部费用后的利润。这里既包括管理部门可控的费用,也包括那些直接与董事会决策有关的费用。

根据表4-17可以确定××饭店2012年的利润率如下:

利润率＝净利润/收入总额＝146 700/1 352 000＝10.85%

××饭店2012年10.85%的利润率与它2011年10.87%的利润率相比基本持平。与整个服务业约9.6%的行业平均值相比,10.85%已相当好了。

如果利润率低于预期水平,那么就应当对其他费用领域进行检查。定价低和销售量低可能会导致利润率低。除了分析总利润率外还应分析各经营部门的利润率以识别问题所在。如果经营部门利润率令人满意,那么问题很可能出在间接费用上。

2. 经营效率比率

经营效率比率也叫经营毛利率,和利润率相比,该比率能更好地衡量管理者的绩效。这一比率是扣除未分配营业费用后的利润除以总收入的结果。扣除未分配营业费用后的利润是从收入中扣除管理部门可控费用的结果。非营业费用包括管理费和固定费用,这些费用直接与董事会而不是管理部门的决策有关。固定费用与饭店生产经营能力有关,包括租金、财产税、保险金、折旧以及利息费用。虽然这些费用是董事会决策的结果,在经营管理者直接控制之外,但是管理者能够而且应该审查税款、保险单及其报价,向董事会提出能够影响企业总体获利能力的建议。在计算经营效率时,所得税也不包括在内,因为固定费用直接影响所得税。

根据4-17,计算出××饭店2012年的经营效率比率如下:

经营效率比率＝扣除未分配营业费用后的利润/收入总额＝415 500/1 352 000＝30.73%

上述经营效率比率显示了每1元的收入有约0.31元可用于支持固定费用、所得税和利润。××饭店2011年的经营效率比率是30.39%。

3. 资产报酬率

资产报酬率(ROA)是饭店资产获利能力的总括指标。这一比率不像前述两种获利能力比率那样只用利润表的数据进行计算,它是净利润与投资总额即资产总额相比的结果。用净利润除以平均资产总额就可计算出资产报酬率。这一比率或它的变形,被若干大型集团用来衡量它们在饭店业中的子公司的经营业绩。

根据表4-16和表4-17的数据可以计算出××饭店2012年的资产报酬率。××饭店2012年的ROA为13.09%,就是说每1元的平均资产总额获利0.1309元。该饭店2011年的ROA为13.36%,可见2012年的ROA比2011年的ROA有所下降。

平均资产总额＝(本年期初资产总额＋本年期末资产总额)/2＝(1 065 000＋1 176 300)/2＝1 120 650

资产报酬率(ROA)＝净利润/平均资产总额＝146 700/1 120 650＝13.09%

ROA很低可能是利润不足造成的,也可能是资产过多造成的。太高的ROA可能意味着资产较旧,需要在近期予以更换,或者意味着需要增加资产以支持收入的增加。高与低的确定,常常依据行业平均值来确定,并且通过饭店企业自己的ROA描绘出整个时期发展的轮廓。

4. 所有者权益报酬率

关键的获利能力比率是所有者权益报酬率(ROE)。ROE是将饭店的利润与所有者的投资额进行比较。其计算公式为净利润除以平均所有者权益。分母包括全部股本和留存收益。

根据表4-16与表4-17的数据可以计算出××饭店2012年的ROE。

平均所有者权益＝(本年期初所有者权益总额＋本年期末所有者权益总额)/2＝(420 000＋517 300)/2＝468 650

所有者权益报酬表(ROE)＝净利润/平均所有者权益＝146 700/468 650＝31.30%

可以看出,在2012年,每1元的所有者权益赚得0.313元。而××饭店2011年的ROE则高达33.46%。对所有者来说,这一比率代表了管理者全部努力的结果。ROE反映了管理部门为所有者创造财富的能力。

另外一种计算ROE的方法是利用ROA与平均资产总额和平均所有者权益总额之比来进行计算的。对2012年××饭店ROE的计算如下:

ROE＝ROA×(平均资产总额/平均所有者权益总额)＝13.09%×[(1 065 000＋1 176 300)/(468 650×2)]＝31.30%

因此,所有者权益相对于资产总额越小(即财务杠杆作用越大),则 ROE 就越大。

5. 每股净利

每股净利(EPS)显示了利润表上的普通获利能力比率。如果只发行了普通股(也就是说没有优先股或可转换债券或类似稀释证券),那么,EPS 就是净利润除以流通在外的普通股平均股数来计算。如果发行了优先股,则用从净利润中扣除优先股利的结果除以流通在外的普通股平均股数来计算 EPS。

根据表 4-17 与表 4-19 的数据,对××饭店 2012 年的 EPS 计算如下:

每股净利(EPS)=净利润/流通在外普通股的平均股数 = 146 700/55 000 = 2.67

该饭店 2011 年的 EPS 是 2.57 元,所以饭店的 EPS 从 2011 年到 2012 年每股增加了 0.10 元。

对 EPS 的增加必须要慎重对待。若其他条件不变的情况下,通过发行企业购进它自己的股票(库藏股)而减少流通在外的普通股也会导致 EPS 的增加。更进一步讲,饭店将其净利再投资进它的企业中时,就能增加 EPS,因为没有相应地增加流通在外的股份也能产生更大利润。

6. 关于盈利能力比率的观点

所有者、债权人和管理者都愿意盈利能力比率高些。所有者愿意获利能力比率高些,因为这表示他们可从投资中得到回报。他们更关心 ROE,因为 ROE 是他们投资回报的精确衡量尺度。虽然,其他盈利能力比率对所有者也很重要,但 ROE 对所有者来说是"最底线"。其他盈利能力比率可能比较低,但 ROE 仍然可以很出色。例如,销售额为 100 万元,净利润为 2 万元,所有者权益为 10 万元,那么利润率就仅有 2%(2/100),而 ROE 却有 20%(2/10)。

如果盈利能力比率没有其他投资方式(有风险相似)高的话,股东们可能会产生不满,而最终将他们的资金转移到其他投资上去。如果不加控制,这种转移将导致股票价格下跌,而且当饭店想从外界筹集资金时可能会出现困难。

债权人也希望高的、稳定的甚至是不断增长的盈利能力比率。虽然他们希望股东获得极好的回报(如 ROE 所衡量的),但他们更注意 ROA,因为这一比率与全部资产有关,不像 ROE 只涉及与它相关的那部分资产。高的且又不断增长的 ROA 表明了财务的安全性,而且还表明管理者的胜任能力。较高的 ROA 一般也意味着较高的利润和现金流量,它对债权人意味着安全,对贷款人则意味着风险较小。

管理者必须既使债权人高兴,又使所有者满意。因此,对他们来说所有的盈利能力比率都特别重要。当其他条件相同时,盈利能力比率越高越好。高盈利能力比率也说明管理是有效率的。

(三)营业比率

营业比率有助于管理者分析饭店的经营状况。计算这些比率所必需的详细资料,对债权人或不主动参与管理的所有者来说通常是不易得到的。这些比率反映销售(收入)的实际组合,并且尽可能地与销售组合目标相比较。而且,营业比率将费用与收入联系起来有助于实施控制。例如,计算出食品成本率并将它和预算的食品成本率相比较,以评价对食品成本的全面控制结果。人们对出现的任何较大偏差都要进行调查研究，以确定造成实际成果与计划目标之间差异的原因。

可以计算出上百种营业比率，主要考虑以下几种：部门收入在收入总额中（销售组合）的百分比；费用占收入总额的百分比；部门费用占部门收入总额的百分比；出租每间客房的收入、售出每餐的收入；每间客房的年费用额等等。本节只考虑一些最主要的比率，其中有一些与收入有关，一些则与费用相关。收入比率包括销售组合、平均房价、平均每间可供出租客房收入以及人均消费额，费用比率包括食品成本率、饮料成本率以及人工成本率。

1. 收入比率

（1）销售组合。饭店也与其他行业的企业一样，力图通过扩大销售获取利润。在饭店业的住宿部门中，客房部的销售能比其他部门同等金额的销售为间接费用提供更大的贡献，获取更多的利润。在餐饮企业中，主菜的销售组合产生一定的贡献，在销售总额相同的情况下，不同的销售组合对间接费用和利润做出的贡献是不同的（可能较低）。因此，获得理想的销售组合对管理部门来说至关重要。为了确定销售组合，人们将各营业部门的收入汇总，并算出各部门收入占总收入中的百分比。

表 4－20　销售组合

部　门	销售额	占总额的百分比
客房	810 000	59.9
食品	300 000	22.2
饮料	145 000	10.7
电话	42 000	3.1
租金与其他收入	55 000	4.1
总计	1 352 000	100

根据表4－17和表4－19相关数据，我们可以计算出××饭店2012年的销售组合，如上表4－20所示。计算出的销售组合，首先将其与预算中提出的目标相比，其次是和过去时期实现的指标相比，最后则是与同行业的平均值相比。

（2）平均房价。平均房价是客房部的关键比率，通常叫做平均日价，或简称ADR。尽管在饭店里单间和套间、单个客人和团体客人以及会议客人、平日和周末以及旺季和淡季等的房价可能有很大不同，但大多数的饭店和汽车旅馆的管理者也还是要计算平均房价。

根据表4－17与表4－19的数据，可以计算出××饭店2012年的平均房价如下：

ADR＝客房收入/租出的客房数＝810 000/21 000＝38.57

××饭店2012年的平均房价比2011年的38.05元（780 000/20 500）提高了0.52元。评价实际平均房价的最佳指标是当期的客房部经营目标的预算房价，这一平均价格还应该按不同的细分市场（商务团体客、旅游者、班机乘务员以及其他种类的服务对象）分别予以计算。

(3) 平均每间可供出租客房收入。一般来说，很多饭店经营者很重视客房出租率，因为这一比率能很快显示经营活动的情况。其他比率如 ADR 是饭店经营质量的反映。然而，客房出租率和平均房价本身意义不太大。一个饭店的客房出租率可能是 80%，ADR 为 40 元，而相近似的竞争对手则是 70% 的客房出租率和 60 元的 ADR。哪个饭店经营更好些呢？

将客房出租率与 ADR 联合起来叫做 Revpar（平均每间可供出租客房的收入）。计算如下：

Revpar＝客房收入/可供出租客房数＝客房出租率×平均房价

利用上述例子，第一家饭店的 Revpar 为 32 元（40×80%），而其竞争对手的 Revpar 为 42 元（60×70%）。在其他条件相同的情况下，应选择具有更高 Revpar 的饭店。在这个例子中，Revpar 引导我们选择 ADR 较高的饭店，但情况并不总是这样。例如，假设第二家饭店出租率是 50% 而不是 70%，那么它的 Revpar 将是 30 元（60×50%）。从 Revpar 的观点来看，将视高客房出租率的饭店为经营有利的饭店。

根据前面计算过的客房出租率和平均房价，××饭店 2012 年的 Revpar 为 27.74 元（71.92%×38.57），比 2011 年的 26.71 元增加了 1.03 元。

相对于单独研究客房出租率或 ADR 来说，Revpar 指标有了更大的改进，很多业界的管理者更喜欢这种混合后的统计指标。

(4) 人均消费额。食品服务比率中关键的是人均消费额，这一比率由某一时期食品收入总额除以该时期内供应的餐数来计算。

利用表 4-19 的数字可以计算出××饭店 2012 年的人均消费额如下：

人均消费额＝食品收入总额/供应的餐数＝300 000/56 000＝5.36

××饭店 2012 年的人均消费额为 5.36 元，它比 2011 年的 5.05 元（280 000÷55 500）的供应客数增加了 0.31 元。最好将人均消费额和 2012 年的预算金额进行比较，也可将它与行业平均值相比。饮料的人均消费额应另外计算，管理部门甚至可以按不同就餐区域和不同就餐时间分别计算饮料人均消费额。

2. 费用比率

(1) 食品成本率。食品成本率是一个重要的食品经营比率。这一比率用售出食品的成本除以食品销售额来进行计算。大多数食品经理主要依赖这一比率去判断食品成本是否合理。

根据表 4-18 数据，可以确定××饭店 2012 年食品成本率如下：

食品成本率＝售出食品的成本/食品销售额＝120 000/300 000＝40%

××饭店 2012 年食品成本率为 40%，表示每 1 元的食品销售额中，售出食品的成本是 0.40 元。最好将实际成本率同该时期的预算百分数进行比较分析，相比得出的正负偏差都应引起管理者的注意。管理者不但要关心超过预算的食品成本率，也要关心低于预算的食品成本率。食品成本率低可能表示销售的食品质量低于期望质量,或者表示售出的分量少于标准食谱所规定的标准。食品成本率超过目标可能是由于对售出的分量没有进行良好的控制,或者有偷窃、浪费及食品腐烂等等情况。

(2)饮料成本率。饮料经营的关键比率是饮料成本率。这一比率用售出饮料的成本除以饮料销售额来进行计算。

利用表4-18中的数字能计算出××饭店2012年饮料成本率如下:

饮料成本率=售出的饮料成本/饮料销售额=28 000/145 000=19.31%

××饭店2012年饮料成本率为19.31%,它意味着每1元饮料销售额中,花费在饮料成本上的是0.19元。与食品成本率一样,管理者最好把饮料成本率与该时期预算目标相比。同样的,也必须研究任何重大的偏差,查找其原因。要想使这一比率更准确些,可以按售出饮料的种类以及按饮料外卖点来分别计算饮料成本率。

(3)人工成本率。饭店、汽车旅馆、俱乐部及许多餐馆的最大费用是人工费。人工费用包括薪水、工资、奖金、工资税以及附加福利。人工成本率由人工成本总额除以收入总额来计算。这一百分数是进行大量比较的基准。为了进行控制,必须按部门分析人工成本。客房部的人工成本率由客房部人工成本除以客房收入来确定。餐饮部的人工成本率由餐饮部人工成本除以餐饮部收入来计算。其他营业部门的人工成本率的确定与此相似。

根据表4-17的数字可以计算出××饭店2012年经营部门人工成本率,如下表4-21所示。

表4-21 经营部门人工成本率

部门	人工成本总额	收入总额	人工成本率
客房	145 000	810 000	17.90%
餐饮	180 000	445 000	40.45%
电话	10 500	42 000	25.00%

从××饭店2012年人工成本率来看,餐饮部的人工成本率最高,达40.45%。在大多数饭店里常常是这种情况。比较这些比率的标准就是预算的成本率。由于人工成本通常是最大的费用,所以必须要紧紧地控制。管理者必须仔细研究实际人工成本率与预算之间的任何偏差。

【任务拓展】

比率分析的局限性

以上这些比率对所有者、债权人和管理者评估饭店的财务状况与经营业绩是极为有用的。然而比率只是指示器,并不能解决问题,或者甚至不能正确地揭示出问题所在。充其量是,在它们和过去时期、预算标准或者行业平均值相比有重大变化时,也只是说明可能存在问题。因此,需要进行更多的分析和研究。

将两个相关的数字相比而获得的比率是有意义的,食品成本率由于反映了食品成本和食品销售额之间的直接关系而很有价值。信誉对现金的比率没有多大意义,是因为信誉和现金之间缺少直接联系。

当将比率和标准相比时,比率是最有用的。32%的食品成本率没有太多用处,只有将它和一种标准如过去的业绩、行业平均值或者预算百分比进行比较时其作用才显现出来。

比率常常用于比较不同的饭店。但是如果两家饭店是属于完全不同的细分市场,许多比率,特别是营业比率的比较就不会有太大意义。例如,将豪华饭店的比率与快餐馆相比就没有什么意义。

此外,如果在某些领域,两个相互比较的饭店使用的会计程序不同,那么对比率的比较很可能不仅在财务状况和经营状况方面,也在会计程序相关的方面显示出区别。

没有一个比率是万能的。在饭店经营中常常综合使用几个比率来判断其财务状况。一般来说,同一比率常用于不同时期的比较。

分析人员还必须注意到不直接影响财务状况的事实。例如,未记录的合同、诉讼案件、借贷限额以及饭店团体预订都间接影响饭店的财务状况,分析人员必须仔细衡量这些事实以及他们对饭店财务状况的潜在影响。

最后,财务比率一般由财务报表中的数字计算而得。这些数字以历史成本为基础。在一段时期中,通货膨胀的影响会导致这些数字用处不大。例如某饭店2000年的ADR为55元,并不一定比ADR为40元的1990年的经营良好;如果在1990年~2000年间通货膨胀大于37.5%,2000年的55元还不值1990年的40元。通货膨胀影响最大的比率是分式中含有资产、设备、所有者权益项的比率。另外,折旧由于与资产设备的历史成本相关,常被"保守估计",因此,涉及折旧费用的利润数字常被"高估"。

【任务反馈】
我们为什么要进行比率分析呢?

释疑:经理、债权人和投资人在使用比率分析评价财务报表中的信息时,常常有不同的目的。

1. 经理

各种比率可以帮助经理们监督本饭店的运营绩效,评估其是否成功地达到了各种目标。通过跟踪一些比率,饭店经理就能够十分准确地认识饭店经营的有效性如何。在餐饮部,大多数经理计算食品成本率和人工成本率的目的是为了对占经营成本最大的这两项内容进行控制。在客房部,客房出租率是经理每日关注的一项关键性比率。管理部门经常用比率来表述经营目的。例如,管理部门可以制定如下的比率目标:

1)将流动比率保持在 1~1.25 之间;
2)负债/权益比率不超过 1:1;
3)将所有者权益回报率保持在15%。

这些比率以及其他更多的比率将在本项目稍后加以充分说明。需要注意的是比率作为目标完成情况的一种指示器,对经理来说特别有用。当实际的业绩达不到目标时,比率会帮助指出问题所在。在前面提到的例子中,食品成本率实际为33%,和计划的32%相比较是不利的,这就需要研究造成这1%偏差的原因。这1%的差异可能由成本差额造成,也可能是由于销售组合的不同,或者两个因素都有。比率分析能对这样的研究提供重要的信息。

2. 债权人

债权人使用比率分析来评估饭店的偿债能力,判断未来贷款的危险。例如,流动比率是流动资产和流动负债之比,它可以显示出一家饭店支付即将到期负债的能力。此外,有时债权人在饭店经营中利用比率去表明某些财务协议中的条件。例如,作为贷款的条件,债权人可能要求饭店的流动比率要保持在2:1左右。

3. 投资人

投资者和潜在投资者利用比率来评价饭店的经营业绩。例如,股利分配率(付出的股利除以盈余)表示饭店盈余分配的百分比。潜在投资者的兴趣主要在于股票的增长,可能不会选择对支付较多股利的饭店进行投资。

比率可以用来表达财务业绩。不同的比率表达不同的业绩。分开来看,单个比率只能揭示饭店全部财务状况的某一方面。然而集中在一起,比率却能大量传达财务报表字面上不明显的信息。

④利润表和利润分配表的关系是什么?

⑤利润表中的成本和费用的区别是什么?

⑥人为因素对利润表的影响中最重要的是什么?

⑦经营活动产生的现金流净额为负意味着什么?

⑧筹资活动和投资活动对企业的影响是什么?

⑨适当的销售收现率从哪方面考虑?

⑩比率分析的局限性是否掩盖了其优越性?

⑪周转率的具体涵义是什么?

⑫对于旅游企业来说哪些比率应用更加广泛?

【实训演练】

提供一份完整的最接近上课期间的资产负债表、利润表、现金流量表,让学生根据所学的内容对资产负债表、利润表、现金流量表里相关指标进行分析。根据班级学生的多少将学生分为不同的小组,每组三五人,选出组长一名。操作过程如下:

①教师提供一份完整的最接近上课期间的资产负债表、利润表、现金流量表(包括酒店、景区、旅行社等)。

②分小组让学生根据所学的内容对资产负债表、利润表、现金流量表相关指标结合本模块学习的内容进行分析。

③教师诠释资产负债表、利润表、现金流量表分析过程中可能出现的一些问题。

④学生对资产负债表、利润表、现金流量表进行分析后判断可能出现的问

◆ **模块评价**

【知识评价】

①旅游企业的资产负债表与一般企业相比具有哪些特点?

②资产负债表中的资产分布结构和负债分布结构指什么?

③资产分布结构对企业的影响有哪些?

题,然后进行自评和互评并总结出现哪些问题。

⑤最后教师评价。

⑥分组进行成果展示,让小组学生代表发言。

【项目链接】

酒店财务机构设置和岗位协调

现代饭店财务管理是饭店经营管理的核心。任何一个部门、任何一个人都和财务管理发生着关系,凡涉及饭店资金流向的每一个环节,从采购到加工、到销售、到资金回笼、再到采购,都渗透着财务管理。

目前,饭店行业的财务机构设置一般根据不同的规模、等级和内部管理的需要而制定,没有固定一成不变的模式。大部分饭店财务部共由五部分组成:会计核算、审计、收银、采购和供应(库房),财务总监直接分管财务部及其采购、供应;财务部是直接由总经理领导的一个重要部门,财务部的机构设置决定了财务部的特殊地位。以下是国际饭店业财务部的机构设置原则:

其一,建立相应的职能机构和组织体系,可以协调管理人员的日常工作;有利于节约和调动人力、物力、财力;统一控制和调动,加速资金周转,保证会计核算工作顺利进行,充分发挥财务与会计的"反映和监督"的职能。使财务管理工作各个环节能环环相连,做到以经济主体运行的有序性来应对市场经济环境的非确定性。财务部设置成本控制部及成本经理,直属财务经理或财务总监管理,对于整个饭店的成本控制、毛利率的调整、成本核算、合理库存量的调整等,能起到决定性的作用。成本经理又管辖食品控制员、饮料、烟酒控制员、物料用品控制员,使他们对自己分管的项目,各司其职,各负其责,形成层层把关,有利于饭店总成本的控制。成本控制部的工作范围就是成本核算,尤其是餐饮成本核算(一般饭店均配置两三名工作人员)。按惯例,餐饮部各餐厅的菜单上的每一道菜肴,都必须有一份标准的成本核算单,这是一项工作量巨大的又十分繁琐细腻的工作(又称菜单工程),每一份菜肴的所有原料、辅助配料的分量、单价都必须一一核算并记录在案。这项工作就是由成本控制部与厨师共同完成,完成后的"标准菜单配方"是各个餐厅厨师日常操作的样板和"圣经",主要菜单经过试制整盘,还要拍照立样。形成菜单资料库,成本控制部要据此进行成本核算和控制,发现有不正常的成本讯号。有向厨师长提出预警的职责。有了成本控制部的合作,餐饮部可以在每个月心中有数地完成部门的目标利润。

其二,采购部与仓库直属财务部,便于了解商业、市场行情,降低经营成本,防止滥用资金和积压物资。其优点是:①有利于饭店采购成本的控制。饭店采购价格如何确定直接影响成本的水平。国际饭店内对采购成本确定一般是由采购部与财务部共同派员调查确认,对任何一个"采购申请单"一定要充分调查,实行货比三家,最后由财务总监决定,对食品原料货物的采购,因其价格随季节变化频繁,一定要由餐饮部,成本控制部、采购部共同派员进行市场调查,根据调查结果扣除一定的批零差价,最后确定采购价。采购价格不会由采购部门和供应商说了算。②有利于调控成本率。

餐饮部成本率高低如何变化与采购部进货价关系密切,如果发生餐饮成本率异常,财务部门就可以立即采取行动,降低采购品种和质量,从而调整到适当的价格和成本率。③采购部直属财务部除了有利于财务部了解价格行情、及时监控降低成本外,还有利于避免部门分散,互相扯皮情况的发生。

其三,设置专职的日审与夜审。我国饭店业向国际饭店看齐靠拢,大部分饭店也专门设置了日间稽核员(日审)和夜间稽核员(夜审)。由收款员到夜审、日审核对收入,层层审查、层层把关、确保饭店的收入不受损失,也保证了客户应收账款的及时回收。餐厅收款员下班后,他们的收款机要由夜班核数员去清机,因为清机号码和钥匙只有夜班专人掌握,清机的同时打印出当班收入报告及收款员的值班报告;同时日审对餐厅送来的菜单订单与报表核对,从管理制度上保证了收入的准确无误。夜班审核专门在晚上10点至早6点上班,主要负责审核各营业点交来的收款报告和账单,做销售总结报告,并与前厅接待报告核对,当天的收入报告第二天早上8:30前报告财务总监,经过夜审、日审工作,保证收入的及时入账、结账,不易跑账漏账,十分科学。

其四,餐厅和其他收银由财务部管理,收银员不直接同客户接触;通过服务员的媒介,避免在收银员、客人、服务员之间出现漏洞和差错,同时也便于互相监督和控制餐饮成本和营收。

其五,总出纳集中管理饭店资金的统收统支,国际饭店对现金流量的控制与管理十分重视,"现金是金"的理念,深入人心。内部控制程序严谨又十分清晰。财务部对库存现金(含银行存款)要求必须每日盘点,并向财务总监提交《每日现金流量表》。现金的盘点人是由日审(稽核)进行的,目的是保证库存现金的安全和合理使用。按规定每月财务部必须按期编制现金流量计划与供应商付款计划,并向总经理报告付款情况。以保证现金按规定计划流动,确保饭店的正常运营。对饭店现金的支付程序也十分严格,每一笔现金支付都要经过部门经理、主管领导、财务经理、财务总监和总经理的审签同意,对总经理的开支,财务总监审批后还要报上级主管审批。缺一项签章现金都不能支付出去。各行政与营业部门均无权对外直接采购物品,都必须通过"采购申请单"一个渠道,按规定逐级批准后,由采购部集中办理采购业务,经财务部的验货、业务使用部门收货后,此笔采购费用方可支出。

拓展路径

[1]丁玄圭.现金流量表在酒店财务管理中的应用[J].陕西师范大学学报(自然科学版),2001(S1).

[2]费志冰.现代酒店财务管理的十大转变[J].旅游学刊,2005(6).

[3]贡向清.中外酒店财务管理的差异[J].会计之友(中旬刊),2006(8).

[4]曹彦婷.中小型酒店财务管理之我见[J].商场现代化,2006(19).

[5]梁木群.对地勘单位酒店财务管理的思考[J].山西财经大学学报,2008(S1).

[6]李飞.基于新会计准则下的企业财务分析研究——以上市公司为例[J].财政监督,2009(18).

[7]傅兴,刘芳.现金流量表在企业财务分析中的应用[J].财会通讯,2009(23).

[8]邹小平.企业财务分析方法的探讨[J].商业会计,2009(13).

[9]马淑英.关于完善企业财务分析指标体系的探讨[J].中国商贸,2011(28).

[10]李爱香.新形势下基于利益相关者企业财务分析的完善[J].会计之友,2011(16).

[11]王素芳.企业财务分析的作用及完善途径[J].山西财经大学学报,2012(S2).

[12]陈逊.基于公司治理的企业财务分析体系[J].中国商贸,2012(33).

[13]孙晓春.杜邦财务分析体系在企业财务分析中的应用研究[J].财会通讯,2012(8).

[14]周萍.基于波士顿矩阵视角的中小企业财务分析体系构建[J].商业时代,2013(1).

[15]王莹.基于报表使用者视角的企业财务分析[J].中国商贸,2013(5).

全国高职高专旅游类"十二五"示范教材
（黄震方总主编）

旅游概论	旅游法规实务	景区服务与管理
旅游英语	旅游电子商务	会展服务与管理
旅游经济	旅游服务礼仪	导游操作实务
客源国接待实务	旅游企业财税基础	模拟导游
旅游心理与人际沟通	饭店经营与管理	酒店前厅实务
旅游文化	餐饮服务与管理	酒店客房实务
旅游市场营销	旅行社经营与管理	（待续）
中国旅游地理		

读者反馈表

感谢您长期以来对南师大版旅游类教材的关注和支持,为了践行一体化教学理念和全程为师生服务的理念,我社建立了旅游类教材互动反馈平台,每一位选用我社旅游类教材的读者均可享受免费获赠旅游类教研参考资料、书讯、最新教材样书以及免费使用我社旅游类教材教学和学习资源包,长期参与互动者,可成为我社高教部读者俱乐部高级会员,定期获赠样书。为了加强我社对每位读者服务的针对性和有效性,烦请填写如下反馈表。

姓 名		单 位			地 址		
院 系		电 话		邮 编	E-mail		
授课科目		学生数	其他授课科目		学生数	欲开设科目	
第___学期 春季□ 秋季□	教材选择者		第___学期 春季□ 秋季□	教材选择者		第___学期 春季□ 秋季□	学生数 教材选择者
研究方向	欲出版教材（有□无□）	书稿名	欲出版专著（有□无□）	书稿名	欲出版其他类（有□无□）	书稿名	
对我社教材反馈意见	内容质量		编校质量		装帧质量		
	印刷质量		体例设计		定价		

填妥后请选择以下任一方式将此表返回。
电话:025-83598887　　025-83598187转1057
E-mail:lvyoubianjishi@126.com　　邮编:210097
地址:江苏省南京市宁海路122号南京师范大学出版社高教部
注:登录我社门户网站"资源下载"栏目免费下载旅游类教材教学资源包、学习资源包和"读者反馈表"等相关资源,请使用图书配套下载码cjscyqyl12。

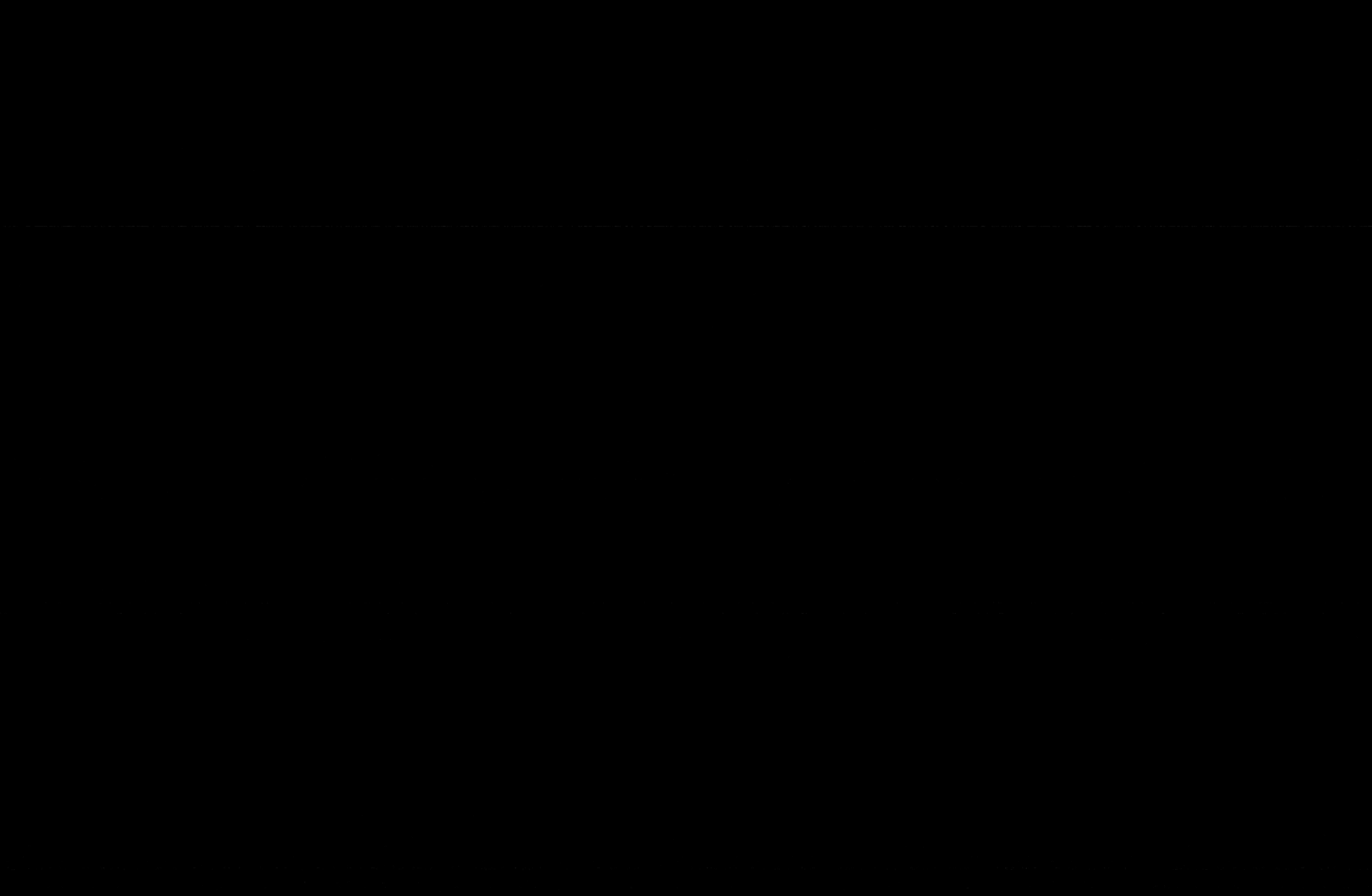